TRAVAIL, GENRE ET SOCIÉTÉS

La revue du Mage

Corps sous emprises

34/2015

Éditions La Découverte
9 bis rue Abel-Hovelacque – 75013 Paris – France
http://www.editionsladecouverte.fr/

SOMMAIRE

5 PARCOURS
Michèle Reverdy, composer à tout prix
propos recueillis par Hyacinthe Ravet

31 DOSSIER
coordonné par Tania Angeloff et Delphine Gardey
Corps sous emprises
Biopolitique et sexualité au Nord et au Sud

39 L'invention de l'accouchement sans douleur, France 1950-1980
Marilène Vuille

57 Mesurer la puberté.
La médicalisation de l'adolescence, Suisse 1950-1970
Laura Piccand

73 Cet obscur sujet du désir.
Médicaliser les troubles de la sexualité féminine en Occident
Delphine Gardey et Iulia Hasdeu

93 Le sexe des femmes migrantes. Excisées au Sud, réparées au Nord
Michela Villani

109 Biopolitique du stérilet. Stratégies au Sud
Chikako Takeshita

129 MUTATIONS

131 La direction d'école en France
Gilles Combaz et Christine Burgevin

151 CONTROVERSE
coordonnée par Jacqueline Laufer et Marion Paoletti
Quotas en tout genre

157 Du côté des électeurs : la banalisation du principe de parité ?
Victor Marneur et Frédéric Neyrat

163 Un « mal nécessaire » ? Les hauts fonctionnaires et les quotas
Laure Bereni et Anne Revillard

169 Les quotas de femmes dans les conseils d'administration
Anne-Françoise Bender, Isabelle Berrebi-Hoffmann et Philippe Reigné

175 À l'université : les dessous d'un consensus apparent
Elise Lemercier

181 Dans le sport, des principes aux faits…
Catherine Louveau

187 Arts et culture …Et que rien ne change !
Reine Prat

193 Dans les syndicats : du volontarisme à la contrainte légale
Cécile Guillaume, Sophie Pochic et Rachel Silvera

Sommaire

199 CRITIQUES

- 199 *Crise sociale et précarité. Travail, modes de vie et résistances en France et en Espagne*
  de Sabine Fortino, Benjamin Tejerica, Beatriz Cavia et José Calderón (dir.)
  par Carlos Prieto

- 203 *Mères migrantes sans frontières. La dimension invisible de l'immigration philippine en France*
  d'Asuncion Freznoza-Flot
  par Julien Debonneville

- 207 *La fin du tapin. Sociologie de la croisade pour l'abolition de la prostitution*
  de Lilian Mathieu
  par Lola Gonzalez-Quijano

- 210 *L'enseignement ménager en France. Sciences et techniques au féminin*
  de Joël Lebeaume
  par Nicole Mosconi

- 214 *L'économie pour toutes. Un livre pour les femmes que les hommes feraient bien de lire*
  de Jezabel Couppey-Soubeyran et Marianne Rubinstein
  par Rachel Silvera

- 217 *L'amazone et la cuisinière. Anthropologie de la division sexuelle du travail*
  d'Alain Testart
  par Marie-Élisabeth Handman

- 220 *La place des femmes dans l'histoire. Une histoire mixte*
  de Geneviève Dermenjian, Irène Jami, Annie Rouquier et Françoise Thébaud (coord.)
  par Yves Verneuil

- 224 *Filles et garçons au lycée pro. Rapport à l'école et rapport de genre*
  de Séverine Depoilly
  par Nicolas Divert

- 228 *Le genre de l'immigration et de la naturalisation. L'exemple de Marseille (1918-1940)*
  de Linda Guerry
  par Stéphanie Condon

231 OUVRAGES REÇUS

233 AUTEUR-E-S

243 RÉSUMÉS
247 SUMMARIES
251 文章摘要
253 ZUSAMMENFASSUNGEN
257 RESUMENES
261 RESUMOS

264 COUPON D'ABONNEMENT

TRAVAIL, GENRE ET SOCIÉTÉS

Numéros déjà parus

1 - 1999	Travail et pauvreté : la part des femmes
2 - 1999	L'emploi est-il un droit ?
3 - 2000	Le genre masculin n'est pas neutre
4 - 2000	Histoire de pionnières
5 - 2001	Harcèlement et violence : les maux du travail
6 - 2001	Femmes providentielles, enfants et parents à charge
7 - 2002	Égalité, parité, discrimination : l'histoire continue
8 - 2002	Ouvrières : les dessous de l'embellie
9 - 2003	Filles et garçons : pour le meilleur et pour le pire
10 - 2003	Prostitution : marchés, organisation, mobilisations
11 - 2004	Statistiques : retour aux sources
12 - 2004	Le travail du corps
13 - 2005	Les patronnes
14 - 2005	Sciences, recherche et genre
15 - 2006	Salaires féminins, le point et l'appoint
16 - 2006	Les dégâts de la violence économique
17 - 2007	Genre et organisations
18 - 2007	Formation et orientation : l'empreinte du genre
19 - 2008	Les femmes, les arts et la culture
20 - 2008	Migrations et discriminations
21 - 2009	Égalité et diversité
22 - 2009	Domestiques d'ici et d'ailleurs
23 - 2010	Traditions et ruptures chinoises
24 - 2010	Maudite conciliation
25 - 2011	Sud-exploitées
26 - 2011	Les individus font-ils bon ménage ?
27 - 2012	Pouvoirs, genre et religions
28 - 2012	Variations France/États-Unis
29 - 2013	Tenir au travail
30 - 2013	Genre, féminisme et syndicalisme
31 - 2014	Enseigner le genre
32 - 2014	Vues d'ailleurs
33 - 2015	Le genre, la ville

Prochain numéro

n° 35 - 2016 : **Femmes dirigeantes** (à paraître en avril)

PARCOURS

MICHÈLE REVERDY, *COMPOSER A TOUT PRIX*

PROPOS RECUEILLIS PAR HYACINTHE RAVET*

* Je remercie Raphaëlle Legrand de sa contribution à la réalisation de ce parcours.

> « Je suis compositeur.
> Je suis une femme.
> Ces deux termes paraissent à d'aucuns totalement incompatibles.
> Pour ma part, étant née femme, je n'y pouvais rien, et j'en suis finalement très heureuse ; quant à devenir compositeur, cela s'est imposé à moi comme une évidence lorsque j'étais très jeune, et ce métier-passion est rapidement devenu une nécessité vitale.
> J'ai le sentiment de n'exister que par ma musique, d'être toute entière musique. »
> [Michèle Reverdy, « Autoportrait »,
> manuscrit reproduit par Reibel et Balmer, 2014, ill. 5, p.1].

C'est ainsi que Michèle Reverdy se présente dans un *Autoportrait* manuscrit daté de 1997. Si elle aborde sans réticence la question de sa condition de femme dans un métier très masculin, elle le fait toujours de façon nuancée, attentive à ne pas faire passer au second plan la musique qui reste sa raison de vivre, attentive également à ne pas confondre les difficultés propres à son statut de femme et celles communes aux compositeurs et compositrices de musique contemporaine. « J'aimerais pouvoir échapper à ce type de question car il est très difficile d'y répondre », écrit-elle dans son ouvrage *Composer de la musique aujourd'hui* [Reverdy, 2007, p. 36].

L'interview que nous avons réalisée avec elle fait suite à un entretien public mené dans le cadre d'une journée d'études du Cercle de recherche interdisciplinaire sur les musiciennes intitulée

« Michèle Reverdy. "Je suis compositeur. Je suis une femme." » qui lui était consacrée à l'Université Paris-Sorbonne, le 2 juin 2014. Organisée dans le sillage d'une autre journée d'études du Centre de documentation de la musique contemporaine (CDMC) qui, le 6 mars 2014, fêtait ses 70 ans et à l'occasion de la sortie de l'ouvrage *Michèle Reverdy, compositrice « intranquille »* [Reibel et Balmer, 2014], ces entretiens venaient compléter un sujet qui n'était pas évité, mais finalement peu présent dans les livres que la compositrice a écrits ou qui ont été écrits sur elle : précisément, le fait d'être une femme qui compose, ou un compositeur femme, ou tout simplement une compositrice.

Michèle Reverdy a mené une carrière de compositrice très active et largement reconnue. Son catalogue compte plus de quatre-vingts pièces pour les formations les plus diverses, de la musique de chambre à l'opéra, depuis son *Cante Jondo* pour voix de femme et sept instruments, sur le poème de Federico García Lorca (1974), jusqu'à sa toute récente pièce pour piano, *Alep*, créée à Paris en septembre 2014[1]. Assez peu enregistrée, son œuvre a néanmoins été jouée dans le monde entier par des formations prestigieuses et des interprètes de renom. Elle a été couronnée par la Société des auteurs et compositeurs dramatiques (SACD) et la Société des auteurs, compositeurs et éditeurs de musique (SACEM) d'un grand prix de la musique symphonique pour l'ensemble de son œuvre en 1995.

Si Michèle Reverdy a suivi la formation classique des compositrices et compositeurs de sa génération – classes d'écriture, d'analyse et d'histoire de la musique, puis de composition avec Olivier Messiaen, au Conservatoire national supérieur de musique de Paris – elle a suivi ensuite un parcours très personnel, en marge des écoles et des réseaux, parvenant à imposer une musique exigeante et singulière, associant les jeux formels des structures aux prestiges des coloris instrumentaux. Parallèlement, elle a mené plusieurs carrières qui, pour être alimentaires, lui ont permis de transmettre son amour de la musique : enseignante dans le secondaire, productrice à Radio-France, enfin professeure d'analyse et d'orchestration au Conservatoire national supérieur de musique de Paris. Elle a donc associé une activité de musicologue à son activité de compositrice.

Pour autant, le fait d'être une femme n'a pas été anodin dans la carrière de Michèle Reverdy. Alors qu'elle souhaitait être pianiste, elle a dû se former au métier d'enseignante, moins aléatoire mais aussi, sans doute, plus attendu pour une femme. Lorsqu'elle s'est orientée vers la composition, elle a suivi plus lentement que d'autres le cursus du Conservatoire car elle enseignait tout en s'occupant de sa fille. Par la suite, comme pour beaucoup de créatrices, la triple journée de travail (composer, enseigner, élever un enfant) a été son quotidien et les hommes qui ont partagé sa vie ont souvent mal vécu sa détermination à faire passer en premier sa

[1] Emmanuel Reibel et Yves Balmer [2014, pp. 155-178] et le site <http://www.michelereverdy.com>

passion pour la musique. Enfin elle a fait progressivement l'apprentissage du sexisme des chefs d'orchestre, des directeurs d'opéra, des décideurs des programmations et des commandes.

En dépit de tous les obstacles et grâce à une étonnante capacité de travail, Michèle Reverdy a – envers et contre tout – toujours consacré sa vie à la composition, car elle ne pouvait faire autrement. Composer à tout prix, parce que vivre sans composer n'est pas possible pour elle, tout en payant le prix fort de la puissance d'une telle passion… Cet engagement dans la création se traduit aussi par un engagement féministe dans une œuvre comme *Médée*, et politique dans une autre œuvre comme *Alep*. Michèle Reverdy l'explique dans l'entretien. La force de ces engagements investis en tant que femme résonne avec les enjeux centraux de *Travail, genre et sociétés*, liés à la manière dont le genre s'imprime dans l'ensemble des différentes catégories professionnelles, en création comme ailleurs.

Un dernier point nous semble important à relever : la musique est venue à Michèle Reverdy d'abord par les femmes. Sa mère lui a transmis ce goût (et gardait parfois sa petite fille lorsqu'elle travaillait). Mais ses maîtres sont des hommes. Des compositrices du passé, elle ne cite que celles qui ont été entravées, n'ont pu travailler autant qu'elles auraient pu… Aujourd'hui on en connaît d'autres qui ont réellement construit une œuvre, antérieures aux cas malheureux du XIXe siècle[2] (Hildegarde von Bingen, Francesca Caccini ou Elisabeth Jacquet de la Guerre, par exemple). La carrière de Michèle Reverdy en tant que compositrice est d'autant plus forte qu'elle n'a pas eu de modèle féminin sur ce point. Mais sans doute est-elle devenue une passeuse à son tour, parmi d'autres, pour les plus jeunes générations…

[2] Fanny Mendelssohn-Hensel, Clara Wieck-Schumann et Alma Schindler-Mahler.

Raphaëlle Legrand et Hyacinthe Ravet

BIBLIOGRAPHIE

De Michèle Reverdy

- 1978, *L'œuvre pour piano d'Olivier Messiaen*, Paris, Leduc.
- 1988, *L'œuvre pour orchestre d'Olivier Messiaen*, Paris, Leduc.
- 1993, « Journal d'un opéra », *A la musique, X^e rencontres psychanalytiques d'Aix-en-Provence*, Paris, Belles-Lettres, pp. 66-74.
- 2002, « La Musique exprime-t-elle quelque chose ? », *Récit et représentation musicale*, éd. Danielle Cohen-Levinas, Paris, L'Harmattan, pp. 129-152.
- 2005, « Divagations sur le temps… musical », *Musique, arts et littérature dans l'œuvre de Michèle Reverdy*, éd. Pierre Michel et Bernard Banoun, Paris, L'Harmattan, pp. 9-18 [publié pour la première fois en 1986]
- 2007, *Composer de la musique aujourd'hui*, Paris, Klincksieck.

Sur Michèle Reverdy

- REIBEL Emmanuel et BALMER Yves, 2014, *Michèle Reverdy, compositrice « intranquille »*, Paris, Vrin.
- MICHEL Pierre et BANOUN Bernard (dir.), 2005, *Musique, Arts et Littérature dans l'oeuvre de Michèle Reverdy*, Paris, L'Harmattan.
- SCHMIDT Dörte, 1993, *Literaturoper als kompositorischesProjekt bei Bernd Alois Zimmermannn, Friedrich Goldmann, Wolfgang Rihm und Michèle Reverdy*, Stuttgart, Editions Metzler Musik.
- SCHWALGIN Stefan, 1999, *Le Précepteur von Michèle Reverdy. Analyse der Kompositionstechnik unter semantischem Aspekt*, Kiel, Wissenschaftsverlag Vauk.

DISCOGRAPHIE

- 1990 : *Michèle Reverdy, Salabert actuels* : *Scenic Railway* (Ensemble Intercontemporain, dir. Jean-Claude Pennetier), *Sept enluminures* (Ensemble Accroche-notes), *Figure* (Jay Gottlieb, piano), *Météores* (Ensemble Ars Nova, dir. Marius Constant), *Kaléidoscope* (Noelle Spieth, clavecin), CD SCD.
- 1990 : *Rafael Andia, guitar* : *Murail, Taïra, Reverdy, Drogoz, Ballif* : *Triade* pour guitare, CD Sappho, ADDA.
- 1996 : *Michèle Reverdy* : *L'Intranquilité* (Quatuor Rosamonde), *En terre inconnue* (Trio Wanderer), *Rencontres* (Laurent Verney, alto), *Dix musiques minutes* (Guy Comentale, violon, Laurent Verney, alto, Dominique de Williencourt, violoncelle), *Chimère* (Gérar Caussé, alto, Orchestre philharmonique de Radio-France, dir. Arturo Tamayo), Musique Française d'Ajourd'hui, CD Radio-France.
- 2002 : *Autour de Messiaen* : *Concerto pour orchestre*, New Music Ensemble, dir. Nicole Paiement, CD MSR Classics.
- 2004 : *Médée*, opéra sur un livret de Bernard Banoun et Kai Stefan Fritsch d'après Christa Wolf, Orchestre et chœurs de l'Opéra de Lyon, dir. Pascal Rophé, avec Françoise Masset, Magali Léger, Sophie Pondjiclis, Christian Tréguier, Jean-Louis Serre, CD Mandala.

Hyacinthe Ravet : Comment es-tu devenue compositrice ?

Michèle Reverdy : C'est compliqué et simple à la fois. Il faut remonter à l'enfance. Ma mère était très mélomane. Elle n'était pas musicienne mais elle adorait la musique, le théâtre, elle m'a légué tout cela. Je suis née en Égypte et je suis arrivée en France à l'âge de 3 ans et demi. Mes parents avaient perdu tous leurs biens lors des bombardements d'Alexandrie, ils étaient complètement fauchés. Les premières années, nous avons vécu à l'hôtel. Lorsque j'ai eu 6 ans, mes parents avaient alors une situation relativement fixe et ma mère m'a fait donner des cours de piano par une vieille demoiselle. Celle-ci n'a pas réussi à me dégoûter du piano et, pourtant, ses cours étaient très ennuyeux. Je suis tombée amoureuse de la musique. Dès mon enfance, je voulais être musicienne. Plus tard, je devais avoir 7 ou 8 ans, j'ai dit à ma mère que je voulais devenir compositeur et épouser un chef d'orchestre. Ce sont des propos qu'elle m'a rapportés, je les avais oubliés. Je n'ai pas épousé un chef d'orchestre, c'est d'ailleurs dommage, cela aurait été très pratique pour jouer mes œuvres !

Mon premier véritable souvenir de composition remonte à 1956. J'avais 12 ans. C'était au moment du bicentenaire de la naissance de Mozart. Il y a eu de grandes manifestations à Paris et, pendant un an, on a joué partout des œuvres de Mozart. J'étais alors inscrite aux Jeunesses musicales de France et nous allions à l'Opéra-Comique : c'était là qu'on donnait les opéras de Mozart, dans un format plus fidèle que maintenant à ce qu'ils étaient à leur création. La fidélité s'arrêtait là car ils étaient chantés en français. Cela ne nous choquait pas à l'époque : tout était traduit, même Wagner. Là, j'ai eu vraiment un coup de foudre pour les *Noces de Figaro*. Je me rappelle très bien que je suis rentrée à la maison et que j'ai d'abord écrit un livret puis la musique d'un opéra dont le sujet était très proche des *Noces de Figaro*. Plus tard, je l'ai détruit. C'est le premier souvenir de composition que j'ai gardé.

Ensuite cela a été beaucoup plus compliqué. Mes parents n'étant toujours pas très riches et les classes à horaires aménagés n'ayant pas encore été créées, j'ai dû faire mes études au lycée. C'était évidemment des études à plein-temps. J'allais au lycée Honoré de Balzac, porte de Clichy, et j'étais prise de 8 h 15 à 17 h 15. Il était impossible de travailler le piano et la musique de façon continue et intense. J'étais quand même relativement bien suivie, dans une école que ma mère avait trouvée dès mes 7 ou 8 ans Cette école s'appelait « La musique par le jeu », elle était tenue par Madame Pendleton et Mademoiselle Pelliot. C'était vraiment très bien : non seulement on étudiait la musique en jouant et en s'amusant, mais j'ai pu aussi découvrir des compositeurs comme Bartók, Debussy, et Ravel évidemment, des compositeurs qui n'étaient pas très à la mode à cette époque, dans les années 1950. À ce moment-là, j'étais assez bonne en piano et, vers l'âge de 16-17 ans, j'ai dit à mes parents que je voulais devenir pianiste. Mon père est allé voir Mademoiselle Pelliot qui était la personne la plus avisée de cette école, une femme remarquable. Elle lui a demandé « Avez-vous de l'argent, Monsieur Luccantoni ? ». Il lui a dit : « Non ». Alors, elle a répondu : « Je pense que Michèle devrait faire des études pour avoir un métier. Pianiste, c'est très aléatoire. » Mon père m'a donc imposé, gentiment car il n'était pas bêtement autoritaire, de passer mon bac et de préparer le CAEM, c'est-à-dire l'ancien CAPES – professorat – de musique, au lycée La Fontaine. J'ai tout fait très rapidement puisque j'ai été professeure à l'âge de 21 ans et demi. À ce moment-là, j'ai pu commencer à entrer dans les classes d'écriture au Conservatoire, à faire de l'harmonie, du contrepoint, de la fugue. Je voulais devenir compositeur puisque je ne pouvais plus être pianiste, un pianiste se formant généralement entre 12 et 17 ans. À 21 ans, c'était trop tard. J'étais très déçue alors. Maintenant, je le regrette moins. Mais j'aurais continué avec joie et j'ai été tellement frustrée que j'ai peu à peu abandonné le piano. J'ai néanmoins continué à le travailler jusqu'à l'âge de 30 ans à peu près, puisque j'étais professeure dans un lycée et qu'évidemment cela faisait taire mes élèves quand je me mettais au piano (rires). C'était une bonne méthode pour leur faire écouter de la musique. Puis, la composition m'a pris de plus en plus de temps et je me suis détachée de l'instrument. Je voyais que je n'arriverais jamais à jouer comme je le rêvais ; et maintenant je ne joue plus du tout. Enfin, je joue en cachette, à la campagne, quand personne ne m'écoute… J'ai eu ce complexe toute ma vie, de ne pas être une bonne pianiste. C'est peut-être grâce à cela que je suis devenue compositeur… ou compositrice.

COMPOSITEUR, COMPOSITRICE OU COMPOSITEUSE ?

HR : Tu disais tout à l'heure que, dès ton enfance, tu voulais devenir musicienne. Puis tu as dit à ta mère que tu voulais être compositeur. Là, tu dis « compositeur… ou compositrice ». Est-ce qu'on pourrait revenir sur l'usage du terme « compositrice » pour toi ?

MR : Je ne sais plus quand j'ai découvert que le mot « compositrice » était dans le Petit Larousse. Je crois que c'est seulement dans les années 1990. Quand j'étais jeune, les premières années où on a commencé à utiliser ce terme, la plupart de mes amis, et en particulier les amis « littéraires », faisaient la grimace quand je disais : « Je suis compositrice ». Ils disaient : « Non, c'est moche de dire ça, tu ne devrais pas ». J'avais une amie réalisatrice à Radio-France, Josette Colin, qui disait en forme de plaisanterie : « Michèle Reverdy est une compositeuse », parce que c'était dérisoire, justement. Finalement je disais « Je suis compositeur » parce que tout le monde avait une attitude de recul devant le terme de « compositrice » qui était très peu utilisé.

HR : Du coup, comment cela s'est-il fait ? Tu t'es pensé compositeur ?

MR : Oui, j'étais en quelque sorte « asexuée ». Quand j'étais enfant je ne me pensais pas particulièrement en fille. D'ailleurs, je jouais beaucoup avec les garçons. J'ai été élevée comme un garçon : ma mère ne voulait pas que je m'occupe des tâches ménagères. Elle voulait que je travaille, que j'étudie. Grâce à mes parents, j'ai fait toutes mes études assez brillamment et facilement. J'aimais ça. J'aimais beaucoup aller à l'école, parce que j'étais fille unique et qu'à l'école, j'avais une vie sociale, des amis. J'adorais aussi, l'été, aller en colonie de vacances, par exemple, alors que les enfants d'aujourd'hui n'aiment pas ça. J'adorais ça parce que j'étais dans une vie très active… Je jouais beaucoup avec les garçons au square. J'étais un garçon manqué, comme on dit. Je ne faisais pas attention au fait que j'étais une fille et que j'étais très différente des garçons.

À partir de l'adolescence, je suis tombée amoureuse de garçons et j'ai pris conscience évidemment que j'étais une fille, mais pas dans le travail. Dans ce domaine, je n'ai jamais considéré que j'étais une femme en face d'instrumentistes hommes. Cela m'a valu des surprises parce que, eux, me considéraient comme une femme avant de me considérer comme un compositeur. J'ai eu des déboires et même des bagarres avec des musiciens, surtout face aux orchestres. Les orchestres sont des classes de potaches. Étaient, parce que maintenant ils sont un peu plus disciplinés en France. Mais, à l'époque, c'était absolument comme dans le film de Fellini, *Répétition d'orchestre (Prova d'orchestra)* ! Je me rappelle de l'une des premières répétitions auxquelles j'ai assisté à l'Orchestre de Paris. J'étais outrée parce que les musiciens lisaient le journal pendant la répétition quand ils n'avaient rien à jouer. Certains se levaient au milieu d'une œuvre, sans attendre la pause, pour aller changer le disque de stationnement de leur voiture. À midi, même si le chef d'orchestre avait la baguette en l'air, tout le monde rangeait ses instruments. Les musiciens n'avaient aucun respect ni pour les chefs d'orchestre, hormis les grands chefs internationaux, ni pour les compositeurs.

HR : Tu dis qu'il n'y avait pas de respect pour les compositeurs, en général. Et donc le fait d'être une femme ?

MR : C'était pire pour une femme, je m'en suis aperçue plus tard. Je pensais qu'ils étaient comme cela avec tous les compositeurs, y compris les garçons… Je me souviens qu'une fois je me suis mise très en colère contre les musiciens de l'Orchestre philharmonique de Radio-France. J'étais jeune, j'avais 35 ans peut-être. Ils voulaient arrêter une répétition. Ils avaient décidé que les œuvres contemporaines mises au programme étaient trop difficiles. En fait, ils avaient un compte à régler avec le chef d'orchestre qui dirigeait ce concert et ils avaient aussi un compte à régler avec le directeur de la musique, Gilbert Amy à l'époque. Ils avaient donc décidé d'arrêter la répétition pour faire une réunion syndicale et prétendaient qu'ils allaient supprimer le Reverdy du programme. J'étais dans la salle quand ils ont commencé à discuter. Là, je me suis vraiment mise en colère. Je me suis levée et j'ai dit : « Je suis une femme, peut-être, mais je ne fais pas de la musique comme on fait de la broderie ou du tricot. C'est mon métier, j'ai travaillé. Vous, votre métier, c'est de jouer. Alors vous allez jouer mon œuvre ». Surpris, ils ont rabattu leur méchanceté, leur agressivité est tombée et ils ont joué. Ils n'ont pas arrêté la répétition, ils ont travaillé l'œuvre.

Au même moment, l'orchestre Colonne organisait une espèce de marathon de jeunes compositeurs : les musiciens avaient programmé quatre ou cinq œuvres et avaient convoqué des jurys pour donner des prix. Il y avait un jury de compositeurs, un jury de journalistes et le troisième jury, c'était la salle. J'ai obtenu le prix du jury des compositeurs et celui du jury de journalistes. Il y a eu de gros articles de presse. Le lendemain, c'était le jour de la générale avec le Philharmonique. J'ai retrouvé les musiciens de l'orchestre aux Ondes, le bistrot qui est en face de la Radio, et ils m'ont dit : « Ah mais c'est bien, vous avez eu un prix ! ». Du coup, là, ils avaient du respect. Je leur ai dit : « Mais vous êtes vraiment des salauds... (rires). Parce que j'ai un prix, vous respectez ce que je fais. Avant-hier, vous critiquiez mon œuvre, parce que je suis une femme et que, pour les femmes, ce n'est pas très important »...

HR : *Donc là tu as senti...*

MR : Je l'ai senti plusieurs fois. Mais, en d'autres occasions, certains interprètes avaient du dédain pour les jeunes musiciens en général, et les jeunes compositeurs en particulier. Lors de la création de ma première œuvre d'orchestre, par exemple, j'ai vraiment subi une vexation terrible. J'étais encore élève chez Messiaen. Pour avoir le prix de composition, à cette époque-là, il fallait présenter un dossier avec des œuvres de musique de chambre et une œuvre jouée par l'orchestre du Conservatoire. Il y avait trois œuvres au programme du concert au cours duquel on devait enregistrer mon œuvre pour le prix : deux qui étaient imposées au chef d'orchestre et une troisième de son choix. Michel Dalberto, lui aussi étudiant en troisième cycle, jouait le concerto de Schumann. Il y avait en création mondiale mon œuvre, *Espaces*, que j'avais écrite dans la classe de Messiaen et qui devait compter pour mon concours. Le chef avait choisi *Les Danses populaires roumaines* de Bartók. Il n'a travaillé avec l'orchestre que *Les Danses* de Bartók. Comme il a négligé Dalberto autant que moi, je me suis dit qu'il n'en avait rien à faire des étudiants. Cela a été épouvantable : il n'y avait que 50 % des notes – j'ai gardé l'enregistrement... Malgré tout, cela a été un succès auprès du public. Le chef s'est écroulé dans *Les danses*. Dalberto a dirigé l'orchestre du piano, c'était formidable, il a très bien joué. Mais on était vraiment mal. Cette fois-là, je n'ai pas pensé que c'était parce que j'étais une femme.

Je l'ai pensé avec d'autres personnes. Par exemple, avec Rolf Liebermann que j'ai rencontré à Hambourg et à qui j'avais demandé un rendez-vous. On jouait dans une petite salle de l'Opéra une de mes pièces, *La nuit qui suivit notre dernier dîner*, opéra de chambre qui dure une demi-heure. Un jeune metteur en scène franco-allemand qui avait entendu cette œuvre à Paris voulait la monter en allemand. J'en avais profité pour prendre rendez-vous avec Rolf Liebermann qui était alors le directeur de l'Opéra de Hambourg, afin de lui montrer la partition de mon opéra *Le château*, un grand opéra qui n'a jamais été monté. Liebermann m'a reçu. Il a regardé rapidement la partition. Je me rappelle sa réflexion : je l'ai notée en rentrant, j'étais blessée. Il m'a dit : « Ma petite, vous pensez bien que vous n'aurez jamais trois piccolos dans un orchestre. Et puis, de toute façon, les piccolos jouent faux. Vous n'aurez jamais trois piccolos qui jouent juste ». Je n'ai pas eu le toupet de lui répondre – parce que j'étais trop jeune – que c'était justement ça qui me plaisait, les frottements des micro-intervalles créés par le fait que les piccolos jouaient un peu faux et que cela avait beaucoup de charme… C'était un monsieur qui avait du pouvoir et moi j'étais une petite compositrice. Il m'a appelé « ma petite » d'ailleurs. Je me suis demandé s'il aurait dit « mon petit » à l'un de mes collègues garçons, je ne le crois pas.

Parmi d'autres exemples, il y a eu un article particulièrement misogyne à la sortie de mon premier CD. Je l'ai scanné. J'ai mis très peu de chose dans la boîte [à coupures de presse] « Misogynie ». Généralement, je jetais les articles de ce genre, mais celui-là était particulièrement gratiné, insultant pour moi et d'autres compositrices citées dans l'article. Je me rappelle que j'en avais parlé à tous mes amis en leur demandant s'il fallait que je réagisse et ils m'avaient dit : « Surtout pas… parce que tu vas lui donner de l'importance, c'est un imbécile, il ne faut pas réagir », donc je n'ai pas réagi. Si cela se produisait maintenant, je pense qu'on pourrait même porter plainte.

À la même époque, au cours d'un concert de musique contemporaine à la radio, la Maîtrise de Radio-France a créé mes *Propos félins*. C'était la seule création du concert, en création mondiale. Il y a eu un article relatant ce concert – je ne sais plus de qui ni dans quel journal, mais c'était un journal important – et le journaliste citait toutes les œuvres qui étaient au programme sauf la mienne. Je n'existais pas. Cela arrive très souvent. Je suis rayée de la carte, je n'existe pas. Et ça, c'est encore pire qu'une mauvaise critique, parce qu'avec une mauvaise critique tu existes. C'est leur droit de ne pas aimer, de dire : « Michèle Reverdy écrit n'importe quoi », si la critique s'appuie sur quelque chose. En revanche, être rayée de la carte, c'est terrible. Cela m'arrive très souvent encore maintenant. Par exemple, dans les biographies d'interprètes qui ont créé mes œuvres. Systématiquement, tous les compositeurs hommes sont cités, mais mon œuvre ne l'est pas. J'en ai parlé parfois à quelques amis interprètes : « Comment se fait-il que j'ai "sauté" ? », « Ah ben, c'est mon agent qui a fait ça »... C'est possible que ce soient les agents qui disent « Bon, une femme, on n'en a rien à faire, ce n'est pas sérieux, on enlève » ; c'est possible... Par ailleurs, j'ai beaucoup d'amis interprètes, hommes et femmes, et ce sont très souvent les hommes qui me disent « Mais tu sais, on a proposé telle œuvre... ». Des œuvres qu'ils ont travaillées, qu'ils connaissent, cela leur fait plaisir de les jouer. Ils me disent que c'est très difficile parce que tous les directeurs répondent « Ah non, non, une femme, surtout pas »...

En France, il y a quand même quelque chose de particulier qui n'atteint pas seulement les femmes, mais aussi les hommes. Les compositrices – j'allais dire les compositeuses (rires) – qui sont très jouées en France, c'est Kaija Saariaho et, pendant un temps, c'était Betsy Jolas. Ce sont des femmes qui viennent d'ailleurs. C'est la même chose pour les chefs d'orchestre. La seule femme qui a eu un poste important, Susanna Mälkki, vient d'ailleurs. Les autres ont été obligées de s'exiler ou bien de diriger de petits ensembles instrumentaux, comme Dominique My ou Annick Mink. Claire Levacher, une de mes anciennes élèves, très brillante, est à Vienne en ce moment. Claire Gibault a toujours été la seconde, par exemple à l'Opéra de Lyon, alors qu'elle aurait pu diriger de grands opéras. D'après ces messieurs elle était plutôt faite pour diriger la maîtrise des enfants. Et moi, combien de fois ai-je demandé à avoir des résidences d'orchestre ? On me donne des résidences dans les conservatoires, ça oui, parce que je peux m'occuper de la pédagogie, des jeunes. Mais une résidence dans un orchestre, non, parce que je suis une femme. Je le sais par Alain Durel qui a fait partie de la commission qui désignait les compositeurs en résidence à l'Orchestre national de Lyon, à l'époque où Emmanuel Krivine en était le chef. Lors d'une réunion, plusieurs personnes de la commission ont proposé mon nom pour une résidence. Krivine a dit : « Oh non, une femme, surtout pas ! ». Alain Durel m'a dit : « Je suis très en colère, on s'est fâché d'ailleurs, Krivine et moi ». Mais le chef n'a pas cédé. Je suis sûre que cela s'est produit très souvent... Je n'ai jamais eu de résidence dans un orchestre.

« LA MUSIQUE, C'EST AUSSI UN POUVOIR »

Le problème, c'est que les femmes aussi sont misogynes, même sans jalousie. Je pense à des femmes cheffes d'orchestre, par exemple, à qui j'ai proposé des œuvres et qui ne m'ont jamais répondu. J'ai l'impression que cela les embête qu'il y ait une autre femme sur le terrain. Du côté des compositrices, puisqu'on est peu nombreuses, les places sont rares, chacune se bat à sa façon. Il y a des compositrices qui s'entendent bien, qui se soutiennent. Je suis amie avec certaines d'entre elles, par exemple Suzanne Giraud ou

Sophie Lacaze. Mais il y en a d'autres qui, au contraire, mettent des obstacles.

HR : Dans les univers où il y en a peu, il y a souvent une forme de compétition qui s'installe. C'est ce que racontait Anne Sylvestre[3] : dans les programmations, il fallait une femme au mieux, mais pas deux…

MR : C'est ce qui se passe en France. Depuis que Kaija Saariaho est à la mode, il n'y a plus qu'elle. À chaque fois que l'on veut jouer une musique de femme, c'est la sienne, y compris à l'Opéra. Je ne les trouve pas très bons ses opéras, si je puis me permettre. Chez les hommes aussi, on trouve des opéras qui sont bons et d'autres moins bons. Mais pourquoi n'y a-t-il pas de diversité chez les femmes ? Pourquoi toujours la même ? Cela finit par être énervant de voir la même partout. Elle est défendue par l'Ircam, évidemment, par la presse, par des réseaux. J'ai appris que c'est très difficile de se faire entendre si l'on ne fait pas partie d'un réseau, que l'on soit homme ou femme. Moi, je suis trop indépendante. Je connais aussi des compositeurs hommes qui sont indépendants et qui ont beaucoup de mal à se faire entendre. Les éditeurs font des catalogues qui sont distribués à tous les orchestres, puis ils les relancent. [*Elle me montre un catalogue*] On y trouve des hommes et quelques femmes, jeunes. Il y a aussi les mécènes.

La musique, c'est aussi un pouvoir, on en vient là. Pourquoi en vouloir aux femmes compositeures et cheffes d'orchestre ? Parce qu'elles ont un pouvoir qui dérange les hommes. Pour la cheffe d'orchestre, le pouvoir est évident. Un « chef » dirige, doit avoir de l'autorité ; pas une autorité physique, mais une autorité naturelle professionnelle, mentale, intellectuelle et psychique. Le compositeur, lui, a un pouvoir beaucoup plus grand parce qu'il agit sur le psychisme des auditeurs. Du point de vue des interprètes, c'est lui qui possède la connaissance. En fait, on n'est pas plus magicien qu'un autre. Mais, pour eux, c'est magique d'écrire de la musique. D'ailleurs il y a beaucoup d'interprètes qui veulent devenir compositeurs. Ils ont du mal à le faire parce que ce n'est pas leur truc, parce qu'ils n'ont pas ça dans la peau. Mais ils composent quand même parce que cela représente une espèce de symbole de l'emprise qu'on peut avoir sur autrui.

Et c'est vrai que l'on a un pouvoir fantastique. En musique plus encore que dans les autres arts, hormis peut-être la littérature. La musique est un art qui agit en possédant la personne. Il y a une thèse qui affirme que c'est quasiment phallique : on s'introduit dans la personne, dans l'esprit, dans le cœur, même physiquement. Moi, très souvent, j'ai des réactions physiques en écoutant de très belles choses : je pleure, j'ai mal au ventre. Enfin, on est amoureux. Je dis toujours que je suis amoureuse de musique et c'est exactement, presque, comme un amour sexuel parce qu'on est possédé. De façon beaucoup plus violente que lorsqu'on regarde une toile, par exemple. Cela prend du temps de connaître une toile, il faut

[3] « Sorcière, comme les autres… Parcours d'Anne Sylvestre », propos recueillis par Cécile Prévost-Thomas et Hyacinthe Ravet, *Travail, genre et sociétés*, n° 23, 2010, pp. 5-25.

entrer dedans, s'y promener. La musique nous prend comme un coup de foudre.

Alors cela gêne énormément ces messieurs parce qu'ils se sentent en danger quand c'est une femme qui possède ce pouvoir-là. C'est peut-être une interprétation un peu simpliste, mais je sais, pour avoir subi ce pouvoir de la part de grands compositeurs passés ou présents, que la musique parfois nous possède. C'est cela le pouvoir du compositeur, il est plus grand et plus subtil que celui du chef d'orchestre…

Le pouvoir de l'artiste est un pouvoir qui est incontrôlable. Je parle de l'artiste en général, qu'il soit peintre, écrivain, homme de théâtre… Si on est touché par une œuvre, on est pris au dépourvu, on est tout de suite possédé par l'œuvre.

ÊTRE UNE FEMME ET VIVRE SA PASSION

MR : De par mon éducation, qui a été celle d'un garçon, cela ne m'a jamais posé de problème d'avoir un enfant, cela ne m'a jamais empêché de travailler. Il y a beaucoup de femmes de ma génération qui se sont arrêtées de travailler lorsqu'elles ont eu des enfants. Je ne le comprends pas. Il y a une auto-censure des femmes en général, peut-être encore plus grande maintenant que lorsque j'étais jeune – j'avais 24 ans en 1968, cela situe le climat. Dans les années 1960 déjà, on avait entamé la bataille pour exister. Cela a éclaté en 1968, mais, malheureusement, c'est retombé et on est revenu à une société très consensuelle, très conventionnelle. Je m'en suis rendu compte ces dernières années, alors que j'étais encore professeure d'orchestration au Conservatoire de Paris : il y avait de moins en moins de filles dans ma classe. J'en ai eu très peu, mais, les dernières années, je n'avais plus que des garçons. Dans les classes de composition, actuellement, il y a très peu de filles. Elles s'auto-censurent pour ces métiers-là. Elles se disent qu'elles n'y arriveront jamais. Curieusement, il y a beaucoup d'étrangères, de filles venues d'Amérique du sud ou des pays asiatiques, mais pas une seule Française. Ou peut-être quelques-unes, mais très peu…

Lorsque je suis entrée chez Messiaen, il y avait des femmes. Messiaen ne faisait aucune différence entre ses étudiants hommes et ses étudiants femmes. Moi, il m'a beaucoup protégée. Il venait à tous les concerts, pour les garçons comme pour les filles, il nous disait ce qu'il en pensait. Il m'a adressé des lettres de recommandation. Il n'y avait aucune misogynie chez lui. C'était pourtant un très grand compositeur, un homme qui avait du pouvoir

HR : Tu penses que c'est lié à quoi, que s'est-il passé ?

MR : Je pense que c'est lié à la société, qui est redevenue de plus en plus conventionnelle. Les jeunes gens sont beaucoup plus soumis à l'autorité que nous ne l'étions. La société est devenue très dure. Par exemple, je me rappelle qu'après 1968, j'ai fait tous les métiers. J'ai abandonné l'enseignement dans les lycées au bout de huit années, j'ai donné ma démission. Après, j'ai fait du journalisme, de la radio, j'ai enseigné dans plusieurs conservatoires municipaux à Paris avant d'être nommée au Conservatoire Supérieur en 1983. Je n'ai jamais eu peur de manquer de travail. Je me souviens d'un jeune homme qui avait été mon élève au lycée de Clermont de l'Oise, qui avait passé son bac et qui m'avait dit : « Maintenant, moi, je veux être bûcheron. » Cela lui plaisait, il aimait la nature et il est donc devenu bûcheron ! Peut-être a-t-il passé les examens des Eaux et Forêts, je ne sais pas, mais à l'époque on pouvait avoir un métier, quel qu'il soit, il n'y avait pas de chômage. On était très libre. On a eu cette chance de vivre des années où il n'y avait pas d'angoisse pour trouver du travail. On était sûrs de pouvoir gagner notre vie. Petitement, on ne gagnait pas beaucoup d'argent, mais on pouvait vivre. Maintenant, les jeunes gens sont tellement terrorisés à l'idée de ne pas avoir de travail qu'ils sont soumis à l'autorité. Et en musique, c'est la même chose.

HR : Est-ce que cela te paraît encore plus fort chez les femmes ?

MR : Oui, j'ai l'impression que c'est plus fort chez les femmes, en particulier parce qu'elles se sentent responsables de leurs enfants. Depuis une vingtaine d'années, les femmes font des enfants beaucoup plus tard. Moi j'ai eu ma fille à l'âge de 25 ans. Maintenant, quand elles travaillent, les femmes ont leur premier enfant après 30 ans. Elles sont obligées de retarder leur maternité pour avoir un travail. Nous ne nous posions pas cette question, la vie était beaucoup plus facile. Quand je travaillais, j'arrivais à payer une jeune fille pour garder mon bébé, de 8 h 00 à 18 h 00, jusqu'à ce que ma fille aille à l'école maternelle, à l'âge de 3 ans. Après, je me suis débrouillée autrement, je prenais des baby-sitters… La vie est devenue beaucoup plus dure pour les jeunes gens et particulièrement pour les femmes. Parce que finalement, on a beau dire que les hommes s'occupent beaucoup de leurs enfants, dans la plupart des cas ce sont quand même les femmes qui s'en occupent le plus.

HR : Et pour toi, justement, comment cela se passait-il ?

MR : Jusqu'à ce que ma fille ait eu 7 ans, mon premier mari était là. Puis il m'a quittée et j'ai dû me débrouiller. Je pense que ma fille en a souffert. Elle avait quand même sa grand-mère maternelle, à Paris, qui la gardait le mercredi. Mais elle avait la clé autour du cou, elle rentrait de l'école toute seule. Je me levais à 6 heures du matin pour faire la cuisine. Le soir, elle se faisait réchauffer des plats dans un four électrique, donc sans toucher au feu. J'avais des voisins qui la surveillaient un peu, ils avaient une petite fille du même âge. On se débrouillait comme cela. Les enfants étaient plus seuls, on les gardait moins que maintenant.

HR : Et par rapport à ta vie de compositrice et d'enseignante, comment tout ceci s'est-il articulé ?

MR : J'ai toujours beaucoup travaillé. Quand j'allais dans les festivals pour Radio-France, j'emmenais ma fille, même quand elle était petite. Elle venait souvent avec moi dans les studios de la Radio, elle regardait ce qui se passait. Son père la gardait de temps en temps, mais il n'était pas très régulier et il ne me versait pas sa pension. Il fallait donc que j'assume tout financièrement. Cela ne m'a pas empêchée de composer, mais je devais travailler beaucoup. J'ai la chance, sans doute, d'avoir énormément d'énergie. Quand j'étais jeune, je travaillais soixante-dix heures par semaine. Cela m'amuse quand j'entends parler des trente-cinq heures. Il me fallait plusieurs boulots pour réussir à joindre les deux bouts.

Quand mon premier mari m'a quittée, j'étais désespérée. Il m'a dit : « Mais toi, tu es forte, tu t'en sortiras. » Quelque temps avant, il m'avait dit une chose qui m'avait semblé très bizarre : « Tu es un vrai mec » – c'était à l'époque de 68, on disait « mec ». Je m'étais dit : « Ce n'est pas vrai, je suis féminine. » J'étais assez jolie à l'époque, je plaisais bien aux hommes et j'aimais beaucoup les hommes. Je ne comprenais pas pourquoi il me comparait à un mec. Maintenant je comprends qu'il s'agissait d'une forme d'esprit : physiquement, j'étais féminine, mais je vivais comme un mec.

HR : Tu faisais ce que tu aimais…

MR : Je faisais ce que je voulais, je travaillais beaucoup, je n'aimais pas tellement effectuer les tâches ménagères, que je faisais quand même – tous les dimanches je faisais le ménage –, mais ce n'était pas ma passion.

HR : Tu penses que ça l'a dérangé ?

MR : Je pense que ça a dérangé tous les hommes que j'ai rencontrés puisque je n'en ai jamais trouvé un qui me supporte très longtemps (rires). Mon deuxième ex-mari, un psychanalyste, m'a dit un jour : « Tu emmerdes tout le monde avec ta musique. » J'ai compris qu'il était jaloux. Moi, j'étais idiote et naïve, bien que, quand je l'ai connu, j'avais quand même 47 ans. J'aurais dû comprendre avant. Étant aveuglée par l'amour, je pensais qu'il m'aimait et j'ai réalisé après coup que ce qui l'intéressait, c'était de vivre avec une artiste pour voir comment cela fonctionnait. Évidemment il n'a rien vu du tout parce que je suis comme tout le monde. Les artistes vivent comme les autres. Le pouvoir qui dérange un homme, je l'ai aussi vécu avec mon deuxième mari. Dans la journée, sa fille la plus jeune regardait la télévision en mettant le son très fort. J'ai demandé à ce qu'elle baisse le son et c'est pour ça qu'il a sorti que j'emmerdais tout le monde avec ma musique. Moi, je ne pouvais pas travailler, je ne pouvais pas composer. Pendant les deux dernières années où nous avons vécu ensemble, c'était terrible parce qu'il essayait de me convaincre que j'étais complètement nulle : « Toi, tu n'as pas d'esprit, tu n'as pas de pensée »… et j'ai fini par le croire. Je devenais de plus en plus nulle, effectivement. Heureusement qu'il m'a quittée, il m'a rendu service, c'était insupportable, je ne composais plus…

C'est juste après que j'ai composé *Médée*. Le texte de Christa Wolf a résonné en moi parce que c'est un texte très féministe. J'ai composé cet opéra avec une volonté de renaître, en quelque sorte, de renaître comme femme et de renaître à moi-même. Cela a été difficile parce qu'il m'avait vraiment détruite. Pendant quelques années, j'ai été complètement déstabilisée… Voilà donc encore un signe de misogynie et de jalousie, de l'homme par rapport à la femme qui a un certain pouvoir. C'était un homme qui avait eu précédemment des femmes plutôt bourgeoises, très soumises à l'homme. Là, il était tombé sur une artiste, c'était un os (rire). C'était un homme très intelligent, c'est d'ailleurs pour cela qu'il m'a séduite, il était brillant, mais fou. Il m'a vraiment mise en danger. Enfin voilà, je m'en suis remise. J'ai appris des choses. Récemment, je suis allée à la signature du dernier livre de Jacqueline Rousseau-Dujardin, qui s'intitule *Aimer mais comment ?* (2014, Paris, Odile Jacob). Christian Doumet, qui en a fait la présentation, a dit très justement que la plupart des amours dont elle parle dans ce livre, qui sont des amours de la littérature, sont des ratages. Moi, je me marrais dans mon petit coin, parce que toutes mes amours ont été des ratages, mais finalement je trouve que ces ratages sont positifs. Ils m'ont appris des tas de choses sur les autres et sur moi-même. Il y a donc eu des passages de ma vie qui ont été très difficiles, très déstabilisants, mais après je me suis sentie encore plus forte et sans amertume. Je trouve que les ratages ne sont pas si mauvais que ça, au fond.

J'aurais aimé vivre avec quelqu'un plus longtemps, mais cela ne s'est pas trouvé. Je pense que le fait d'être compositrice a dû faire reculer les hommes. Beaucoup de personnes me l'ont dit, y compris des hommes que j'ai connus. « Tu fais peur », me disaient-ils. Je ne comprenais pas pourquoi. Maintenant je crois que c'est à cause de mon métier, à cause du fait que ce métier est une passion, une passion, peut-être plus grande qu'eux.

HR : En tout cas, ne pas vouloir abjurer sa passion…

MR : Non, ce n'est pas possible. Je t'ai parlé de l'expérience du deuxième mari, j'ai composé pendant toute la période où j'étais avec lui, mais, à la fin, au moment de la séparation, au moment du drame final, je n'arrivais plus à écrire et j'ai failli mourir. Parce que si je ne compose pas, c'est la mort. Et c'est ça qui les dérange. Au fond, quitter un homme ne m'a pas fait mourir, mais quitter la musique, cela me ferait mourir. Pour quelqu'un d'autre, c'est difficile à comprendre.

HR : Et à accepter de la part d'une femme, non ?

MR : Oui, peut-être. La plupart des hommes qui composent ont trouvé des femmes suffisamment soumises, des femmes qui les aident dans leur métier, très souvent, qui s'occupent d'eux. J'ai toujours dit que Freud avait une femme qui était sa cuisinière puisque, quand il voulait discuter, c'était avec sa belle-sœur ou avec Lou Andréas-Salomé. Beaucoup d'artistes ont une femme qui accepte d'être « cuisinière ». Une femme qui s'occupe de leurs œuvres, qui les soigne. Jusqu'à Rodin qui a rendu sa maîtresse folle parce qu'il voulait garder sa cuisinière… C'est plus facile pour un homme de trouver une femme dévouée que pour une femme de trouver un homme qui accepte qu'elle ait une passion. Pourtant je peux très bien jouer un rôle de femme. Comme l'a dit Bernard Banoun, l'autre jour[4], ça m'a amusée : « Michèle fait très bien la cuisine. » Si je veux, je fais bien la cuisine (rires).

C'est ça que je ne comprenais pas, quand mon premier mari m'a dit : « Tu es un vrai mec. » Bon, j'aime bien faire l'amour avec un homme, j'aime bien de temps en temps faire la cuisine, je m'occupe de ma maison ; je ne comprenais pas pourquoi je n'étais pas une femme ! Maintenant je comprends. C'est parce que j'ai un métier qu'ils n'acceptent pas, qui pour eux n'est pas un métier de femme et qui est surtout une passion. Ce n'est pas un métier ordinaire, c'est quelque chose qui nous occupe tout le temps. Les femmes-écrivains ont le même problème avec les hommes, les femmes-peintres aussi…

HR : C'est d'être créatrices…

MR : Non, pas d'être créatrices, mais d'avoir une passion, ça les rend jaloux, ça leur fait peur.

PROCRÉER ET CRÉER

MR : Quand une femme a plusieurs enfants, cela lui prend du temps, elle va beaucoup moins vite dans son travail que si elle en avait un seul, comme moi. Mais on ne peut pas dire que c'est parce qu'on crée des enfants qu'on ne peut pas créer autre chose. C'est absolument scandaleux de dire cela. On peut toujours créer même si l'on a des enfants. C'est simplement une question d'organisation du temps, d'aides à trouver, de choses comme cela.

J'ai pris plus de temps que les garçons. J'ai d'abord fait mes études beaucoup plus lentement car j'ai dû travailler pour gagner ma croûte. Je n'avais pas un homme pour me nourrir. J'ai travaillé comme professeure depuis l'âge de 22 ans, j'ai élevé ma fille toute seule, tout en travaillant. J'ai fait les classes d'écriture en cinq années au lieu de deux. Ensuite, je suis restée chez Messiaen, ce qui

[4] Lors de l'entretien public avec Michèle Reverdy qui a eu lieu durant la journée d'études du CReIM intitulée « Michèle Reverdy. "Je suis compositeur. Je suis une femme." » qui lui était consacrée à l'Université Paris-Sorbonne, le 2 juin 2014.

fait que je n'ai pas pu me présenter au Prix de Rome parce que j'avais dépassé la limite d'âge, à l'époque c'était 30 ans. Je suis arrivée en fin d'études chez Messiaen à 29 ans, c'était trop tard. J'ai eu la Casa Velasquez parce que j'ai pu la présenter après 30 ans. J'avais beaucoup de complexes quand j'étais étudiante au Conservatoire parce que j'étais plus vieille que les autres. Dans la classe de Messiaen, il y avait des gens de 17 ans qui avaient eu des parents riches et des précepteurs à la maison ou encore des parents musiciens. Moi, je n'avais ni l'un, ni l'autre et donc j'ai dû me débrouiller toute seule. Cela a été plus lent, mais je l'ai fait quand même parce que c'était ma vie, il fallait que je le fasse. C'est pareil pour les femmes qui ont des enfants. Si elles ont vraiment dans la peau le fait d'être une compositrice ou une cheffe d'orchestre, elles vont le faire. Je vois, par exemple, Claire Levacher, elle a des enfants et elle travaille, ses enfants sont très épanouis et très aimés. Il n'y a pas de problème majeur, simplement elle mène peut-être sa carrière moins vite que les autres. Il y a des moments, évidemment, où l'on consacre du temps à nos enfants, c'est normal. Mais les hommes aussi devraient leur consacrer du temps. Seulement, pour eux, la carrière passe avant. Pour nous aussi parfois, c'est ce qu'on m'a souvent reproché, c'est là que le bât blesse.
Dans nos sociétés, la femme doit avoir une place bien déterminée. Je ne sais pas si cela changera un jour d'ailleurs ! Il y a eu un progrès en 1968, puis on est retombé dans un conservatisme effarant : quand on voit les cathos qui défilent contre l'avortement, contre le mariage gay, contre tout enfin, c'est quand même inquiétant. Les avancées sont toujours difficiles, toujours très lentes. On a aussi aboli la peine de mort, mais il y a beaucoup de gens qui voudraient qu'on la rétablisse. C'est fragile.

HR : Et les étudiantes qui sont passées par ta classe ?

MR : Je les encourage évidemment. J'ai eu une étudiante étrangère dont le mari voulait qu'elle abandonne la musique. Elle fait une carrière maintenant. Elle était dans ma classe d'orchestration, elle était douée, elle avait fait de très bons travaux et son mari voulait lui interdire d'étudier la composition. Je lui ai dit : « Mais non, il ne faut pas écouter votre mari, il faut composer, entrer dans la classe de composition. Vous aimez ça, vous vivez pour ça, allez-y ! ». J'ai semé la graine de la révolte en lui disant qu'elle composait très bien, qu'il fallait convaincre son mari et que, s'il n'était pas convaincu, il fallait divorcer, tant pis… Finalement, elle a réussi à le convaincre, à entrer en composition tout en étant mariée et en ayant des enfants. Quelque temps après j'ai appris qu'elle avait divorcé. Et elle compose, c'est bien ! Je pense qu'elle est heureuse, c'est le principal.

LES ORIGINES DE LA PASSION

HR : Tu as dit plusieurs fois que pour devenir compositeur ou compositrice, « il faut avoir [ce] métier dans la peau ». Tu as raconté avoir eu le coup de foudre pour Les Noces de Figaro, *mais comment cette passion a pu naître chez toi ?*

MR : C'est difficile à dire, j'ai l'impression qu'elle a toujours existé. J'ai toujours aimé transmettre des choses aux autres. J'ai beaucoup aimé l'enseignement. Comme je suis tombée dans le monde de la musique, j'ai eu envie de transmettre celle que j'avais en moi. Cela dit, cette musique que j'ai en moi, ce n'est pas évident non plus… Très souvent, quand je termine une œuvre et que j'en aborde une autre, quelques semaines après, j'ai l'impression de ne plus du tout avoir de musique en moi. Il faut se mettre à la table et commencer à inventer. Parfois, c'est très difficile. On a quelques flashs, des flashs sonores, mais après il faut les réaliser, les mettre en forme, il faut les construire. C'est aussi un travail d'architecture. C'est très curieux d'avoir envie de transmettre ainsi une musique… Je me rends compte maintenant, à mon âge, après avoir composé toute ma vie, que finalement j'ai écrit des œuvres qui sont transmises et transmissibles, mais, à chaque fois, j'ai l'impression d'être à nouveau débutante.

Comment c'est venu, je ne sais pas… Au fond, je suis débutante depuis cinquante ans (rires). Je me rends compte, quand je réécoute mes œuvres, que toute cette musique se ressemble. Il y a une ligne, ce doit être ce qui est en moi… Mais ce qui est en moi, je ne sais pas comment cela sort, c'est un mystère aussi bien pour moi que pour les autres, pour ces messieurs justement (rires).

HR : Tu parles beaucoup de métier…

MR : Oui, il faut beaucoup travailler, du moins dans mon cas. Il y a des gens qui réussissent très bien à improviser, je les envie beaucoup, je trouve qu'ils sont très doués, les *jazzmen* qui improvisent… Je n'ai jamais su improviser, mais chacun fait ce qu'il peut. Moi, j'aime bien trouver des processus, inventer des formes. J'ai une formation plutôt intellectuelle, j'aime beaucoup les spéculations sur l'œuvre, cela me tient en haleine. Quand je compose, je commence à chercher la grande forme. Puis j'entre petit à petit dans la microforme, en cherchant des relations de nombres et de couleurs harmoniques entre la grande forme et les formes locales, entre l'horizontal et le vertical. Tout cela s'organise peu à peu. Cela m'amuse beaucoup, mais je veux aussi que cela sonne bien, c'est pourquoi je contrôle très souvent les choses au piano. Je suis aussi friande des timbres de l'orchestre. Je cherche toujours des alliances de timbres qui correspondent à mes rêves sonores. Et après je mets en forme, c'est cela le travail.

LES DIFFICULTÉS À SE FAIRE JOUER EN TANT QUE COMPOSITRICE…

MR : Cela n'a pas été trop difficile jusque dans les années 2000, encore que j'aie dû me battre pour que soit créé *Lac de lune*, œuvre pour orchestre qui m'avait été commandée par Radio-France en 1997. J'ai dû me fâcher et j'ai écrit au directeur de la musique de Radio-France, vers les années 2003-2004, que si l'œuvre n'était pas créée, j'allais en changer le titre et la rebaptiser *Les vieilles lunes*. Je pense que c'est cela qui l'a fait réagir ! Kurt Masur a donc mis l'œuvre au répertoire, mais il l'a malheureusement très mal dirigée. Le premier mouvement commence par un *accelerando* énorme, mais il a tout joué au même *tempo*. Ce premier mouvement a duré 16 minutes alors qu'il ne devait durer que 11 minutes. Or les trois mouvements étaient construits selon les proportions du nombre d'or : respectivement 11, 8 et 5 minutes. Du coup, tout a été complètement déséquilibré. Un journaliste qui a toujours défendu ma musique avec générosité a écrit dans *Le Figaro* : « Je ne comprends pas pourquoi Michèle Reverdy a écrit deux mouvements lents à la suite l'un de l'autre ». Je suis sortie du Théâtre des Champs-Élysées furieuse et triste, j'étais en larmes. Les copains non musiciens me disaient : « Mais Michèle, tu devrais être heureuse d'être dirigée par Kurt Masur ». Et je leur répondais : « Mais vous ne vous rendez pas compte de la trahison ! » Quand on joue ma musique, je suis comme à poil devant tout le monde ; mais là, à poil et moche, c'était terrible !
Le chef ne voulait pas que je vienne aux répétitions. J'ai réussi à convaincre le directeur administratif de l'orchestre de convaincre à son tour Kurt Masur, en lui expliquant qu'en France les compositeurs viennent au moins à la dernière répétition. J'ai été à une répétition avant la générale et lorsque je me suis aperçue du problème, il m'a dit : « Mais je connais mon métier. » J'ai répondu : « Moi aussi. » Ça commençait mal. Le violon solo – qui était une femme – a voulu aussi le convaincre, mais rien à faire. Et les percussionnistes, qui avaient un rôle à jouer dans le début de la pièce, ont essayé d'accélérer sans le chef : impossible, c'était la pesanteur prussienne. Ainsi, le premier mouvement était complètement défiguré. Les musiciens m'ont dit que Kurt Masur avait la trouille parce qu'il ne dirige jamais de musique contemporaine. C'est une musique où les mesures changent tout le temps, une fois 3/4, une fois 4/4, une fois 5/8. Il faut un chef qui a l'habitude. Il n'a pas pris le bon mouvement parce qu'il avait peur de se planter. Cela arrive relativement souvent, mais là, j'étais particulièrement blessée, parce que c'était une œuvre à laquelle je tenais. C'était ma dernière œuvre pour orchestre, je n'ai jamais obtenu d'autres commandes. Pour l'opéra, c'est pareil, j'ai eu ma dernière commande en 2003. J'ai vu et j'ai écrit à tous les opéras de France, mais rien à faire.

HR : Tu disais que, jusque les années 2000, cela allait…

MR : Cela allait… pas très bien d'ailleurs. Je n'étais pas jouée dans les festivals. Quand on jouait ma musique, c'était toujours par raccroc. J'ai été jouée au festival Musica parce que j'étais en résidence au Conservatoire de Strasbourg. Les élèves du Conservatoire m'ont joué au festival, très bien dirigés par Philippe Cambreling. C'était pratiquement d'un niveau professionnel et cela a eu beaucoup de succès. Les années suivantes, j'ai proposé des œuvres – je voulais composer des opéras de chambre – au directeur du festival de Strasbourg, mais je n'ai jamais eu de réponse. Pour *Médée*, j'ai eu beaucoup de chance, parce que c'est Alain Durel – un ami depuis trente ans – qui me l'a commandée. Jamais un directeur d'opéra national, à part lui, ne m'a passé une commande. J'ai pourtant vu tous les directeurs d'opéras les uns après les autres.

Le Précepteur, créé à la biennale de Munich en 1990, a eu pourtant beaucoup de succès. Il s'agissait d'une commande de Hans Werner Henze. Il avait entendu ma musique et m'a téléphoné un dimanche matin pour me demander si je voulais écrire un opéra. Cela a été une surprise extraordinaire. L'opéra a eu énormément de succès en Allemagne et même en France. Tous les journalistes étaient venus, il y a eu une très bonne presse. Après ça, j'ai cru que les portes allaient s'ouvrir. Rien du tout.

À chaque fois, cela a été difficile, et c'est toujours très difficile. Encore maintenant. Quand le Centre de documentation de la musique contemporaine a fêté mes 70 ans, le Conservatoire de Paris n'a rien fait de correct, on nous a donné une toute petite salle pour le concert – le Salon Vinteuil –, sans loge pour les interprètes, sans enregistrement, alors que les trois salles publiques étaient libres ce soir-là. J'avais eu aussi l'espoir qu'on joue un de mes opéras de chambre avec les classes d'art lyrique, mais rien, rien du tout.

HR : Pourtant tu as été enseignante dans la maison très longtemps…

MR : Très longtemps, oui. En revanche, le directeur avait invité Kaija Saariaho l'année précédente : elle a eu un concert dans une vraie salle. J'ajoute que, pendant la saison 2014/2015, le Conservatoire reçoit deux compositeurs anciens professeurs de la maison, Alain Bancquart et Guy Reibel dont les concerts auront lieu dans une vraie salle, l'Espace Maurice Fleuret. Dans ce cas, ce n'est pas une question de misogynie, c'est une question de réseau. Si c'est très difficile pour moi, ce n'est plus parce que je suis une femme : les gens connaissent ma musique maintenant. Soit ils n'aiment pas ma musique, soit ils ont des intérêts plus grands à jouer quelqu'un d'autre.

… ET À VIVRE DE LA COMPOSITION, HOMME COMME FEMME

MR : Il y a aussi beaucoup d'hommes qui renoncent à leur passion pour gagner leur croûte. Moi, j'ai eu la chance d'être quelqu'un d'énergique et en bonne santé, mais il y a des gens qui n'ont pas cette force-là, qui ne peuvent pas mener de front plusieurs vies concomitantes. J'ai eu parfois trois métiers et je devais en plus élever ma fille. Cela demande une organisation du temps extrêmement rigoureuse et aussi un équilibre psychique et physique important. Il y a des moments où l'on craque plus ou moins, mais j'ai eu de la chance malgré tout. Tout le monde n'a pas cette chance-là. Et ce n'est pas une question de sexe. Je connais beaucoup de compositeurs qui étaient dans la classe de Messiaen avec moi et qui ont abandonné. D'autres ont abandonné la composition récemment, il y a dix ans, vingt ans, quand cela a commencé à aller mal pour nous tous. Ils ont disparu de la scène musicale parce qu'ils n'avaient pas la force de continuer à se battre contre les moulins à vent.

Et c'est vrai, je ne sais plus comment m'y prendre parce que tout le monde me dit « non » depuis dix ans, depuis *Médée*. Je suis fatiguée de relancer, de recevoir des coups de pied dans le derrière tout le temps. J'ai supporté cela jusqu'à 50 ans, mais maintenant, à mon âge, c'est un peu ridicule d'aller frapper aux portes en disant : « Regardez, comme je suis jolie, comme j'écris de la bonne musique, etc. ». C'est fatiguant, le mépris, c'est très dur. Quand on a 30 ans, on en souffre mais on se dit : « Tant pis, j'y vais quand même… ». Quand on a plus de 50 ans, on se dit : « Merde, à mon âge, j'aimerais avoir un petit peu plus de respect ! ». Mais ce n'est pas du tout le cas et, là, les hommes et les femmes sont mis à la même enseigne.

MÉDÉE, UN OPÉRA FÉMINISTE

HR : Revenons à Médée. Tu disais que ce choix de Médée était féministe…

MR : Le texte de Christa Wolf met en lumière une Médée qui n'est pas la meurtrière de ses enfants. Elle s'est inspirée d'Hésiode, notamment, et de textes pré-Euripidiens qui parlent de Médée comme d'une magicienne, pas forcément maléfique. Euripide a été payé par les Corinthiens pour faire de Médée une mère infanticide. Le mythe s'est alors transformé complètement. Ce qui est resté dans la mémoire des gens, ce n'est pas la Médée qui aurait pu être une bonne magicienne, c'est la sorcière, cette horrible femme qui a tué ses propres enfants. Pourquoi ? Parce que, d'après Christa Wolf, Médée était une immigrée, venue de l'Est, et bien qu'elle ait été étrangère à Corinthe, elle avait l'arrogance de rire aux éclats, d'avoir les cheveux volant au vent, d'avoir un amant qui n'était pas Jason. C'était une femme libre alors qu'elle aurait dû raser les murs. Par ailleurs, toujours dans le livre de Christa Wolf, Médée s'est aperçu que le pouvoir de Corinthe ne tenait que grâce à l'assassinat, par le roi Créon, de sa propre fille, pour empêcher que le matriarcat ne reprenne ses droits dans cette ville. Il a donc fait assassiner sa fille aînée Iphinoé. Glaucée, sa seconde fille, est alors tombée malade, d'une maladie psychique que Médée soigne (toujours dans le texte de Christia Wolf) en essayant de la faire parler. Médée s'est aperçu que le pouvoir s'appuyait sur le crime, elle est dangereuse, il faut donc l'éliminer. On l'exile et Akamas, le grand prêtre et conseiller du roi Créon, décide que les enfants de Jason resteront à Corinthe pour être élevés dans le palais. Quelques années plus tard, Médée exilée apprend que ses enfants ont été lapidés par le peuple de Corinthe. Pourquoi ce meurtre ? Corinthe allait mal, politiquement : il y avait eu un tremblement de terre, il y avait eu la peste, il fallait un bouc-émissaire pour que le peuple ne s'en prenne pas au pouvoir. Il fallait donc éliminer quelqu'un et Médée était le bouc-émissaire idéal, puisqu'elle était étrangère, immigrée et une femme libre.

Personnellement, étant très indépendante, j'aime cette liberté que Christa Wolf décrit dans son livre. Par ailleurs, je viens moi aussi de l'Est. J'ai appris, lorsque j'avais 20 ans, que mon père biologique n'était pas celui que je croyais et que mes ancêtres étaient des Syriens d'Alep. Ses parents étaient diplomates au Caire, il a connu ma mère à Alexandrie. Dans un sens, je suis immigrée, je le ressens parce que je me suis sentie très souvent étrangère ici. Je me suis sentie très française jusqu'à l'âge de 20 ans, totalement française, d'ailleurs je ne suis rien d'autre. Mais quand j'ai appris que je venais d'ailleurs, il a fallu le gérer. Je l'ai peut-être géré aussi en mettant ce texte en musique. Par ailleurs, je déteste le mensonge, justement parce que j'ai grandi dans le mensonge. Je me suis aperçue à l'âge de 20 ans que l'on m'avait menti depuis ma naissance. Donc je déteste le mensonge, je déteste l'injustice et cette Médée de Christa Wolf, elle aussi, détestait le mensonge et elle a subi une énorme injustice, la plus énorme injustice qu'il puisse y avoir. Quoi encore ? Tout me plaisait dans ce texte, j'oublie certainement d'autres dimensions…

HR : C'est vrai que le choix du texte est frappant, ainsi que la mise en scène. On pourrait parler d'un opéra « féministe »… Est-ce que tu reconnaîtrais ce terme ?

MR : Oui, pourquoi pas ? En tout cas, c'est un opéra de femmes. Mais mis en scène par un homme très généreux, parce que Raoul Ruiz était absolument fantastique, merveilleux. Et dirigé par un homme, Pascal Rophé, excellent chef d'orchestre. Il est vrai que le texte de Christa Wolf et la musique sont très féministes, toutes les deux au fond, mais est-ce qu'une musique est féministe ? Je n'en sais rien, je ne crois pas, je ne vois pas de différence entre les musiques de femmes et les musiques d'hommes.

En ce qui concerne le texte, ce sont mes amis Bernard Banoun et Jacqueline Rousseau-Dujardin qui m'ont conseillé ce livre que je ne connaissais pas. Je vivais alors une période très difficile après la séparation d'avec mon deuxième mari. Il m'a quittée en 1998 et j'ai commencé à écrire *Médée* en 1999. C'était la période où j'essayais de digérer tout cela et je ne comprenais pas pourquoi il me haïssait. Ma fille est tombée malade, elle me haïssait aussi. J'ai dit à mes amis : « Je voudrais comprendre ce qu'est la haine, je ne comprends pas. » Ils m'ont tous les deux conseillée de lire la *Médée* de Christa Wolf. C'est aussi un des facteurs du choix de ce texte pour composer cet opéra.

Concernant l'attrait pour d'autres textes, pour le texte de Kafka, *Le Château*, c'est plutôt la volonté de se faire admettre par la société. K, c'est la figure de l'artiste qui tente tout pour se faire admettre, pour être accepté, y compris l'amour. Il passe par l'amour et, malgré cela, reste à l'extérieur du château. Et moi, j'ai toujours eu cette impression, c'est peut-être dû à ma naissance, j'ai toujours eu l'impression d'être à l'extérieur du château. D'ailleurs mon opéra, *Le Château*, n'a jamais été joué. Je suis toujours à la porte du château… Pour *Van Gogh*, c'est la solitude de l'artiste. Cela fait écho à ma position d'être un être un peu à part, parce qu'on m'envoie tellement à la figure : « Mais toi tu es très forte, tu t'en tireras », « Toi t'es un mec », que je me demande ce que j'ai de différent. Et je retrouve cela dans certains textes. C'est peut-être pour moi une façon de m'exprimer, de choisir ces textes et de les mettre en musique.

Ces choix correspondent à des choses qui me touchent. Dans un autre registre, j'ai écrit des mélodrames et des monodrames sur des textes de Borges, *Les ruines circulaires*, ou de Lewis Carroll, *Through the Looking-Glass*. Il s'agit alors du thème : « Est-ce que nous existons ? Est-ce que nous sommes dans le rêve de quelqu'un ? ». Et si ce quelqu'un s'arrête de rêver, pschitttt, « on est éteint comme la flamme d'une chandelle », écrit Lewis Carroll. La thématique de la mort et notre présence complètement insolite d'êtres humains sur la terre, cela m'a toujours fascinée et… révoltée, parce que je me dis : « Tout ça va continuer à exister quand je ne serai plus là ?! ». C'est inconcevable. C'est une thématique qui m'intéresse, mais qui touche absolument tout le monde.

LES MAÎTRES

HR : Quels sont tes maîtres du côté de l'écriture ? Est-ce que tu as un modèle ?

MR : Je dois dire que je n'ai jamais été convaincue par des musiques de femmes du passé, pourtant j'ai essayé… Mais, tu sais, il y a aussi assez peu d'hommes compositeurs que j'aime, et comme les femmes sont très peu nombreuses... Enfin, je trouve qu'il y a des femmes qui ne composent pas mal, mais il n'y a pas de Beethoven féminin, pour l'instant, je n'en ai pas encore entendu. Bien sûr, c'est parce que les femmes n'avaient pas le droit de composer. On les mettait à la cuisine, la société était encore plus sévère que maintenant... Clara Schumann aurait pu être meilleure que son mari, mais elle n'a pas eu le loisir de le faire. Robert Schumann est mort jeune, elle est devenue la protectrice de Brahms, elle devait gagner sa vie en jouant du piano pour élever ses enfants. Et après, c'était trop tard. On ne devient pas compositeur à 50 ans. C'est un métier et, comme pour tous les métiers, il faut le pratiquer toute sa vie pour progresser.

Une fois, cela avait beaucoup frappé mes élèves, j'avais analysé la 7e ou la 8e symphonie de Beethoven après en avoir analysé une autre qui datait de ses débuts. Je leur ai dit : « Vous avez vu, Beethoven a fait des progrès en vieillissant. » « Oh, Madame vous ne pouvez pas dire ça ! Beethoven, c'est Beethoven. » Non, chez les compositeurs, il y a un début et c'est quand même généralement beaucoup moins bon que les œuvres de la maturité. Mozart a écrit un tas de « saucissons » pour gagner de l'argent et pour aller vite. Il ne faut pas respecter d'emblée toutes les œuvres. Il y a des chefs-d'œuvre absolus et il y a des ratages, c'est normal. C'est la même chose, je pense, pour les femmes. Or, les femmes n'ont pas eu la chance de commencer jeunes et de faire toute une carrière de compositrice. Fanny Mendelssohn aurait été une très grande compositrice si on lui en avait donné la possibilité. On les a remisées dans l'écriture d'une musique de femmes, des mélodies, des pièces pour piano, de la musique de chambre, pas plus. Elles ont assez peu travaillé la composition. Quant à Alma Mahler, elle n'a même pas écrit trois notes. C'était interdit : soit tu as un mari, soit tu écris de la musique.

Alors mes maîtres sont des hommes. J'avais un peu oublié Beethoven dans ma panoplie et puis, dernièrement, j'ai écrit une pièce pour piano pour le festival de Bagatelle. Je l'ai appelée *Alep*. Cette année, évidemment, je pense beaucoup à la Syrie. Il y avait des sonates de Beethoven qui traînaient sur mon piano, à la campagne. Je me suis mise à redéchiffrer toutes les sonates et, tout à coup, je me suis dit que finalement j'étais influencée par Beethoven. Cette œuvre – *Alep* – est assez violente. Je me suis rendu compte en jouant Beethoven qu'il y avait une espèce de patte (et pâte !) pianistique qui était un peu la même. J'ai été surprise. Je pensais que j'avais davantage été influencée par Bartók, par Ravel que j'ai toujours adoré, mais j'avais oublié Beethoven. Il a fallu que j'écrive pour piano, ce qui m'arrive rarement. C'est la deuxième œuvre pour piano seul que j'ai écrite dans ma vie, c'est cela qui a réveillé mon côté Beethovenien, peut-être. Beethoven a beaucoup compté dans ma vie de musicienne, c'est un compositeur que je porte au pinacle. Mozart aussi et beaucoup d'autres, Moussorgski, Berg…

HR : Messiaen ?

MR : Messiaen, oui. Un peu moins maintenant, mais effectivement cela m'a appris beaucoup d'analyser son œuvre et de le connaître aussi. C'était un homme très attachant. Parmi les contemporains, j'ai beaucoup aimé Berio et Ligeti. Il y a en eux un imaginaire très personnel, alors que souvent, quand je vais écouter de la musique très contemporaine, je trouve que tout se ressemble. Il y a des courants évidemment, mais dans chaque courant c'est difficile de dire si c'est d'untel ou d'untel. On reconnaît les œuvres de Boulez, mais chez Ligeti et Berio, il y a vraiment une personnalité très reconnaissable, un imaginaire sonore qui me séduit énormément et puis un travail formidable. Voilà, je ne peux pas les énumérer tous, j'ai adoré Monteverdi, c'est un des compositeurs que je préfère dans toute l'histoire de la musique. J'aime beaucoup Berlioz aussi. Pas toutes les œuvres de ces compositeurs… Ah oui il y en a un que j'oublie : *Salomé* de Richard Strauss, c'est une œuvre que j'emporterais sur une île déserte. Je trouve cela fantastique, c'est un opéra parfait, il n'y a pas une note à changer.

« COUPER NET » !

HR : C'est une œuvre spécifique Salomé…

MR : C'est vrai que d'exiger la tête de Jochanaan [Jean-Baptiste], ce n'est pas mal (rire) ! On m'a fait remarquer… C'est Werner Henze qui m'a demandé *Le Précepteur* et c'est lui qui a choisi le thème : le précepteur n'arrive pas à s'intégrer à la société, il rate sa vie et finit par se châtrer lui-même. Ce n'est pas moi qui ai choisi ce sujet, mais il ne m'a pas gênée. C'est un texte qui m'a emballée, le théâtre de Jacob Lenz est formidable, très rythmé. En dehors de la castration, il y a des épisodes sur la société qui sont très actuels. Dans le « Journal d'un opéra » – j'ai tenu un journal sur l'écriture du *Précepteur* dont le texte est paru dans une revue de psychanalyse –, j'ai écrit : « J'ai terminé *Le Précepteur* le 8 janvier 1990. J'ai beaucoup discuté avec Uli » – Hans-Ulrich Treichel, un écrivain allemand très connu maintenant et qui a fait le livret d'après Lenz –, « pour le convaincre que je voulais finir la pièce non pas sur la réplique de Laüffer "Ah, quel bonheur…" qu'il avait prévue initialement, mais sur ces mots de Venceslas "Oh, pauvre petit homme !...". Je ne pensais pas seulement, en terminant sur cette réplique, à la lâcheté de Laüffer, mais aussi et surtout à la condition bien précaire de notre humanité. Néanmoins, d'aucuns attribueront à mon choix quelques significations obscures et me soupçonneront d'être une de ces redoutables féministes… D'autant que, pour que l'orchestre s'arrête sans bavure à la fin de l'œuvre, j'ai noté après le dernier accord, comme indicateur de jeu, pour le chef d'orchestre – sans arrière-pensée ! – : « Couper net ! » Cela peut faire rire. Personnellement, j'ai ri, mais je m'inquiète aussi un peu. Cela paraît déjà tellement étrange au public qu'une femme puisse écrire de la musique que si, de surcroît, elle se permet de châtrer ses personnages... c'est carrément pathologique ! » [Reverdy, 1993, p. 233].

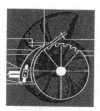

DOSSIER

CORPS SOUS EMPRISES. BIOPOLITIQUE ET SEXUALITÉ AU NORD ET AU SUD

Ce dossier s'intéresse aux usages contemporains des technologies biomédicales. Il se focalise plus particulièrement sur le corps et la sexualité des femmes dans différents contextes historiques, culturels et sociaux. Le gouvernement des corps et des sexualités n'est en effet pas neutre du point de vue du genre mais contribue activement à définir l'objet de ses interventions et la charge asymétrique de l'incorporation des dispositifs médicaux et techniques. Aussi, un des enjeux de ce numéro est-il de donner à voir les formes historiques et contextuelles de biomédicalisation qui touchent des femmes de différentes origines et classes sociales au Nord comme au Sud et contribuent à définir leur être individuel ou leur identité collective. Les histoires en la matière ne sont ni linéaires ni cumulatives [Gardey, 2013]. Les études de cas mobilisées nous permettent de remplir un double objectif. D'une part, elles visent à mettre en évidence la plasticité des significations et des interprétations sociales des technologies biomédicales et, ainsi, les marges de manœuvre individuelles et collectives qu'elles laissent ou procurent aux femmes en termes de capacité d'action, de pouvoir sur leur propre vie, et de capacité de négociation dans un rapport social de genre donné. D'autre part, l'analyse de ces cas témoigne de moments ou tendances historiques clefs dans la transformation de certains paradigmes médicaux et sociaux, mais aussi de la récurrence ou de la reformulation de certaines interprétations biologisantes et réductionnistes.

La double focalisation sur le corps et la sexualité des femmes s'explique par deux constats. Le premier a trait au caractère asymétrique du point de vue du genre de la médicalisation des corps et des sexualités. Le second à l'extension grandissante du rôle joué par les technologies biomédicales, la médecine et les questions de santé dans des aspects toujours plus variés de ce qui constitue les « affaires humaines » [Fassin et Memmi, 2004]. Après avoir évoqué l'un et l'autre de ces points, nous insisterons sur les apports des différentes contributions de ce dossier à l'analyse de la politique contemporaine des corps et de production des normes médicales, sociales et de genre.

Savoirs médicaux, reproduction et corps féminins

Rappelons, en premier lieu, ce qui fonde cette « emprise » historique des savoirs et des autorités médicales sur le corps, le sexe et la sexualité des femmes. L'assignation des femmes à la nature [Fraisse, 1992], comme le rôle joué par la philosophie et la pensée médicale dans la conceptualisation de la différence, font du corps des femmes un objet d'observation et d'intervention privilégié depuis la fin du XVIIIe siècle en Occident. Le corps féminin compte comme objet médical par excellence [Jordanova, 1989 ; Schiebinger, 1989]. De nombreux travaux ont mis en évidence les effets à la fois politiques, sociaux et scientifiques liés à cette accumulation de gestes et de pratiques sur le corps des femmes aux XIXe et XXe siècles, en particulier sur le corps gestant et reproductif (pour une synthèse, voir Delphine Gardey [2005 et 2015]). L'anthropologue Françoise Héritier [1996] montre comment, dans de nombreuses sociétés, les femmes, contrairement aux hommes, sont considérées comme capables de produire seules du « même » (de donner naissance à des filles) tandis que, grâce à l'ensemencement des hommes, on les voit donner naissance à du « différent » (des garçons). Presqu'à l'inverse, en Occident, les hommes de science ont longtemps propagé l'idée selon laquelle la vie prenait naissance dans le corps de l'homme, grâce à son énergie masculine [Martin, 1999]. Ces croyances s'estompent avec la mise au jour du processus biologique de la reproduction au cours des XVIIIe et XIXe siècles. Néanmoins, l'assimilation de la reproduction humaine à la seule condition féminine – du fait que les femmes étaient seules de leur espèce à porter les enfants – et, parallèlement, la réduction de l'identité féminine à la condition reproductive et au rôle maternel, y compris dans la conception moderne de division du travail, depuis l'émergence du capitalisme, témoignent de cette asymétrie et ont façonné les recherches et les usages en matière de contraception humaine ou de technologies de reproduction médicalement assistée. La pilule contraceptive universelle est « féminine » et non masculine [Marks, 2001] ; l'andrologie n'existe pas véritablement comme discipline médicale [Oudshoorn, 1994] ; une partie du programme visant à traiter l'infertilité du couple s'exerce sur les organes reproducteurs des femmes [Löwy, 2000]. Cette sexuation a contribué à dessiner une ligne de partage entre les techniques reproductives, pensées pour les femmes, et les techniques hédoniques tel le Viagra, conçues pour les hommes. La dimension technique de la sexuation reflète, autant qu'elle la renforce, une division sexuée du travail, au cœur de la sexualité, entre reproduction et plaisir.

Les contributions rassemblées dans ce dossier, concernant le Nord et les Suds, et des périodes historiques variées (de la fin du XIXe siècle à nos jours) attestent des formes généralisées et transnationales, ou, au contraire, contingentes et locales prises par la biomédicalisation. Elles abordent des phénomènes aussi différents que l'accouchement, la puberté, le traitement des troubles de la sexualité féminine, la réparation de l'excision, la contraception ou le contrôle des naissances. Ces contributions interrogent ainsi ce que « médicaliser » veut dire dans différents contextes scientifiques, sociaux, culturels et politiques.

Biopolitique et biomédicalisation

La biomédicalisation est, en effet, une des modalités de déclinaison contemporaine du programme biopolitique défini et repéré par Michel Foucault. Le concept de « biopolitique » est bien, depuis Foucault [1976 et 2004], ce qui permet de rendre compte des formes d'exercice d'un pouvoir qui porte non plus sur les « territoires » mais sur la « vie ». Fondamentalement, la « biopolitique » est un terme qui rend compte de « l'ancrage des technologies libérales de gouvernement dans les propriétés biologiques des sujets » [Bossy et Briatte, 2011, p. 8]. Le corps se trouve alors au centre de l'analyse car il est (individuellement et collectivement) placé au centre de l'intervention et des modalités de définition de la subjectivité et du pouvoir. Le concept de « biopolitique » se conçoit chez Foucault en lien direct et étroit avec le principe de gouvernementalité [Foucault, 1994]. Sa conception du pouvoir complète la définition qu'il donne de la biopolitique : « Si le pouvoir ne s'exerçait que de façon négative, il serait fragile. S'il est fort c'est qu'il produit des effets positifs au niveau du désir et du savoir. Le pouvoir, loin d'empêcher le savoir, le produit. Si on a pu constituer un savoir sur le corps, c'est au travers d'un ensemble de disciplines militaires et scolaires. C'est à partir d'un pouvoir sur le corps qu'un savoir physiologique, organique était possible » [Foucault, 1975, p. 757]. L'emprise sur les corps est d'autant plus efficace qu'elle est ambiguë chez Foucault, dans la mesure où le pouvoir de l'État et de ses représentants directs ou indirects s'exerce sur le corps (non seulement politique et symbolique de ses membres, mais aussi, sur le corps physique), au nom de leur bien-être, ou de leur « mieux-être ». Pareille ambiguïté se retrouve précisément dans les dispositifs contraceptifs et médicaux exercés sur le corps des femmes. Elle rencontre la même rhétorique justificatrice parmi le corps médical et le corps politique. Les médecins participent d'ailleurs de ce qu'Howard S. Becker nomme « l'entreprise de morale » sociale qui s'exprime dans l'esprit et les textes des lois.

Comme le précisent Thibault Bossy et François Briatte, la déclinaison biomédicale de la biopolitique « s'observe dans la constitution de politiques de santé publique qui prêtent attention à la fois au contrôle collectif des populations et à la mise en discipline des comportements individuels » (Bossy et Briatte, 2011, P. 8). Il témoigne d'une modification des instruments d'action du pouvoir et de l'interdépendance qui advient entre « gouvernement de soi » et « gouvernement des autres ». Les enjeux se font anthropologiques, au sens où ils concernent aussi le devenir de l'espèce humaine. Ainsi, encadrement des conduites sexuelles, psychiques et intimes est-il, dès l'origine, lié aux questions ayant trait aux « corps » et à la « vie ». Sarah Franklin souligne que, pour Foucault, le noyau « perversion-hérédité-dégénérescence » est à cet égard un élément fondateur. « C'est de cette nouvelle responsabilité biologique vis-à-vis de l'espèce, partagée par l'État et par ses sujets, que découlent les impératifs médicaux, politiques, mais aussi personnels et familiaux d'encadrement des conduites sexuelles » [Franklin, 2015, p. 218].

Politique des corps et productions des normes

Ce dossier vise à approfondir ces questions en rendant compte du gouvernement biomédical des corps et des sexualités contemporaines dans une perspective attentive aux asymétries et aux relations de genre.

Dans le sillage de l'analyse féministe des techniques, des sciences et de la médecine, on s'intéresse, par exemple, à la plasticité et à la non-plasticité de certaines technologies. Comme nous le donne à voir la contribution de Chikako Takeshita, les propriétés techniques des techniques (ici, le stérilet) ne décident pas des conduites individuelles et collectives. La raison en est que les scripts et scénarios inscrits dans les techniques sont déjà et toujours des arrangements sociaux ou sociotechniques [Akrich, Callon et Latour, 2006]. Il n'est donc pas d'innovation ou d'usage qui ne soit déjà signifié dans un contexte social et politique. En découle une grande variété d'interprétations et d'appropriations. Le stérilet sert ici à l'oppression patriarcale des femmes et, ailleurs, à leur émancipation.

Les technologies de gouvernement des corps prennent ainsi les formes les plus triviales et les plus complexes. La question, ancienne et répétée, du contrôle de la sexualité des femmes est un trait dominant, rejoué dans la formulation médicale et sociale de la sexualité féminine et des conditions de son accomplissement. Comme en témoignent les contributions de Delphine Gardey et Iulia Hasdeu, d'une part, et Michela Villani, d'autre part, le sexe féminin, les organes de la sexualité et de la reproduction sont des objets médicaux et politiques lourdement investis. D'un côté, les auteures étudient, du XIXe siècle à nos jours, le renversement qui s'opère dans les savoirs médicaux concernant la sexualité féminine et la façon dont les femmes passent du statut d'objets sexuels et de désirs à celui de sujets désirants. Les conceptions savantes et les thérapeutiques en matière de sexualité féminine évoluent, en même temps que le « devoir conjugal » est questionné par la « révolution sexuelle » des années 1970 et l'émergence d'un « droit à la sexualité » et d'un « droit à la jouissance » qui bouleversent normes médicales et sociales.

De son côté, Marilène Vuille s'intéresse aux techniques et aux politiques de l'accouchement sans douleur, qui connaissent un succès notoire en Union Soviétique après la Seconde Guerre mondiale, avant d'être introduites en France au début des années 1970. Elle met en évidence les enjeux politiques de l'accouchement, acte intime et social, dont la médicalisation prend ici la forme d'une préparation psychologique (psychoprophylaxie) qui s'appuie sur une proposition idéologique plus vaste. Son article retrace l'histoire des formalisations médicales et scientifiques (le pavlovisme, le behaviorisme) qui sous tendent cette technique et cette politique de l'accouchement. La question de l'émancipation s'y trouve posée dans sa dimension paradoxale : en quoi consiste cette émancipation, si tant est qu'elle en soit une, et pour qui ? Quels sont ses instruments : avec plus ou moins de techniques, et selon quelles techniques ? Avec plus ou moins de médicalisation ? Et selon quel type de médicalisation ?

Le caractère politique du sexe et de la sexualité apparaît également dans l'article de Michela Villani qui traite de la réparation chirurgicale de l'excision. Au cours de cette opération, le clitoris se voit réapproprié politiquement comme un objet problématique tant au plan médical que social. La classification de l'excision, désormais considérée comme un crime de mutilation sexuelle, montre qu'on est passé d'une normalité sociale encadrée dans un rituel (l'excision) à la perception d'une anomalie corporelle (mutilation), voire d'une anormalité sexuelle (où l'absence d'un certain plaisir peut être décrite comme un handicap). À travers ces expériences de femmes migrantes et de filles de migrants, sont interrogés les rapports entre le Nord et le Sud ; le caractère postcolonial de la reconstruction clitoridienne est analysé en termes de biopolitique de normalisation. Quand la médecine s'impose à l'intérieur d'une circulation des savoirs et prend la forme d'une justice procédurale apte à réaliser l'égalité dans les modèles de genre au travers d'une réparation corporelle et sexuelle, où se situe l'autonomie des sujets ?

Autre manière d'interroger le postcolonial et les rapports Nord-Sud, l'article de Chikako Takeshita est l'occasion de revenir sur l'usage du dispositif intra-utérin (ou stérilet), à partir de l'exploitation secondaire d'enquêtes existantes : en Chine, au Vietnam, en Indonésie, au Bangladesh, au Tadjikistan, Ouzbékistan et au Nigéria. L'auteure y interroge l'autonomie sexuelle et sociale des femmes dans l'acceptation ou au contraire le refus de ce dispositif. La capacité d'action des femmes en matière de reproduction y est façonnée à la fois par des valeurs patriarcales, des politiques néomathusiennes, les rôles sexués à l'intérieur de la famille et la réalité économique. Dans certains contextes, y compris ceux où le rôle de l'État est fortement prescriptif, le dispositif intra-utérin peut jouer un rôle émancipateur pour les femmes.

Ce dossier est donc l'occasion de s'interroger sur la production des normes (à la puberté, comme lors de l'accouchement). Là encore, même si Michel Foucault n'envisageait pas la sexualité du point de vue des rapports de genre, sa perspective est riche et pertinente pour montrer comment des techniques strictement politiques se sont traduites en technologies médicales (par une pédagogie de l'accouchement, par exemple, où les hommes ont largement dépossédé les femmes de leurs prérogatives initiales). Le texte de Laura Piccand, s'intéressant à la médicalisation de la croissance chez les adolescents et les adolescentes, en Suisse, de 1950 à 1970, donne une autre illustration de la production et du façonnement des normes sexuées au moment de la puberté. Il met l'accent sur la frontière mouvante qui sépare le normal du pathologique. La puberté apparaît comme une étape décisive où se définit aussi un (bon) ordre biologique et social de sexe puisqu'il est autant question du passage du statut d'enfant à celui d'adulte que de celui de jeune fille à femme ou de jeune homme à homme. La puberté mesurée, photographiée, radiographiée devient à cet égard un lieu de fabrication, de révélation ou de vérification de la différence sexuée, dans un modèle fortement dichotomique – et implicitement prescriptif – du sexe.

Autant de perspectives qui éclairent, par des cas concrets, les dimensions subversives et coercitives qui sont à l'œuvre dans les contextes biomédicaux contemporains.

Tania Angeloff et Delphine Gardey

Bibliographie

AKRICH Madeleine, CALLON Michel et LATOUR Bruno, 2006, *Sociologie de la traduction. Textes fondateurs*, Paris, Presses des Mines de Paris.

BOSSY Thibault et BRIATTE François, 2011, « Les formes contemporaines de la biopolitique », *Revue Internationale de Politique Comparée*, vol. 18, n° 4, pp. 7-12.

FASSIN Didier et MEMMI Dominique (dir.), 2004, *Le gouvernement des corps*, Paris, Éditions de l'EHESS.

FAUSTO-STERLING Anne, 1985, *Myths of Gender: Biological Theories about Man and Woman*, New York, Basic Books.

FOUCAULT Michel, 1975, « Pouvoir et corps », *Dits et écrits*, tome II, Paris, Gallimard.

FOUCAULT Michel, 1976, *La volonté de savoir, Histoire de la sexualité*, tome I, Paris, Gallimard.

FOUCAULT Michel, 1994, « L'intellectuel et les pouvoirs », *Dits et écrits*, tome IV, Paris, Gallimard.

FOUCAULT, Michel, 2004, *Naissance de la biopolitique : Cours au collège de France 1978-1979*, Paris, Le Seuil.

FRAISSE Geneviève, 1992, *La raison des femmes*, Paris, Plon.

FRANKLIN Sarah, 2015, « Foucault et les transformations du biopouvoir », *in* BONNEUIL Christophe et PESTRE Dominique (dir.), *Histoire des sciences modernes*, volume 3, 1914-2014, Paris, Le Seuil, pp. 210-231.

GARDEY Delphine, 2006, « Les sciences et la construction des identités sexuées. Une revue critique », *Annales, Histoire, Sciences Sociales*, n° 3, pp. 649-673.

GARDEY Delphine, 2013, « Comment écrire l'histoire des relations corps, genre, médecine au XXe siècle ? », *Clio, Femmes, Genre, Histoire*, n° 37, pp. 143-162.

GARDEY Delphine, 2015, « Genre, corps et biomédecine au 20e siècle », *in* Christophe BONNEUIL et Dominique PESTRE (dir.), *Histoire des sciences modernes*, vol. 3, 1914-2014, Paris, Le Seuil, pp. 360-379.

JORDANOVA Ludmila, 1989, *Sexual Visions. Images of Gender in Science and Medicine between the Eighteenth and Twentieth Century*, Madison, The University of Wisconsin Press.

HÉRITIER Françoise, 1996, *Masculin, Féminin. La pensée de la différence*, Paris, Odile Jacob.

LOWY Ilana, 2000, « Assistance médicale à la procréation et traitement de la stérilité masculine en France », *Sciences sociales et santé*, n° 18, pp. 75-102.

MARKS Lara, 2001, *Sexual Chemistry: A History of the Contraceptive Pill*, Yale, Yale University Press.

MARTIN Emily, 1999, « The Egg ad the Sperm: How Science Has Constructed a Romance based on Stereotypical Male-Female Roles », *in* Sharlene HESSE-BIBER, Christina GILMARTIN et Robin LYDENBERG (dir.), *Feminist Approaches to Theory and Methodology*, New York, Oxford University Press, pp. 15-28.

MURPHY Michelle, 2012, *Seizing the Means of Reproduction: Entanglements of Feminism, Health, and Technoscience*, Durham, Duke University Press.

OUDSHOORN Nelly, 1994, *Beyond the Natural Body: An Archeology of Sex Hormones*, London, Routledge.

SCHIEBINGER Londa, 1989, *The Mind have no Sex? Women in the Origins of Modern Science*, Cambridge, Harvard University Press.

L'INVENTION DE L'ACCOUCHEMENT SANS DOULEUR, FRANCE 1950-1980

Marilène Vuille

La méthode psychoprophylactique d'accouchement sans douleur[1] est développée par des médecins soviétiques. En février 1951, elle est consacrée méthode officielle de conduite de l'accouchement, par une instruction du ministère de la Santé d'URSS [Chertok, 1958]. Quelques mois plus tard, l'obstétricien Fernand Lamaze (1891-1957) l'introduit dans la maternité de l'Hôpital des Métallurgistes qu'il dirige à Paris [Caron-Leulliez et George, 2004]. Le Parti communiste français, dont le Dr Lamaze est proche, offre son concours à la campagne visant à diffuser cette méthode, dans un contexte de Guerre froide où tout emprunt à l'Union soviétique est perçu comme une avancée vers le socialisme [Michaels, 2014].

L'accouchement sans douleur repose sur le postulat que l'accouchement est un phénomène naturellement indolore ; l'apparition de la douleur résulte d'un conditionnement inadéquat [Vuille, 2000]. Son objectif médical est de supprimer la douleur en apprenant aux femmes à accoucher de manière « correcte ». D'où son nom russe, traduit littéralement en français. Prophylaxie indique qu'il convient de prévenir l'apparition de la douleur plutôt que de la traiter avec des produits pharmacologiques. Psycho fait référence à la cible, ou au lieu d'action de ces moyens préventifs : non pas le

[1] Dans cet article, l'expression d'« accouchement sans douleur » désigne la méthode psychoprophylactique d'origine soviétique, à l'exclusion de toute autre méthode. Il convient cependant de mentionner que toutes les formes d'analgésie obstétricale, quel que soit leur mode d'action, étaient qualifiées d'« accouchement sans douleur » dans la littérature médicale et profane, avant que la psychoprophylaxie n'impose sa suprématie à la fin des années 1950. La recherche dont cet article est issu a bénéficié d'un subside du Fonds national suisse de la recherche scientifique, FNSRS 100015_126479.

corps, mais la composante psychique des femmes enceintes qui, dans l'interprétation matérialiste de l'œuvre de Pavlov retenue par les promoteurs de l'accouchement sans douleur, se confond avec le cerveau. Un objectif politique prolonge l'objectif médical de la psychoprophylaxie obstétricale : celui d'apporter la démonstration de la supériorité de la science médicale soviétique sur la science « bourgeoise ». L'accouchement, parce qu'il concerne les femmes de tous les milieux sociaux et parce qu'il produit la nouvelle génération, représente un formidable terrain d'action en vue de changer les mentalités et les attitudes.

Ce ton politique s'assourdit au tournant des années 1950-1960, au moment où la pratique psychoprophylactique recule en Union soviétique et se propage dans de nombreux autres pays d'Europe et du continent américain [Michaels, 2014]. L'accouchement sans douleur est alors mis au service d'autres buts, notamment celui du maintien d'un certain ordre obstétrical (au double sens du respect de la tranquillité et de la hiérarchie). Le mouvement féministe et d'autres composantes du mouvement contre-culturel post 1968, contestataires des pouvoirs établis (dont le pouvoir médical), permettent à des femmes de porter dans des arènes de discussion publique leur critique du caractère aliénant et mystificateur de la psychoprophylaxie [Jaubert, 1979]. Au début des années 1980, l'anesthésie locorégionale commence à se développer dans les maternités françaises et connaît un développement rapide dans la décennie suivante en dépit de certaines résistances idéologiques et professionnelles [Schweyer, 1996]. La psychoprophylaxie ne disparaît pas pour autant du paysage obstétrical. Amputée de son postulat fondateur (selon lequel la douleur de l'accouchement n'a pas de base somatique), elle conserve une place dans les cours de préparation à la naissance dont elle est à l'origine, mais qui se sont diversifiés à partir des années 1970 (avec la sophrologie, le yoga, la préparation en piscine, le chant prénatal, etc.). En outre, renvoyée aux marges de la pratique obstétricale, elle en vient à incarner l'approche alternative – et plus « naturelle » – à la prise en charge de la grossesse et de l'accouchement qui, dès les années 1980, recourt de façon accrue à des produits pharmaceutiques, à un appareillage technique et à des interventions médico-chirurgicales (perfusion d'ocytocine, analgésie péridurale, monitorage du cœur fœtal et des contractions, techniques de diagnostic prénatal, césarienne).

Je souhaite montrer ici qu'en dépit des hautes ambitions qu'elle nourrit au moment de son émergence (éradiquer la douleur de l'enfantement, contribuer à l'avènement d'une société socialiste), la méthode psychoprophylactique ne repose pas sur des technologies de pointe, mais sur des techniques modestes et des dispositifs usuels. Ces derniers n'ont certes pas permis d'atteindre les objectifs visés. Ils ont toutefois exercé un impact majeur sur la prise en charge des femmes enceintes et sur la manière dont celles-ci se représentent et vivent leur accouchement. À l'inverse d'une vision répandue, l'accouchement sans douleur a participé à bien des égards à ce que les critiques de l'obstétrique dominante ont qualifié de « médicalisation de la naissance ». Cet article commence par décrire les éléments constitutifs de l'accouchement sans douleur en explicitant la théorie qui les justifie aux yeux de leurs promoteurs. Il discute ensuite les significations politiques de ces interventions, ainsi que leurs effets durables sur la définition et la prise en charge de l'accouchement.

CORTICALISER LES FEMMES ENCEINTES OU LEUR APPRENDRE À ACCOUCHER

> « Les "procédés" indolorisants ont pour but de maintenir le cortex en éveil, de "corticaliser" la parturiente. »
> [Chertok, 1959, p. 22]

Comment les tenants de la psychoprophylaxie obstétricale expliquent-ils son mode d'action et son efficacité ? « La méthode psychoprophylactique détermine une *restructuration du cerveau par un apprentissage rationnel en vue d'une adaptation* à une situation nouvelle et future : l'accouchement. » [Merger et Chadeyron, 1983, p. 76 ; italiques dans l'original]. Dans la théorie psychoprophylactique, la douleur de l'accouchement n'est pas provoquée par les contractions utérines, mais par une mauvaise interprétation par le cerveau des signaux que l'utérus lui envoie. D'où la volonté de « restructurer » le cerveau par une instruction appropriée. Exprimé un peu différemment, la douleur ressentie par la parturiente « correspond à une organisation fonctionnelle particulière de son cerveau » ; l'éducation, en « réorganisant le fonctionnement cérébral de la femme enceinte », lui permet d'accoucher sans douleur [Lamaze, 1956, p. 50 et 51]. Cette éducation est double : elle consiste d'une part à transmettre des connaissances scientifiques et médicales aux femmes enceintes, d'autre part à leur enseigner des « procédés d'indolorisation », soit des exercices de respiration et de « relâchement neuromusculaire » exécutés dans des postures et à des moments précis.

Les savoirs anatomiques et physiologiques transmis par les cours de préparation à l'accouchement sans douleur possèdent une efficacité propre : ils opèrent la restructuration cérébrale souhaitée. En activant la partie du cerveau considérée comme supérieure, le cortex, ils rendent possible la mobilisation de tout l'organisme de la femme enceinte en vue d'un accouchement indolore. Ces explications prennent place dans un système opposant deux suites de termes. Dans chacune, les notions sont placées dans un rapport logique où l'une découle de la précédente. L'antécédent de la première série est l'ignorance, celui de la seconde la connaissance. Ainsi, à la série ignorance – danger – passivité – soumission – douleur s'oppose la série connaissance/conscience – activité – libération – indolorisation/adaptation. C'est dans ce jeu de correspondance et d'opposition que prennent sens des affirmations telles que celle-ci :

> « D'ignorante, donc passive, qu'elle était pendant la grossesse et pendant l'accouchement, la femme enceinte est devenue éminemment active d'un bout à l'autre de sa grossesse, grâce à une éducation scientifique. » [Lamaze, 1956, p. 112].

Les connaissances médicales transmises aux femmes enceintes ne concernent pas seulement la physiologie de la grossesse et de l'accouchement. Les cours abordent aussi le cerveau, dont le fonctionnement est conçu comme une dialectique entre excitation et inhibition, dans l'interprétation soviétique de l'œuvre de Pavlov [Smith, 1992]. Les exposés des enseignants français abondent en métaphores électriques. Par exemple, les signaux en provenance des organes internes ont « une tension de 2 volts, et le cerveau une tension de 4 volts : cette force va arrêter l'autre – on dit alors que les signaux ne franchissent pas le seuil de sensibilité. » Qu'un phénomène émotionnel modifie le cerveau, « sa tension s'abaisse, il est en état d'induction négative, à -2 par exemple », tandis que « la tension des organes internes » monte (par exemple à +4), ce qui provoque « une rupture de l'équilibre nerveux ». Les cours de préparation à l'accouchement sont censés permettre au cerveau des femmes d'« avoir une activité d'un potentiel valable », par la création puis par l'« allumage » en temps opportun de « foyers d'activité » qui empêchent les signaux utérins de se transformer en douleur. Même si les contractions utérines « ont une puissance de 8 volts », elles sont amorties par un cerveau équilibré par l'enseignement reçu et qui possède « un potentiel et un freinage de 12 volts » [Jeanson, 1954, p. 71, 86 et 109].

Dans l'esprit des promoteurs de l'accouchement sans douleur, l'éducation est le pilier de la prévention de la douleur. Leur méthode est avant tout pédagogique, mais cette pédagogie possède un effet psychothérapeutique. Dans le milieu communiste où l'accouchement sans douleur s'implante, l'éducation est d'une importance primordiale, pour autant bien sûr que ses contenus soient sanctionnés par les cadres du Parti. Le médium de l'éducation est le langage, dont le potentiel est immense, puisqu'il peut à lui seul créer des réflexes conditionnés et les détruire. « Le langage est le seul moyen qui nous soit fourni pour préparer la femme à son accouchement », écrit l'obstétricien communiste Roger Hersilie [1962, p. 14]. D'où la nécessité de parler dans une langue « scientifique », « rationnelle » et d'exclure de son vocabulaire tout terme « erroné ». Ainsi, pendant les cours et l'accouchement lui-même, le mot « contraction » remplace le mot « douleur », qui ne doit franchir les lèvres ni des membres de l'équipe médicale, ni des femmes enceintes et de leurs proches. La croyance dans le potentiel conditionnant du langage amène les théoriciens de l'accouchement sans douleur à construire la notion d'asepsie verbale, définie comme « la suppression des mots inducteurs de douleurs » [Muldworf, 1959, p. 30][2]. Le mot douleur est banni du vocabulaire psychoprophylactique, sauf dans l'expression « accouchement sans douleur », où son effet s'inverse grâce à la préposition « sans » : « L'expression "sans douleur" a une valeur en soi, que comprennent tous ceux qui ont étudié le rôle du "langage". Supprimer ce terme ou le nier équivaut à ignorer la valeur du mot et son rôle dans l'analgésie obstétricale. » [Vellay et Vellay-Dalsace, 1956, p. 33]. Le langage est ainsi reconnu comme une technologie puissante, dont l'emploi doit être étroitement surveillé dans les cabinets de consultation, les salles de cours de préparation, les salles de travail, et jusque dans les couloirs de l'hôpital, afin d'éviter des maladresses lourdes de conséquences.

La préparation à l'accouchement « consiste donc à éduquer la femme dans le sens d'une compréhension des phénomènes biologiques qui la concernent, et deuxièmement en un apprentissage de son comportement pendant l'accouchement » [Hersilie, 1962, p. 14]. Les techniques respiratoires associées à l'accouchement sans douleur (notamment celle popularisée sous le nom de « respiration du petit chien »), de même que les postures et l'ensemble du comportement inculqués aux femmes enceintes, ne sont que le second élément de l'éducation psychoprophylactique. Ses adeptes sont persuadés que « la gymnastique » ou les exercices n'ont qu'une faible valeur intrinsèque. Effectués par des femmes qui les ont appris sans avoir été en même temps instruites de la manière dont leur cerveau fonctionne et contrôle les *stimuli* en provenance du reste de leur corps, ils se révèlent incapables de leur épargner la douleur. L'apprentissage de techniques corporelles doit permettre de « faire vivre la théorie pavlovienne, de la rendre présente et [...] totalement efficace ». Il vise en quelque sorte à incarner la théorie agissante dans le corps enceint.

[2] L'asepsie est un terme médical désignant les méthodes destinées à prévenir les infections en empêchant l'introduction de microbes dans l'organisme (par exemple, le nettoyage des mains ou la désinfection des instruments). Par analogie, l'asepsie verbale consiste à empêcher l'idée de douleur de s'introduire dans le cerveau de la femme enceinte.

> « La méthode n'est pas psychologique et physique, – *elle est psycho-physique*. D'aucune manière, les deux termes ne sauraient être dissociés. Il n'y a pas un enseignement psychique – propre à déconditionner la femme –, *plus* un enseignement physique – capable de l'aider physiquement à accoucher ; il y a que cette aide physique, valable en tant que telle, *allume en même temps des points d'activité dans le cerveau* de la femme, durant la grossesse comme pendant l'accouchement (élevant ainsi son seuil de sensibilité et en quelque sorte, la déconditionnant) ; et il y a que cet enseignement psychique, qui la déconditionne, *la rend apte à prendre vraiment conscience de ses mouvements et donc à les rendre efficaces.* » [Jeanson, 1954, p. 65 et 76 ; italiques dans l'original].

Les techniques respiratoires n'en sont pas moins précises. Les femmes enceintes apprennent deux principaux types de respiration correspondant à des moments différents de l'accouchement : une respiration ample et profonde pour le début du travail et les intervalles entre les contractions, une respiration superficielle et accélérée (ou haletante) pendant les contractions. Elles doivent les exercer plusieurs fois par jour à domicile. L'intérêt de ces techniques est multiple aux yeux des psychoprophylacticiens. Tout d'abord, elles permettent de maintenir le cerveau actif, ce qui constitue un objectif en soi, étant donné le rôle prédominant attribué à l'activité cérébrale dans l'indolorisation ou l'adaptation à l'accouchement. La respiration haletante en particulier « permet une concentration maximale de l'activité nerveuse, donc un freinage de qualité supérieure, à condition que cette activité ne soit pas mécanique, mais volontaire. » [Bazelaire et Hersilie, 1963, p. 113]. La respiration en deux temps assure ensuite une bonne oxygénation du cerveau et des muscles en travail, ainsi que du fœtus. Finalement, ces techniques obligent la femme à prendre conscience du travail qui se produit dans son corps, à l'« analyser » et à s'y adapter. La respiration haletante est censée être « en harmonie parfaite avec la contraction » [Jeanson, 1954, p. 95] ; l'acte respiratoire de la femme, « dirigé et conscient », la met en quelque sorte en phase avec le travail de l'utérus qui, même si les psychoprophylacticiens se gardent bien de le dire, se produit indépendamment de sa volonté. Sans qu'ils l'écrivent aussi clairement, il apparaît que, pour eux, le contrôle du rythme respiratoire constitue pour la parturiente un moyen de s'adapter à l'accouchement en restant en symbiose avec l'alternance de contractions et de moments de repos. Il ne sert pas, comme dans les récits d'accouchement analysés par Madeleine Akrich et Bernike Pasveer [2004], à opposer une action aux contractions, afin de maintenir une dissociation protectrice entre le corps-en-travail et le soi incarné. Pourtant, l'efficacité analgésique potentielle de la respiration haletante s'explique mieux dans le cadre de compréhension proposé par les deux sociologues (fondé sur une attention aux récits d'expérience des femmes) que dans la théorisation psychoprophylactique (fondée sur une application à l'obstétrique de la doctrine pavlovienne).

Maîtriser la respiration haletante et la poursuivre pendant une longue période ne va pas de soi. D'où la nécessité de s'y entraîner régulièrement. Mais la capacité à respirer ainsi ne suffit pas, encore faut-il « savoir prendre sa contraction à temps » [Jeanson, 1954, p. 93], c'est-à-dire détecter le moment où la contraction se déclenche afin de débuter aussitôt la respiration superficielle. Dans la langue psychoprophylactique, cette perception est nommée « travail d'analyse » et l'action immédiate qui la suit « activité de réponse » (voir par exemple Serge Bazelaire et Roger Hersilie [1963, p. 79]). Les femmes qui, par manque d'attention (d'« analyse »), « ratent » le début de la contraction courent le risque d'être envahies par des sensations puissantes qui les font paniquer, respirer de façon désordonnée, s'agiter, voire crier, bref leur font « perdre les pédales » comme l'écrivent parfois les accouchées dans les comptes rendus qu'elles sont tenues de livrer avant leur sortie de la maternité. C'est pourquoi les membres de l'équipe obstétricale, mais aussi le mari s'il est présent, veillent à ce que leur attention ne faiblisse pas. Le médecin ou la sage-femme leur demande d'annoncer les contractions, ou il/elle les sent survenir en posant une main sur leur abdomen. Lorsqu'elle assiste à l'accouchement, la préparatrice d'accouchement sans douleur[3] ou, à défaut, une infirmière ou une sage-femme, peut aider la parturiente à maintenir le bon rythme respiratoire en agitant très vite sa propre main à la hauteur de son visage, paume horizontale, doigts allongés et serrés. Colette Jeanson décrit ce geste effectué dans ses cours par le kinésithérapeute de la maternité des Métallurgistes à Paris, au début des années 1950 ; la main bat chaque mesure, « dans un rythme parfait », qui permet à la parturiente d'harmoniser sa respiration avec l'intensité de la contraction. On voit la sage-femme effectuer ce même geste à la maternité des Lilas dans la proche banlieue parisienne, dans le film *Julien* tourné à la fin des années 1960[4]. Entre les contractions, le personnel offre de temps à autre de l'oxygène à la parturiente. Plusieurs textes précisent que le masque à oxygène doit être fabriqué en plexiglas, matière dont la transparence évite l'angoisse suscitée par les masques opaques.

L'autre pan de l'apprentissage technique de l'accouchement sans douleur est nommé « relâchement neuromusculaire ». Les psychoprophylacticiens rejettent avec véhémence le terme « relaxation », qu'ils assimilent à un endormissement de la conscience et à la méthode d'accouchement sans crainte (ou accouchement naturel) définie par le médecin anglais Grantly Dick-Read (1890-1959). Les techniques proposées par les médecins soviétiques et par leurs adeptes français sont similaires à celles de Dick-Read. À quelques variantes près, qui ne sont certes pas tout à fait anodines, il s'agit de techniques respiratoires, posturales et de relaxation. C'est-à-dire de moyens d'atténuer ou de supporter la douleur qui, loin d'avoir été inventés au XXe siècle par de savants médecins européens, ont été utilisés bien avant notre ère en divers endroits de la planète, qu'ils aient été ou non intégrés dans un système ou une discipline codifiée (comme le yoga). Mais les promoteurs de l'accouchement sans douleur refusent tout rapprochement de leur méthode avec des techniques immémoriales, ainsi qu'avec la méthode concurrente d'un médecin anglais hostile au communisme. Il n'existe à leurs yeux qu'une seule véritable méthode d'accouchement indolore, mise au point « en fonction des données expérimentales de la physiologie matérialiste pavlovienne » [Lamaze, 1956, p. 14]. La résolution du problème de la douleur dans l'accouchement ne

[3] Pendant quelques décennies, la fonction de « préparatrice » ou « monitrice » d'accouchement sans douleur a été exercée principalement par des kinésithérapeutes, ainsi que par des sages-femmes et des personnes issues d'autres métiers, en France, en Suisse et dans quelques autres pays. Les « préparatrices » assistaient parfois à l'accouchement, mais sans se charger des tâches obstétricales, effectuées par la sage-femme ou le médecin. Elles se tenaient au côté de la parturiente ou à la tête du lit et lui servaient de « *coach* » en l'encourageant et en lui rappelant les techniques apprises.

[4] Le kinésithérapeute André Bourrel était l'époux de la sage-femme Micheline Bourrel que l'on voit dans le film des Lilas. Leur collaboration étroite explique qu'ils aient adopté des gestes identiques. Je ne saurais dire si ce geste était répandu dans d'autres maternités. Ce n'est qu'un exemple parmi les gestes effectués par les praticien-ne-s de l'accouchement sans douleur en soutien ou en miroir à une action requise des parturientes. Un autre geste consiste à ramener fermement ses poings serrés contre sa poitrine en donnant à la parturiente l'ordre d'attraper les barres des étriers; on l'observe dans les premiers films réalisés à l'hôpital des Métallurgistes, ainsi que dans la fiction du réalisateur communiste Jean-Paul Le Chanois (1956), avec Jean Gabin dans le rôle du médecin accoucheur.

pouvait provenir que d'un pays socialiste, c'est-à-dire à l'avant-garde sur les plans aussi bien politique que scientifique et médical :

> « Les déserts deviennent vergers au pays de Staline et la prophétie "tu enfanteras dans la douleur" a fait son temps. De tels "miracles" ne se produisent pas au hasard. » [Baulieu, 1953, p. 139].

L'accouchement sans douleur ouvre sur une nouvelle manière de concevoir l'obstétrique, qui doit s'accompagner d'une nouvelle terminologie. Les psychoprophylacticiens se servent du langage comme d'une technologie au service de leurs objectifs, qui recèlent une double composante, médicale et politique. Le rejet du mot « relaxation » participe de cette logique. La relaxation est conçue comme un état d'inhibition cérébrale, alors que « l'accouchement sans douleur doit être obtenu par une activation du cortex cérébral » [Bonstein, 1958, p. 9 ; traduction de l'auteure].

En pratique, le « relâchement neuromusculaire » consiste à détendre volontairement certains muscles. Son apprentissage s'accompagne de celui de postures très codifiées prévues pour les diverses phases de l'accouchement. La « poussée dirigée » qui accompagne la phase de la naissance de l'enfant nécessite de faire travailler les muscles abdominaux « comme pour une miction » et non pas « comme pour aller à la selle » ; les « muscles inutiles » doivent impérativement rester inactifs [Jeanson, 1954, p. 100]. La parturiente est installée sur le dos, jambes fléchies (le plus souvent soutenues par les étriers, à ce stade), buste un peu redressé, épaules en position basse, paumes tournées vers le sol. À chaque contraction, elle doit inspirer et expirer à fond, puis reprendre une inspiration et bloquer son souffle tout en redressant son buste et en saisissant les sangles ou les poignées des étriers, « les paumes tendues vers le bas, et les bras écartés comme ceux d'un rameur » [Jeanson, 1954, p. 102]. Elle doit pousser dans cette position jusqu'à ce que la sage-femme ou le médecin lui intime l'ordre de se reposer. Elle rejette alors la tête sur l'oreiller et se détend, sans cesser de guetter la prochaine contraction. Ainsi, « Madame Nelson, Italienne » décrit dans son témoignage son attitude entre deux poussées expulsives :

> « Je me laissai retomber sur le dos, en respirant rapidement et en m'imposant un relâchement complet tandis que mon cerveau continuait son travail intense pour maintenir ainsi un niveau élevé de perception afin de ne pas perdre son précieux contrôle. » [Vellay et Vellay-Dalsace, 1956, p. 279].

Les parturientes ne sont pas autorisées à profiter des moments de répit entre les contractions pour s'assoupir. Le sommeil, on l'aura deviné, a pour inconvénient d'« abaisser la tension du cerveau ». Mieux vaut pour elles se livrer à une activité leur permettant de rester alertes sans se surmener, et adaptée à leur genre : « entre les contractions, parlez, tricotez. Ne lisez pas cependant, c'est une fatigue » [Jeanson, 1954,

p. 105]. Lorsque le besoin de dormir se manifeste pendant les contractions, les femmes ne doivent pas non plus y céder, même si le sommeil leur apporterait un soulagement temporaire. « Il faut conseiller aux femmes enceintes de rester pleinement éveillées, yeux grands ouverts, pendant les crampes *(the pangs)*, car elles ont tendance à fermer les yeux et à tomber dans un état de somnolence », écrit l'un des théoriciens soviétiques de l'accouchement sans douleur. « Pendant les crampes, les femmes enceintes doivent surmonter consciemment leur somnolence et s'obliger à rester alertes. » [Ploticher, 1960, p. 256 ; traduction de l'auteure]. Non seulement la position du corps (jambes, bras, mains, buste, tête) est « réglée », pour reprendre la terminologie émique, mais l'attitude de la parturiente est contrôlée dans les moindres détails. Ainsi, la recommandation soviétique de conserver les yeux grands ouverts est respectée en France. Dans son film *Naissance*, Pierre Vellay (1919-2007), figure majeure de la psychoprophylaxie obstétricale française, donne à plusieurs reprises à une parturiente l'ordre d'ouvrir les yeux « complètement », « bien comme il faut ». D'autres obstétriciens mentionnent l'ouverture des yeux dans le comportement d'« adaptation à l'expulsion » (voir par exemple Serge Bazelaire et Roger Hersilie [1963]). Les adeptes de l'accouchement sans douleur craignent que, pendant les contractions, les parturientes ne se laissent absorber par leurs sensations et ne sombrent dans une sorte de transe. Tout en leur dictant l'attitude ou l'action souhaitée, ils s'efforcent de leur faire maintenir le contact visuel.

J'ai analysé ailleurs l'accouchement sans douleur comme un travail collectif présentant une division des tâches bien ordonnées entre les membres, profanes et professionnels, de l'équipe d'accouchement [Vuille, 2008]. Le moment de la naissance de l'enfant est l'étape paroxystique de ce travail, où la collaboration s'intensifie. Le médecin ou la sage-femme qui prend la direction des opérations rappelle à la parturiente le comportement attendu, quitte à lui crier des ordres. Le docteur Pierre Vellay accompagne l'effort de poussée des parturientes d'injonctions répétées de plus en plus vite sur une ligne mélodique ascendante. Dans ses films, comme sur le disque enregistré par le journaliste Francis Crémieux à l'occasion de l'accouchement de son épouse, on l'entend débiter une mélopée particulière :

> « Attention, voilà une contraction. Inspirez ! Expirez ! Inspirez bien à fond ! Bloquez ! Fléchissez la tête ! Attrapez vos barreaux et poussez bien à fond ! Allez-y ! Allez, continuez ! Continuez ! Continuez, continuez, toujours, toujours, toujours, continuez, continuez, continuez, continuez, continuez ! Redressez la tête en arrière. Allez-y ! Allez encore, encore, encore, continuez, continuez, continuez, continuez, continuez, continuez, continuez, continuez, continuez, continuez, conti-

nuez ! Excellent, détendez-vous [sur le ton brusque d'un ordre] ! Reposez-vous [même ton] ! Parfait ! » [Crémieux, 1955].

Il est vraisemblable que cette manière d'accompagner l'effort de poussée par la voix participe d'une culture obstétricale française orale (et non savante), différente de celle d'autres pays[5]. Pierre Vellay l'a certainement apprise lors de sa formation médicale et l'a par la suite intégrée à sa conduite de l'accouchement sans douleur. Les stages à l'intention de médecins et de sages-femmes français et étrangers organisés à la maternité des Métallurgistes ont pu contribuer à sa diffusion. En tout cas, l'accompagnement vocal de la poussée expulsive par les professionnels subsiste en France. La psychologue sociale Michèle Grosjean a enregistré des sages-femmes lyonnaises à l'aide d'un micro-cravate et analysé les effets et les fonctions de leurs prestations vocales. Dans l'une des séquences analysées, pareille aux litanies du docteur Pierre Vellay :

> « *L'homologie de la voix avec la progression souhaitée de la poussée expulsive* est frappante : en même temps que monte la tête du bébé, la voix grimpe dans le registre suraigu, lente montée continue sur une octave et pendant 35 secondes. De plus, durant cette montée et cette longue énonciation, pas plus que la femme ne doit le faire pour pousser efficacement, la sage-femme ne s'autorise aucune pause respiratoire. » [Grosjean, 1993, p. 131 et p. 138 ; italiques dans l'original].

Michèle Grosjean explique que, dans les cas où la parturiente résiste aux ordres, la sage-femme fait pression sur elle « en mettant toutes les ressources vocales de son côté : la hauteur, l'intensité, le timbre mais aussi la durée, et ceci va *crescendo* jusqu'à l'arrivée du bébé. » (*ibid*.)

L'historienne Paula Michaels [2014] a quant à elle relevé la différence dans le ton employé respectivement par Grantly Dick-Read et par Pierre Vellay pour s'adresser aux parturientes, dans les enregistrements sonores des années 1950. Le premier commente le travail de façon dépassionnée, alors que le second encourage la parturiente avec enthousiasme. Paula Michaels estime que ces différences d'atmosphère dans la salle de travail reflètent les idées ancrées dans leurs méthodes : Grantly Dick-Read vise une forme de dissociation entre corps et esprit, tandis que les psychoprophylacticiens prônent la victoire de l'esprit sur le corps. Si cette analyse fait sens, il ne faut toutefois pas sous-estimer les disparités dans la pratique de l'accouchement sans douleur, d'une région à l'autre, d'un établissement à l'autre et même d'un-e praticien-ne à l'autre, surtout celles relatives à des aspects que ni les auteurs soviétiques ni leurs homologues français n'ont théorisés. L'obstétricien genevois William Geisendorf, qui se déclare lui-même fervent adepte de l'accouchement sans douleur, semble par exemple établir une synthèse entre ce dernier et l'accouchement naturel de Dick-Read. Il explique que, « pour encourager la femme à soutenir l'effort de poussée pendant la contraction, [il] lui parle à mi-voix et [il] cherche à éviter

[5] On peut la dire française, car elle est répandue en France. À son origine, elle était peut-être locale, et même empruntée à un autre pays.

l'impression haletante et parfois angoissante provenant de ces injonctions précipitées, nécessaires autrefois pour plier à notre volonté les femmes non préparées […]. » [Geisendorf, 1959, p. 153]. Il renvoie donc à une époque révolue l'implication vocale des professionnels dans l'accouchement. Plus dociles, bien disciplinées, les femmes préparées à l'accouchement sans douleur n'ont pas besoin de tels ordres, pour autant que le médecin fasse preuve d'une grande autorité. William Geisendorf ne renonce pas cependant à toute participation physique à l'effort des parturientes, surtout de celles qui accouchent pour la première fois. La meilleure aide que l'on puisse apporter à une primipare consiste selon lui, « si l'on est à droite du lit, [de lui] offrir sa hanche gauche pour qu'elle y appuie son pied droit et de lui prendre avec la main droite sa main droite à elle ; la sage-femme se mettra à gauche du lit, offrira sa hanche droite et tiendra de sa main gauche la main gauche de la parturiente. Cette participation active à l'effort de la parturiente, je l'ai appliquée régulièrement avec succès depuis plus de vingt ans ; avec des femmes préparées à l'ASD[6], l'efficacité est encore plus grande » [ibid.].

[6] Accouchement sans douleur.

En résumé, des techniques pédagogiques, langagières (constituées de métaphores, de sanctions verbales, d'un accompagnement vocal de l'effort, d'une censure terminologique, etc.), corporelles (gestes de la main, postures, modes respiratoires, etc.), des procédures codifiées, une organisation spatiale, un personnel convaincu, une distribution de rôles au sein de l'équipe d'accouchement, quelques objets médicaux (un lit articulé, des étriers, un masque à oxygène en plexiglas), forment les principaux outils psychoprophylactiques. Certains d'entre eux sont enrobés d'une justification théorique, d'autres sont à peine mentionnés par les praticien-ne-s de l'accouchement sans douleur. Les documents audiovisuels ne sont pas assez nombreux pour nous permettre de mesurer l'étendue des variations dans l'application effective de ces moyens. Toutefois, les très nombreux ouvrages et articles d'obstétriciens révèlent leur large diffusion en France et au-delà des frontières.

TRANSFORMER LA VISION ET L'EXPÉRIENCE DE L'ACCOUCHEMENT

Jusqu'à quel point est-il ici question d'interventions biomédicales sur le corps enceint ? Si l'on conçoit le « modèle biomédical » comme un ensemble de discours et de procédures qui s'appuient sur des connaissances biologiques et médicales, des instruments, des médicaments, des techniques spécifiques au monde médical, il faut admettre que ce modèle intervient certainement dans la théorisation et la mise en pratique de l'accouchement sans douleur, mais qu'il n'en représente ni le tout, ni sans doute l'essentiel. Dans une définition du modèle ou du « système » biomédical selon laquelle celui-ci exclut les « facteurs psychosociaux », l'accouchement sans douleur n'est tout simplement pas intelligible comme une entreprise médicale. Et pourtant c'en est une, même si c'est aussi, et de manière indissociable (du moins, jusqu'au début des années 1960), une entreprise politique.

Une partie des savoirs médicaux transmis aux femmes enceintes (anatomie, physiologie) peuvent être qualifiés de « neutres » sur le plan partisan. Leur contenu ne se distingue pas de celui des ouvrages sur la grossesse rédigés par des médecins « de droite ». Sur le plan du genre, ces savoirs véhiculent les métaphores décrites avec précision par Emily Martin [1991], qui découlent d'une définition culturelle stéréotypée du féminin et du masculin et qui contribuent en retour à naturaliser les conventions sociales de genre. Une séquence du film *Naissance* montre par exemple un cours de préparation à l'accouchement dans lequel Pierre Vellay explique « l'ovule est une masse inerte, ne possédant aucune mobilité propre » ; il « s'échoue » dans la cavité utérine, où les spermatozoïdes « se portent rapidement au devant de [lui] ». L'opposition entre activité masculine et passivité féminine et d'autres stéréotypes de genre imprègnent le corpus psychoprophylactique, même si l'activité des femmes (et surtout l'activité appropriée de leur cerveau) est considérée indispensable à la « réussite » de leur accouchement. D'autres savoirs – ceux qui portent sur les relations entre utérus et cerveau, sur les réflexes conditionnés et sur le langage – sont marqués par l'orientation politique des psychoprophylacticiens[7]. Plusieurs obstétriciens non communistes qui adoptent l'accouchement sans douleur après un stage à la maternité des Métallurgistes intègrent ces deux types de savoirs dans leurs cours prénatals (voir par exemple Gédéon Rossel [1955] ou Hubert de Watteville [1957]), avant d'abandonner les contenus les plus « pavloviens ». Même les établissements où l'accouchement sans douleur n'est pas pratiqué prennent la vague éducative et organisent des cours de préparation à l'accouchement. Ces cours, de même que l'abondante documentation qui les prolonge, acculturent efficacement les femmes enceintes et leur conjoint au savoir obstétrical. Ainsi, ce savoir « en vient à faire partie du monde des femmes », comme l'écrivent Madeleine Akrich et Bernike Pasveer dans un autre contexte, « façonnant leurs perceptions, suggérant des comportements et des modes d'action, proposant des modèles d'expression et de verbalisation, participant de ce fait à l'expérience corporelle de l'accouchement » [Akrich et Pasveer, 2004, p. 81 ; traduction de l'auteure]. La psychoprophylaxie obstétricale illustre d'autant mieux la justesse de cette observation que ses théoriciens, dans les années 1950 et 1960, prétendent apprendre aux femmes enceintes ce qui se passe dans leur corps, dictent leur

---

[7] Par exemple, René Angelergues, neuropsychiatre de l'hôpital des Métallurgistes, définit le langage comme « l'expression objective des analyses et des synthèses qui se déroulent dans le cortex cérébral et qui sont le support matériel de la pensée et de la conscience » [Angelergues, 1954, p. 25]. Les termes expérimental, matériel, objectif, preuve, rationnel, scientifique abondent dans les écrits psychoprophylactiques ; des termes plus spécifiques au répertoire marxiste, tels que dialectique, infrastructure et superstructure, y apparaissent à une moindre fréquence.

comportement et jusqu'à ce qu'elles doivent ressentir, physiquement et émotionnellement [Vuille, 2004].

En tant qu'entreprise politique, l'accouchement sans douleur participe d'une éthique de la lutte. André Bourrel tente de galvaniser les « élèves » qui assistent à ses cours prénatals :

> « Le phénomène de l'accouchement vous sera tout à fait connu ; vous serez des femmes tout à fait *conscientes*, et non plus *soumises*. Vous aurez les armes de la connaissance et vous livrerez un combat. » [Jeanson, 1954, p. 75 ; italiques dans l'original].

L'accouchement sans douleur est une école de battantes, d'héroïnes. La sociologue néerlandaise Jolande Withuis a mis en relation le contenu de la méthode psychoprophylactique avec le « monde intérieur » du communisme et le monde extérieur (la Guerre froide) dans lequel elle apparaît. Elle a montré que la combativité imprègne la culture des militantes communistes, qui évolue pour certaines « vers une mentalité de guerre et vers une politisation de toute l'existence », si bien qu'accoucher selon la méthode d'accouchement sans douleur prend pour elles « la dimension d'un acte politique » [Withuis, 1988, p. 248 et 249 ; traduction de l'auteure]. Elles vivent l'accouchement comme un examen sanctionnant leur assiduité ou comme un test de combativité, ce qui ne doit guère les inciter à se plaindre lorsqu'elles ressentent des douleurs. Elles ne manquent pas de s'attribuer la responsabilité d'un « ratage » perceptible de l'extérieur (de l'agitation, une perte de contrôle même momentanée) et expliquent leurs erreurs avec les mots et les tournures exactes des cours de préparation, dans des comptes rendus aussi peu spontanés que possible [Vuille, 2005 ; Withuis, 1988]. En cas de « réussite », elles louent avant tout la méthode et les médecins qui l'ont élaborée.

La majorité des obstétriciens et des femmes enceintes ne partagent pas cette vision de l'existence communiste. Pourtant, l'idée d'apprendre à accoucher de manière à s'y adapter et à maîtriser la douleur rencontre un grand succès en France et dans les nombreux pays où la psychoprophylaxie est diffusée dès la seconde moitié des années 1950. Même les médecins qui doutent du pouvoir analgésique de l'accouchement sans douleur apprécient le comportement des patientes préparées à cette méthode : elles sont disciplinées, plus calmes et plus coopératives que les autres. Dans cette approche, l'accouchement est conçu comme le travail d'une équipe composée de professionnels et de profanes. La parturiente a pour mission de contrôler son comportement, tandis que le membre professionnel en charge (médecin ou sage-femme) contrôle l'accouchement lui-même, donne des ordres à la parturiente et prend les décisions qu'il juge opportunes. L'autorité des professionnels n'est pas remise en cause, mais au contraire renforcée par l'accouchement sans douleur [Vuille, 2008]. Les maris, que les femmes sont souvent désireuses de garder à leur côté, se voient attribuer un rôle de *coach*. Ils rappellent les techniques corporelles à leur épouse, pratiquent la respiration avec elle, relaient les ordres des professionnels, surtout lorsqu'ils ont suivi la préparation à l'accouchement et qu'ils sont par conséquent eux aussi socialisés aux pratiques médicales. Les propos d'un professeur d'obstétrique suisse illustrent de manière éloquente les raisons du bon accueil réservé à la psychoprophylaxie par des médecins qui rejettent pourtant sa doctrine politique :

> « Nous sommes persuadés que la méthode psychoprophylactique de l'accouchement sans douleur ne peut qu'être une meilleure propagande en faveur de la centralisation des accouchements en milieu favorable. Dans les maternités suisses où cette méthode est instituée, elle intéresse de plus en plus les futures mères, les oblige, lors des derniers mois, à des contrôles médicaux fréquents, leur fait prendre conscience de l'importance de la physiologie obstétricale, les familiarise avec les locaux des maternités, où elles seront bientôt accueillies comme dans un foyer familial. Les avantages que comporte cette méthode éducative en matière de prophylaxie et en matière de propagande pour l'accouchement en maternité, c'est-à-dire dans un domaine dont dépend finalement les deux tiers environ des causes de mortalité, nous font espérer sa généralisation à tout le pays, quelles que soient les régions. » [Dubuis, 1966, p. 1]

Même en Hollande, où enfanter à domicile avec une sage-femme est la norme dans les décennies d'après-guerre, l'accouchement sans douleur sert d'argument à l'hospitalisation de la naissance [Withuis, 1988]. Plusieurs médecins expriment en outre l'idée que la psychoprophylaxie permet de préparer les femmes non pas tant à accoucher sans douleur, mais du moins à bien se comporter pendant leur accouchement, sans trop d'agitation ou trop d'interférence avec les actes obstétricaux : familiarisées avec l'optique et les procédures médicales pendant leur préparation, elles n'y opposent pas de résistance le moment venu.

À partir de la seconde moitié des années 1970, l'accouchement sans douleur est dénoncé comme une duperie [Jaubert, 1979]. Les critiques, peu nombreuses mais implacables, le ramènent à une forme d'oppression emblématique des rapports de domination entre les sexes, dans laquelle le corps des femmes est instrumentalisé par le pouvoir médical masculin. L'anesthésie locorégionale apparaît alors comme l'alternative idéale, qui permet à la fois de réduire effectivement la douleur des parturientes et de leur laisser la conscience claire pour les premiers moments de la vie de leur enfant. Sa progression est toutefois très lente en France jusqu'à la mise en œuvre par le gouvernement du « plan périnatalité » 1993-2000, dont la lutte contre la douleur constitue l'un des piliers [Rumeau-Rouquette, 2001]. En 1980, le taux d'analgésie péridurale est de 4 % en France, alors qu'il est de 22 % aux États-Unis [Michaels, 2014]. En 1987, le taux français n'est toujours que de 5 % ; il passe à 37,5 % en 1993 [Schweyer, 1996]. La progression s'accélère à partir de l'entrée en vigueur du plan de périnatalité, qui prévoit la prise en charge intégrale du coût de la péridurale par l'assurance-maladie, et ceci pour toutes les femmes, alors que seule une indication médicale donnait jusqu'alors droit au remboursement. En 1995, presque une parturiente sur deux (48,6 %) bénéficie d'une analgésie péridurale ; le taux atteint 58 % en 1998, 62,8 % en 2003 et 70 % en 2010 [Charrier et Clavandier, 2013]. Le manque d'anesthésistes en maternité constitue la principale cause du lent démarrage de l'analgésie péridurale en France. Cependant, l'approche psychoprophylactique de la douleur, dont une partie des professionnel-le-s de l'obstétrique sont encore imprégnés dans les années 1980, a certainement contribué à freiner le recours à cette technique pour les accouchements normaux.

Au final, la psychoprophylaxie obstétricale n'a pas contribué à l'avènement du socialisme et n'est parvenue à indoloriser l'accouchement que pour une minorité de femmes pendant une période limitée. Cependant, en dépit de sa fugacité, elle a contribué à la transformation du paysage obstétrical dans la seconde moitié du XXe siècle. En systématisant des pratiques (telle la position sur le dos tant décriée par les critiques féministes de la naissance[8], mais surtout en redéfinissant l'accouchement comme un événement qui se prépare (qui s'« apprend »), qui nécessite une socialisation des femmes enceintes et de leurs proches à la culture médicale, et en instaurant un rapport entre profanes et professionnel-le-s dans lequel les premières s'en remettent aux second-e-s pour l'apprentissage d'un comportement et pour la conduite de l'accouchement, la psychoprophylaxie a concouru à la médicalisation de la naissance [Vuille, 2010]. Il est donc très réducteur de ne voir en elle qu'une alternative ou une résistance à la médicalisation, du fait de son mode de prise en charge non pharmacologique de la douleur. L'opposition prégnante dans l'historiographie féministe entre des technologies masculines invasives (instruments, moniteur fœtal, perfusion, péridurale, etc.) et des pratiques féminines respectueuses de la personne enceinte et de son corps (peu d'instruments, « accompagnement » solidaire, engagement corporel), entre les « mains de fer » des médecins et les « mains de chair » des sages-femmes [Rich, 1976], entre la dépendance induite par des technologies « lourdes » et l'autonomie offerte par des techniques « légères » (ou plus « naturelles ») s'avère peu pertinente pour comprendre le rôle complexe et partiellement contradictoire joué par l'accouchement sans douleur dans l'histoire de la naissance au XXe siècle. L'examen de cette méthode plaide pour plus de flexibilité dans l'interprétation du potentiel d'asservissement ou d'émancipation des techniques, en particulier de leur effet sur l'agentivité des femmes [Gardey, 2005].

[8] Voir par exemple Sheila Kitzinger [1985] ; Adrienne Rich [1976] ; Richard Wertz et Dorothy Wertz [1989].

REFERENCES BIBLIOGRAPHIQUES

Akrich Madeleine et Pasveer Bernike, 2004, « Embodiment and Disembodiment in Childbirth Narratives », *Body & Society*, vol. 10, n° 2-3, pp. 63-84.

Angelergues René, 1954, « La conception pavlovienne de la douleur dans l'accouchement », *Revue de la nouvelle médecine*, vol. 1, n° 3, pp. 9-32.

Baulieu Emile, 1953, « L'accouchement sans douleur a des bases scientifiques », *La Nouvelle Critique. Revue du marxisme militant*, vol. 5, n° spécial, n° 43, pp. 138-146.

Bazelaire Serge et Hersilie Roger, 1963, *Maternité. Fécondation, grossesse, accouchement, nourrisson*, Paris, La Table ronde.

Bonstein Isidore, 1958, *Psychoprophylactic Preparation for Painless Childbirth*, London, William Heinemann Medical Books Ltd.

Caron-Leulliez Marianne et George Jocelyne, 2004, *L'accouchement sans douleur. Histoire d'une révolution oubliée*, Paris, Éditions de l'Atelier/Éditions Ouvrières.

Charrier Philippe et Clavandier Gaëlle, 2013, *Sociologie de la naissance*, Paris, Armand Colin.

Chertok Léon, 1958 [1957], *Les Méthodes psychosomatiques d'accouchement sans douleur. Histoire, théorie et pratique*, Paris, L'Expansion scientifique française, deuxième édition revue et augmentée.

Chertok Léon, 1959, « Evolution des idées sur l'analgésie psychologique en obstétrique », *in* Pierre Aboulker, Léon Chertok et Michel Sapir (dir.), *Analgésie psychologique en obstétrique*, Paris, Pergamon Press, pp. 17-26.

Dubuis Pierre, 1966, « Editorial », *Journal de la sage-femme*, n° 4, p. 1.

Gardey Delphine, 2005, « Procréation, corps, sciences et techniques au XXe siècle », *in* Margaret Maruani (dir.), *Femmes, genre et sociétés. L'état des savoirs*, Paris, La Découverte, pp. 131-138.

Geisendorf William, 1959, « Le comportement de la femme préparée à l'accouchement sans douleur, aspects psychosomatiques », *in* Pierre Aboulker, Léon Chertok et Michel Sapir (dir.), *Analgésie psychologique en obstétrique*, Paris, Pergamon Press, pp. 151-153.

Grosjean Michèle, 1993, « Polyphonie et positions de la sage-femme dans la conduite de l'accouchement », *in* Jacques Cosnier, Michèle Grosjean et Michèle Lacoste (dir.), *Soins et communication. Approche interactionniste des relations de soins*, Lyon, ARCI/Presses universitaires de Lyon, pp. 121-158.

Hersilie Roger, 1962, « Aspects scientifiques de la physiologie pavlovienne appliquée à l'obstétrique », Paris, *Cahiers du Centre d'études et de recherches marxistes* (CERM).

Jaubert Marie-José, 1979, *Les Bateleurs du mal-joli. Le mythe de l'accouchement sans douleur*, Paris, Balland.

Jeanson Colette, 1954, *Principes et pratique de l'accouchement sans douleur*, Paris, Le Seuil.

Kitzinger Sheila, 1985, *The Complete Book of Pregnancy and Childbirth*, New York, Alfred A. Knopf.

Lamaze Fernand, avec la collaboration de Angelerques René, Bourrel André, Hersilie Roger, Le Guay François, Muldworf Bernard, Vellay Pierre, Vermorel Henri, 1956, *Qu'est-ce que l'accouchement sans douleur par la méthode psychoprophylactique : ses principes, sa réalisation, ses résultats*, Paris, La Farandole.

Martin Emily, 1991, « The Egg and the Sperm: How Science Has Constructed a Romance Based on Stereotypical Male-Female Roles », *Signs: Journal of Women in Culture and Society*, vol. 16, n° 3, pp. 485-501.

Merger Robert et Chadeyron Pierre-André, 1983 [1964], *L'accouchement sans douleur*, Paris, PUF, 4e édition mise à jour.

MICHAELS Paula A., 2014, *Lamaze. An International History*, New York, Oxford University Press.

MULDWORF Bernard, 1959, « Les bases théoriques de l'accouchement sans douleur par la méthode psychoprophylactique », Congrès de l'accouchement psychoprophylactique (Reims les 30 et 31 mai 1959). Discussions [ou Bulletin de la Société française de PPO, vol. 1, n° 1], pp. 8-32.

PLOTICHER V., 1960, « Lecture 11. Third, Fourth and Fifth Sessions of Psychoprophylactic Preparation », *in* Ilia VELVOVSKY, Konstantin PLATONOV, V. PLOTICHER et E. SHUGOM, *Painless Childbirth Through Psychoprophylaxis. Lectures for Obstetricians*, Moscow, Foreign Languages Publishing House, pp. 245-268.

RICH Adrienne, 1976, *Of Woman Born. Motherhood as Experience and Institution*, New York, W. W. Norton & Company.

ROSSEL Gédéon, 1955, « La méthode psychoprophylactique d'accouchement sans douleur », *Journal de la sage-femme*, n° 3, pp. 8-14 et n° 4, pp. 10-15.

RUMEAU-ROUQUETTE Claude, 2001, *Bien naître. La périnatalité entre espoir et désenchantement*, Paris, Editions EDK.

SCHWEYER François-Xavier, 1996, « La profession de sage-femme : autonomie au travail et corporatisme protectionniste », *Sciences sociales et santé*, vol. 14, n° 3, pp. 67-102.

SMITH Roger, 1992, *Inhibition. History and Meaning in the Sciences of Mind and Brain*, London, Free Association Books.

VELLAY Pierre et VELLAY-DALSACE Aline, 1956, *Témoignages sur l'accouchement sans douleur par la méthode psychoprophylactique*, Paris, Le Seuil.

VUILLE Marilène, 2000, « La naissance de l'"accouchement sans douleur" », *Revue médicale de la Suisse romande*, vol. 120, n° 12, pp. 991-998.

VUILLE Marilène, 2004, « L'expérience des femmes dans l'"accouchement sans douleur" (ASD) : une expérience collective ? », *in* Marguérite BOS, Bettina VINCENZ et Tanja WIRZ (dir.), *Erfahrung: Alles nur Diskurs? Zur Verwendung des Erfahrungsbegriffs in der Geschlechtergeschichte*, Zürich, Chronos Verlag, pp. 357-365.

VUILLE Marilène, 2005, « Le militantisme en faveur de l'accouchement sans douleur », *Nouvelles Questions Féministes*, vol. 24, n° 3, pp. 50-67.

VUILLE Marilène, 2008, « Le travail de mise au monde », *in* Magdalena ROSENDE et Natalie BENELLI (dir.), *Laboratoires du travail*, Lausanne, Antipodes, pp. 67-79.

VUILLE Marilène, 2010, « Demedicalizzare la nascita ? Considerazioni storico-sociali su un'espressione polisemica », *Annuario di antropologia*, vol. 9, n° 12, pp. 61-82.

WATTEVILLE Hubert de, 1957, « The Use of Obstetrical Analgesia at the Maternity Hospital of Geneva », *American Journal of Obstetrics and Gynecology*, vol. 73, n° 3, 1957, pp. 473-491.

WERTZ Richard W. et WERTZ Dorothy C., 1989 [1977], *Lying-In. À History of Childbirth in America*, New Haven and London, Yale University Press.

WITHUIS Jolande, 1988, « Pijnloos bevallen: een kwestie van mentaliteit. Over de lichaamsbeleving van communistische vrouwen in de koude oorlog » [titre anglais: « Painless childbirth: a mental issue. Physical pain and Dutch communist women during the Cold War »], *Amsterdams Sociologisch Tijdschrift*, vol. 15, n° 2, pp. 235-265.

Documents sonores et audiovisuels

CREMIEUX Francis, 1955, *L'accouchement sans douleur : reportage de Francis Crémieux*, Disque 33 t. La Voix de son maître, FELP 120.

GUILBERT Pierre, GRUBERT Francine, MANDRIN Pierre et BRARD Jacques, 1960, *Accoucher sans douleur. La méthode psychoprophylactique d'accouchement*, second film réalisé à la maternité du Centre de Santé des Métallurgistes, sous la direction du Dr Roger Hersilie, Laboratoires Eclair, 20 mn.

LE CHANOIS Jean-Paul, 1956, *Le cas du docteur Laurent,* Production : Cocinor, Coninex, SEDIF, Paris, 110 mn.

MARCHAND Jean-Pierre (dir.), 1957, *Naissance : méthode psychoprophylactique d'accouchement,* Direction médicale : Dr Pierre Vellay, Production : Robert Courtot, Cinétest, S.l., 34 mn.

NADEAU Gilles et RIO Marie-Noëlle, 1969, *Julien. Maternité des Lilas,* Direction médicale : Dr Pierre Boutin et Micheline Bourrel, Production : Mme de Charnière, « Association Naissance », Paris, env. 30 mn.

VELLAY Pierre et LE GUAY François (dir.), 1953, *Méthode psychoprophylactique d'accouchement sans douleur,* premier film réalisé au Centre de Santé des Métallurgistes, Production : Procinex, Paris, env. 20 mn.

MESURER LA PUBERTÉ. LA MÉDICALISATION DE L'ADOLESCENCE, SUISSE 1950-1970

Laura Piccand

Entre 1954 et la fin des années 1970, une étude longitudinale sur la croissance et le développement de l'enfant dit normal a été menée au *Kinderspital* (Hôpital des Enfants) de Zurich. Mesuré-e-s, photographié-e-s, radiographié-e-s, mais aussi soumis-e-s à des tests psychologiques, développementaux et d'intelligence, environ 300 garçons et filles de la ville de Zurich ont participé durant plus de vingt ans à une des premières enquêtes de ce genre en Europe. Elle participe d'un réseau d'études similaires menées dans d'autres pays et coordonnées par le Centre International de l'Enfance (CIE) à Paris. Bien qu'absente des agendas initiaux de l'enquête, la puberté s'impose, à partir de 1960, comme l'un de ses points d'intérêt majeur. En 1983, deux articles [Largo et Prader, 1983a et b] analysent les résultats de l'étude zurichoise, établissant ainsi les standards de référence concernant le développement pubertaire en Suisse et définissant les caractéristiques physiques qu'« un corps de garçon » et « un corps de fille » doivent présenter afin de correspondre au développement dit « normal » à chaque âge : taille ; pilosité ; caractères sexuels primaires et secondaires, etc.

Cet article se propose de rendre compte de la façon dont la puberté devient un objet d'investigation médicale dans le contexte de l'après Seconde Guerre mondiale. Il s'intéresse aux formes renouvelées que prennent les investigations sur l'enfance et le passage de l'enfance à l'âge adulte au cours de cette période. Moment clef de la transformation des corps, objet de l'attention médicale et scientifique, l'histoire de la puberté constitue une porte d'entrée peu investie par les sciences sociales pour explorer la façon dont les corps humains sont décrits et modelés par des normes médicales empreintes de genre. C'est à l'articulation de la production des savoirs médicaux et des normes de genre que cet article s'intéresse.

Après avoir insisté sur la puberté comme site de production de normes culturelles, j'évoquerai le contexte particulier d'émergence de ces enquêtes et la façon dont elles témoignent de la mise en place, dans la première moitié du XXe siècle, d'une entreprise de description et surtout de mise en chiffre et en statistique du corps humain et de son développement. Prenant ensuite comme objet de l'analyse deux artefacts permettant l'évaluation de la puberté – les stades de Tanner et l'orchidomètre de Prader – je rendrai compte de la façon dont ces études longitudinales ont marqué durablement le façonnement de la puberté comme objet scientifique et médical et ont établi des normes de développement, participant à la surveillance des corps reproductifs. Il s'agira pour conclure d'évoquer quelques pistes de recherche permettant d'ouvrir certains enjeux des controverses actuelles sur la puberté.

Le matériau empirique convoqué à cette fin est constitué essentiellement de textes publiés par les équipes de recherche, de comptes rendus des réunions annuelles que celles-ci ont tenues, mais aussi des archives de l'étude zurichoise (composées notamment des questionnaires et autres données récoltées auprès des enfants, mais aussi de la correspondance interne et externe de l'équipe de recherche et d'autres documents de travail), archives entreposées mais non inventoriées au *Kinderspital*.

LA PUBERTÉ COMME SITE DE PRODUCTION DE NORMES CORPORELLES

Les normes corporelles – et en particulier la façon dont le genre imprègne les savoirs et les pratiques biologiques et médicaux sur le corps humain – constituent un objet abordé par de nombreux travaux d'histoire et de sociologie des sciences et, en particulier, dans le champ des études féministes des sciences. Après une première étape où il s'agissait de distinguer entre ce qui relevait du genre et du sexe (ou de la culture et de la nature) et ainsi de réfuter le caractère inné des rôles et comportements sociaux, l'attention s'est portée à partir des années 1980 sur cette part intouchée et réputée intouchable, par les sciences sociales, du sexe dit biologique [Oudshoorn,

2000]. Des biologistes féministes, mais également des historien-ne-s et sociologues des sciences, ont cherché à montrer que cette part considérée comme fixe, naturelle, pouvait faire l'objet d'analyses constructivistes, que le sexe biologique, en d'autres termes, étaient aussi l'affaire des sciences sociales et historiques.

Ces travaux se sont attachés notamment à questionner la façon dont le genre façonne les connaissances sur le sexe biologique, particulièrement en proposant une vision binaire de celui-ci [Laqueur, 1990]. Beaucoup d'entre eux ont pris comme point de départ la gestion biomédicale de l'intersexuation. Ils ont mis au jour quels discours, définitions et pratiques étaient mis en place par les médecins pour d'une part « expliquer » l'existence de ces corps par rapport à la conception binaire du sexe biologique et les conformer, d'autre part, à cette norme binaire [Fausto-Sterling, 2012]. Ce faisant, ces recherches ont souligné à quel point ces savoirs et ces pratiques, en s'efforçant, sans succès, de prouver l'existence d'un « sexe tout nu » [Kraus, 2000], uniquement biologique et hors du social, font entrevoir l'implication des processus sociaux dans la production de savoirs scientifiques sur le corps sexué [Löwy 2003 ; Dorlin, 2008 ; Kraus, 2000 et 2011]. Ce travail critique sur le sexe biologique a mis au jour la façon dont les définitions du sexe et des normes corporelles genrées font l'objet de controverses récurrentes notamment sur le plan médical, alors même que ces définitions et ces normes sont considérées comme a-historiques et a-sociales.

La puberté n'a pas bénéficié de la même attention de la part des sciences sociales. Or, elle est une étape cruciale du processus de normalisation des corps dans un régime de bicatégorisation de sexe. Étape de transformations rapides du corps humain, la puberté fait l'objet d'une attention soutenue des médecins – mais aussi, et de façon concomitante, des parents, des adolescent-e-s et de la société au sens large. Elle est au centre de protocoles de surveillance, d'autosurveillance et de gestion biomédicale explicites et implicites [Roberts, 2010 ; Cozzi et Vinel, 2014]. En particulier, elle est définie par des stades de développement et des standards d'âge auxquels ces stades doivent advenir dans les corps pubertaires.

Comprise, dans les discours contemporains, comme le processus qui achève de transformer des petites filles et des petits garçons en femmes et en hommes, et comme le « processus qui produit un corps apte à la reproduction sexuelle » [Roberts, 2010, traduction de l'auteure], la puberté entre donc pleinement dans ces politiques du sexe esquissées par Foucault dans son *Histoire de la sexualité*, par lesquelles le sexe devient une « cible centrale pour un pouvoir qui s'organise autour de la gestion de la vie » [Foucault, 1976, p. 193]. Focalisés sur le corps pubertaire comme corps reproductif en cours de fabrication, les savoirs scientifiques intéressés par le classement et la gestion biomédicale des corps pubertaires sont à examiner en continuité avec les formes de « surveillances infinitésimales » des corps mises en place par cette déclinaison moderne du pouvoir, le « biopouvoir », au cœur de l'œuvre de Michel Foucault [1976]. Ils se placent ainsi à l'intersection entre le gouvernement des corps et la régulation des populations, dans un va et vient entre l'individuel et le collectif.

Comme on le verra dans la partie suivante, les recherches sur la croissance, telles qu'elles se déploient vers le milieu du XXe siècle, sont des exemples typiques de la mise en place de structures permettant la surveillance de la santé des populations et matérialisent ainsi ce biopouvoir de façon très concrète. La puberté est au cœur de cette entreprise de description de la croissance dite normale de l'être humain.

CROISSANCE, MESURE ET SANTÉ PUBIQUE : UN PROJET POLITIQUE

Au XXe siècle, l'objet puberté se construit essentiellement à partir de grandes recherches longitudinales destinées à documenter la croissance et le développement de l'enfant dit normal. L'étude longitudinale conduite à Zurich permet de rendre compte de la façon dont on a développé et surtout standardisé, à partir des années 1950-1960, des outils de mesure et d'évaluation de la puberté des filles et des garçons. Loin d'être seulement locale, cette étude procède d'un contexte et de réseaux scientifiques internationaux sur lesquels il convient de revenir pour mesurer les enjeux épistémiques, sociaux et politiques de la période.

Si l'intérêt pour la croissance peut être documenté bien avant le XXe siècle, les premières enquêtes d'envergure ont été mises en place aux États-Unis dans les années 1920, notamment sous l'influence du *Child Welfare Movement* [Turmel, 2008 ; Cameron, 2012 et Tanner, 1981] et d'un climat social et scientifique marqué par l'eugénisme [Munro Prescott, 2004]. En Europe, la mise en place de ces études coordonnées ne peut pas être détachée d'un contexte politique, social et scientifique particulier. Au sortir de la Seconde Guerre mondiale, l'Europe, et notamment la France et la Grande-Bretagne, se relève d'une période pendant laquelle les populations ont souffert de carences alimentaires sur plusieurs années ; on observe alors notamment des retards de croissance. Par ailleurs, un contexte de transition entre l'ancien monde colonial et de nouvelles dynamiques postcoloniales émerge. La création en 1950 du Centre international de l'enfance (CIE) à Paris sous l'égide du Département des affaires sociales de l'Organisation des Nations unies, elle-même nouvelle-née[1], est ainsi typique de cette nouvelle ère. Le Centre international de l'enfance, sous la houlette du Français Robert Debré (1882-1978), acteur

[1] Par ailleurs, le Centre international de l'enfance est, dès ses débuts, bénéficiaire des « conseils » des principales organisations internationales que sont l'OMS, l'UNESCO, l'OAA (Organisation des Nations unies pour l'alimentation et l'agriculture, aujourd'hui FAO) et l'OIT [Debré, 1955, p. 3].

incontournable de l'histoire de la pédiatrie en France et en Europe, est centré sur la volonté de proposer des cours aux médecins et professionnel-le-s de la santé du monde entier, mais particulièrement des pays que l'on nomme alors depuis peu « pays sous-développés ». L'idée est de contribuer à la construction d'une communauté scientifique et médicale qui renforce la pédiatrie comme discipline, et de diffuser à l'international des savoirs dans ce domaine. Des groupes de recherche, axés notamment sur l'étude des antibiotiques, le vaccin contre la turberculose et la coqueluche ou encore « l'éducation des mères dans les maternités » se mettent en place. Les préoccupations sociales sont un fil rouge des publications du Centre international de l'enfance, notamment dans ses premières années, car, comme l'écrit son directeur général en 1955, « l'évolution rapide du mode de vie des peuples [en voie de développement] s'accompagnera de perturbations des structures familiales et sociales qui ne sont pas sans danger » [Berthet, 1955, p. 8]. On cherche plus précisément à déterminer les facteurs sociaux qui influent sur la condition physique, psychologique et sociale des enfants. C'est dans ce cadre que se placent les enquêtes coordonnées par le Centre international de l'enfance sur la croissance et le développement.

À Londres, Paris, Zurich, Stockholm, Bruxelles, Dakar et Kampala, des équipes sont réunies pour mettre en place des études similaires sur la croissance et le développement de l'enfant. À Zurich, c'est Guido Fanconi (1892-1979), *alter ego* de Robert Debré dans l'histoire de la pédiatrie européenne et alors directeur du *Kinderspital* [Hôpital des enfants], qui décide de s'allier à ce projet et forme une équipe. Dès 1960, le pédiatre endocrinologue Andrea Prader (1919-2001) remplace Guido Fanconi à la tête de l'équipe zurichoise, ce qui ne sera pas sans importance. Ainsi, à partir de 1954 jusque vers 1975, environ trois cents enfants dits normaux sont examiné-e-s sous toutes les coutures, du point de vue somatique, psychologique et comportemental, de leur naissance à la fin de leur croissance. Les protocoles de recherche communs aux équipes sont dès le départ extrêmement larges et variés, allant de la mesure du développement somatique à l'observation des étapes du développement psychique et comportemental, en passant par la prise en compte de variables sociales. En plus de rester en contact très régulier par courrier, les équipes et leur centre de coordination de Paris se réunissent presque chaque année pour discuter des problèmes méthodologiques, qu'ils concernent la récolte de données comme leur analyse, et conviennent à ces occasions des protocoles utilisés.

De différentes façons, ces enquêtes témoignent d'un moment de bascule vers une déclinaison moderne du « fairescience » qui aura des conséquences sur la standardisation de l'objet scientifique « puberté ». Il est aujourd'hui courant, en particulier dans les domaines de l'épidémiologie et de la santé publique, de mettre en place des protocoles d'études comparatives prévoyant le déploiement de la recherche dans plusieurs endroits du monde et que celles-ci soient menées par des équipes de recherche locales, mais coordonnées entre elles. Nées dans les années 1950, les recherches sur la croissance, sous l'auspice du Centre international de l'enfance, pourraient bien être pionnières dans cette façon moderne et mondialisée de concevoir la recherche médicale. Étienne Berthet, directeur du Centre international de l'enfance en 1958, l'exprime en ces mots lors de l'ouverture de la réunion commune de 1958 :

> « Cette réunion [...] est caractéristique de notre époque. Il n'aurait pas été possible, il y a quelques années, de réunir des personnalités venant de régions aussi diverses pour étudier les problèmes touchant à l'enfant normal, ni de réunir des membres de disciplines scientifiques aussi variées à cette même fin. » [CIE, 1958, p. 3]

La volonté de mener à bien, collectivement, plusieurs enquêtes de même type oblige à une certaine standardisation dans la récolte des données et une coopération dans la comparaison et la publication des résultats. Ces éléments conduisent à la nécessité de définir en amont les contours de la recherche, comme on peut le voir notamment dans le document de cinquante pages « Base commune de recherches pour les Études Longitudinales sur la Croissance de l'Enfant », établi en 1954 [Falkner, 1954]. Ainsi, par ce travail commun et relativement unifié de mise en place d'outils et de méthodes pour mesurer le développement et la croissance, ces études jouent un grand rôle dans la création de normes médicales sur le corps humain. Ceci est particulièrement frappant concernant la puberté, comme nous le verrons dans ce qui suit.

CONSTITUTION D'UNE « MÉTROLOGIE » PUBERTAIRE

Cet intérêt pour la mesure et la mise en chiffre du corps humain s'applique avec force et de façon exemplaire sur la puberté. Dans les premières années de l'aventure longitudinale, la puberté ne constitue pas une priorité pour les équipes de recherche, tant du point de vue des objectifs donnés à l'étude que du point de vue des problèmes théoriques et méthodologiques traités dans les réunions des équipes. Pourtant, assez vite et suivant les impératifs de la croissance des cohortes de sujets, la puberté devient centrale.

Participant non seulement à définir des normes dans la chronologie du développement pubertaire (déterminant les moyennes, nationales, de l'âge auquel apparaît telle ou telle dimension de la puberté féminine ou masculine), ces recherches contribuent également au développement d'une véritable « métrologie » de la puberté, c'est-à-dire à la standardisation des dimensions principales qui la constituent, ainsi qu'au développement, à la standardisation et à la diffusion internationale des « outils » de mesure permettant cette métrologie pubertaire, focalisée sur les caractères sexuels dits secondaires. Pour l'illustrer, je propose d'évoquer deux artefacts qui participent à objectiver la puberté, à la construire comme un processus mesurable ou évaluable. Les stades de Tanner et l'orchidomètre de Prader portent non seulement le nom de deux des animateurs importants des enquêtes coordonnées du Centre international de l'enfance, mais ont encore bénéficié de ces études qui jouent un rôle essentiel dans leur diffusion à l'échelle internationale. Par ailleurs, ils ouvrent tous deux à une discussion large sur la façon dont des normes corporelles se cristallisent au travers d'objets matériels.

Lors de la réunion annuelle des équipes en 1960, le pédiatre James M. Tanner (1920-2010) propose d'envoyer à chacune d'entre elles des planches d'évaluation du développement pubertaire. Le compte rendu indique : « Les équipes ont convenu que ces *"ratings"* étaient bons et pratiques et seraient utilisés » [CIE, 1960, p. 74, traduction de l'auteure]. Déclinant le développement génital masculin, le développement mammaire féminin et le développement de la pilosité pubienne chez les filles et les garçons en cinq degrés, les stades de Tanner sont tout d'abord décrits dans l'édition de 1955 de l'ouvrage classique de Tanner *Growth at Adolescence*, mais c'est dans l'édition de 1962 qu'ils se voient attribuer des photographies. Tanner sélectionne les illustrations de ces stades parmi les séries de photographies anthropométriques[2] réalisées lors d'une étude longitudinale sur la croissance qu'il mène à partir de 1948 dans un orphelinat de la ville anglaise d'Harpenden, sans expliciter les critères qui président à ce choix. Ces stades, toujours largement utilisés dans la clinique et la recherche actuelles, permettent ainsi à l'œil clinicien de comparer les corps examinés avec le découpage graphique[3]. Par exemple, les descriptions des stades du développement mammaire (Illustration 1) n'évoquent pas la forme et le volume attendus à la fin du développement pubertaire, mais les photographies fixent explicitement et visuellement l'aspect et l'évolution considérés comme normaux[4]. Par ailleurs, si le découpage en stades avait déjà été proposé auparavant[5], c'est bien par l'implication de Tanner dans le réseau du Centre international de l'enfance que cette façon d'évaluer la puberté sera considérée comme incontournable.

L'autre objet qui prendra de l'importance grâce aux études longitudinales est l'orchidomètre de Prader. L'orchidomètre se présente comme une série de douze perles de forme ellipsoïdale reliées par une cordelette et calibrées selon des volumes croissants (1, 2, 3, 4, 5, 6, 8, 10, 12, 15, 20, 25 ml) (Illustration 2), permettant l'évaluation du volume testiculaire.

[2] La photographie anthropométrique est une technique développée par l'anthropologie physique. Elle consiste à photographier le corps nu d'un-e individu-e, des quatre côtés, afin d'analyser sa morphologie. Cette technique sera utilisée de façon systématique pour documenter les dossiers des enfants de l'enquête zurichoise.

[3] Actuellement, les stades de Tanner se présentent sous la forme de dessins plutôt que de photographies, ce qui change certainement une partie de l'analyse. Ce point ne sera pas détaillé ici.

[4] Des éléments sur la création de ces stades et une discussion autour de la façon dont on « éduque » l'œil clinicien à discriminer le normal du pathologique par le biais de ce type d'artefact se trouvent dans un article de l'auteure [Piccand, 2015].

[5] Des divisions du développement pubertaire en stades ont par exemple été proposées par l'anthropologue français Paul Godin en 1903, mais James Tanner se fondera surtout sur des travaux étasuniens, notamment ceux des anthropologues Earle Reynolds et Janet Wines [1948].

Illustration 1 : Standards de développement mammaire chez les filles pendant l'adolescence (traduction de l'auteure)

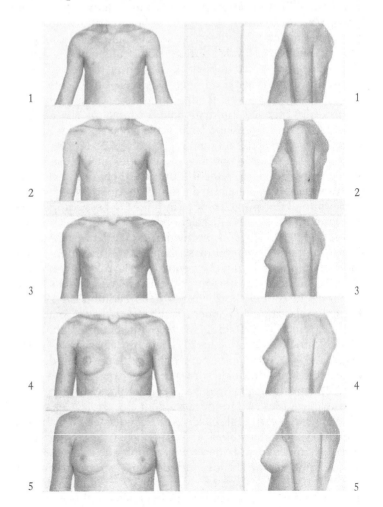

Stade 1 - Pré-adolescent : élévation du mamelon uniquement.

Stade 2 - Stade du bourgeon mammaire : sallie du sein et du mamelon. Élargissement du diamètre de l'aréole.

Stade 3 – Progression de l'élargissement aréolaire, élévation du sein et de l'aréole, sans séparation de leurs contours.

Stade 4 – Saillie de l'aréole et du mamelon en surélévation par rapport au plan du sein.

Stade 5 – Stade mature : sallie du mamelon, régression de l'aréole vers le plan général du sein

Source : Tanner James, 1962, planche 7.

L'augmentation du volume testiculaire est en effet considérée comme le premier signe de déclenchement de la puberté masculine et elle est centrale dans sa définition. Le développement et la diffusion d'un artefact permettant une évaluation simple et rapide a certainement contribué à cette prise d'importance. Il permet la détermination du volume par « palpation simultanée » [Prader, 1966, p. 240], c'est-à-dire en comparant le testicule à mesurer avec les différentes perles pour déterminer le volume le plus proche. L'orchidomètre de Prader, utilisé aujourd'hui largement dans la recherche et la clinique à l'échelle mondiale a bénéficié de son utilisation dans les recherches coordonnées par le Centre international de l'enfance pour sa large diffusion. Cette utilisation est rappelée par Andrea Prader [1966], comme gage de sérieux et de fiabilité, comme il le fait également dans un article collectif postérieur [Zachmann *et al.*, 1974, p. 6]. James Tanner en fera de même, et mentionne et recommande [Tanner et Whitehouse, 1976, p. 179 ; Tanner, 1978, p. 60 ; Tanner, 1986, p. 438 ; Tanner, 1981, pp. 363-364) l'usage de l'orchidomètre de Prader tant pour la recherche que pour la clinique (diagnostic). Hiroshi Takihara et ses collègues [1983, p. 838] soulignent également l'usage de l'orchidomètre de Prader par le Centre international de l'enfance.

Illustration 2 : L'orchidomètre dit de Prader

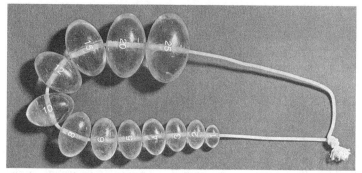

Source : Prader Andrea, 1966, « Testicular size: assessment and clinical importance », Triangle, *vol. 7, n° 6, p. 141.*

Par rapport à la question de la norme, Andrea Prader émet ce commentaire :

> « Comme les valeurs varient amplement selon la méthode employée et les auteurs, nos chiffres n'indiquent ni des moyennes, ni leurs écarts, mais constituent le résumé de notre expérience personnelle qui a porté sur des mesures uniques chez trois cents enfants et trois cents adultes présumés bien portants, et de quelques études longitudinales pendant la période pubertaire » [Prader, 1966, p. 241].

Il commente ainsi un tableau qui propose une correspondance entre les catégories d'âges, les stades de développement pileux et les stades de développement testiculaire. À l'évidence, Prader se réfère donc, lorsqu'il se soucie de souligner que les résultats ne sont pas nécessairement représentatifs, à la normalité du développement, c'est-à-dire à cette correspondance âge/pilosité/volume testiculaire, mais il ne semble pas considérer que la gradation même des modèles, irrégulière, constitue visiblement un choix normatif, en tous les cas un choix qui n'est pas justifié autrement que par une raison apparemment strictement pratique : « leurs dimensions peuvent être perçues sans difficultés à la palpation chez l'individu vivant, ce qui pourrait n'être plus forcément le cas pour des grandeurs intermédiaires » [Prader, 1966, p. 241].

Dans les études du Centre international de l'enfance, des protocoles d'évaluation de la puberté sont déterminés à partir du début des années 1960, sous la forme de fiches d'observation, l'une pour les garçons, l'autre pour les filles, et chacune d'elles montre un intérêt pour des dimensions relativement variées du développement pubertaire. Dans ces questionnaires, on remarque que les *items* permettant de décrire les caractéristiques des organes génitaux féminin et masculin sont particulièrement développés, bien que, globalement, la définition de la puberté qui se dégage des questionnaires soit loin d'être restrictive. Ainsi, en ce qui concerne la puberté masculine, en plus de l'évaluation du développement génital et le développement pileux du pubis par les stades de Tanner, les autres points qui intéressent les chercheurs sont le prépuce, le gland et les testicules, la voix (c'est-à-dire la mue), la gynécomastie (développement mammaire considéré comme excessif chez les hommes), l'acné du visage et du dos, la pilosité faciale et corporelle (aisselles, torse, bras et jambes), et les vergetures éventuelles (poitrine, ventre, hanches). Pour ce qui concerne la puberté féminine, les points principaux qui intéressent les chercheurs sont la pilosité, la vulve et le développement mammaire, ainsi que l'acné, les vergetures et la mue de voix. La menstruation occupe également une place importante, permettant non seulement d'inscrire précisément la date d'occurrence des premières règles (ménarche), mais également leur régularité une fois survenues, leur intensité et les « symptômes accompagnants » (malaise, maux de tête, maux de ventre, etc.).

Pourtant, la plupart de ces dimensions ne seront ensuite pas exploitées dans les différentes publications subséquentes, au profit unique des stades de Tanner, du volume testiculaire et de la ménarche. Plus généralement, et selon un bilan de l'équipe parisienne en 1980, de tous les examens cliniques réalisés, « seules ont pu être exploitées l'apparition et l'évolution des caractères sexuels secondaires » [Falkner et Vesin, 1980, p. 193]. La puberté se voit ainsi en quelque sorte réduite non seulement à ces caractères, mais surtout alignée sur les deux outils d'évaluation présentés plus haut.

Les deux articles publiés en 1983 par Remo H. Largo et Andrea Prader sur la puberté des garçons et des filles en Suisse sont un exemple typique de la façon dont on a traité ces données récoltées dans l'étude longitudinale. En effet, tous deux se concentrent tout d'abord sur les moyennes et leurs écarts-types correspondant à l'apparition des différents stades de Tanner, à l'évolution du volume testiculaire, pour les garçons, et à la survenue de la ménarche chez les filles. Mais surtout, les deux articles cherchent à déterminer les corrélations entre ces différentes dimensions, afin de pouvoir décrire une sorte de schéma basique de l'apparition des caractères les uns par rapport aux autres. Ce qu'on peut retenir ici, c'est qu'au-delà du développement d'artefacts permettant d'évaluer des dimensions choisies de la puberté masculine et féminine, ce qui caractérise les savoirs sur la puberté est cette inséparabilité de la mesure d'avec un tableau établissant les correspondances normales avec d'autres catégories évolutives, établissant ainsi des seuils de pathologisation.

La question du sain et du pathologique ouvre sur une tension sous-jacente au projet des études européennes, entre étudier le « normal » pour en faire une référence ou l'étudier pour en faire un outil diagnostique du « pathologique », en d'autres termes, entre les ambitions épidémiologiques et de santé publique d'une part, et les ambitions cliniques et diagnostiques d'autre part. Les enquêtes longitudinales sont en effet conçues au départ comme une entreprise de description de la normalité ou de la santé. À ce titre, Étienne Berthet, directeur du Centre international de l'enfance, affirme en 1958 que si la connaissance de « l'enfant malade » progresse, celles sur « l'enfant normal » sont encore trop parcellaires : « Bien souvent nous définissons la santé par son aspect négatif, l'absence de maladie. Un des résultats de notre étude doit être de trouver une définition positive de ce concept. » [CIE, 1958, p. 3].

Douze ans plus tard, c'est un message assez différent qu'exprime Andrea Prader dans son intervention concluant la dixième réunion des équipes du Centre international de l'enfance, organisée à Davos (Suisse) en février 1970. Acteur important de la constitution de la pédiatrie endocrinologique[6] comme spécialité en Europe, la renommée scientifique de Prader repose en grande partie sur ses travaux sur les syndromes d'intersexuation, notamment l'hyperplasie congénitale des surrénales et sur le développement d'une « échelle de virilisation », connue sous le nom d'échelle de Prader, utilisée encore aujourd'hui dans le cadre du diagnostic des états intersexués. Confessant tout d'abord n'avoir été intéressé par cette étude, en tant que pédiatre endocrinologue, que « d'une façon relativement détachée » au début de son engagement, il déclare être devenu, depuis, un membre « enthousiaste » de ce projet. Il affirme ainsi qu'en tant que pédiatre et enseignant, il réalise plus que n'importe qui l'importance d'augmenter les connaissances sur les multiples paramètres influençant la croissance et le développement, afin d'« analyser, évaluer et traiter la croissance et le développement anormaux ». « De nombreux adolescents sont malheureux car ils présentent des variations ou des anomalies de croissance ou de développement ou parce qu'ils sont mal ou insuffisamment informés sur la normalité de leur croissance ou de leur développement », dit-il. Il regrette à ce titre que de nombreux pédiatres et endocrinologues soient insuffisamment informés à ce sujet, et que les équipes du Centre international de l'enfance n'aient pas encore assez d'impact sur la formation et la

[6] La question de la place de l'endocrinologie dans la définition de la puberté est cruciale mais ne pourra pas être traitée ici. Les protocoles communs aux études coordonnées ne prévoient pas d'analyse hormonale. Découvertes au début du siècle, les hormones sexuelles font certes l'objet d'une grande attention dans les années 1950 [Oudshoorn, 1994], mais les processus de prélèvement et surtout d'analyse paraissent alors trop complexes et lourds pour être intégrés dans un protocole déjà substantiel.

recherche pédiatriques. Il plaide ainsi pour une meilleure intégration des études longitudinales dans les activités cliniques des services de pédiatrie et pour la publication de résultats et de courbes de croissance valides localement. Il souligne également que « la meilleure façon d'intéresser les cliniciens est de développer un intérêt actif dans la croissance et le développement anormaux et d'étendre leur recherche dans ce domaine ». Car, « après tout », continue-t-il, « la récolte de résultats normaux n'est utile qu'en tant que base pour l'étude de résultats anormaux » [CIE, 1970, pp. 154-155].

Cette tension entre ambition de santé publique – relativement descriptive – et ambition clinique, loin de se résoudre, a fait, à mon sens et en ce qui concerne la puberté tout du moins, de ces enquêtes des pierres de touche importantes, au niveau international, dans ces deux domaines. Pour ce qui concerne l'étude zurichoise, les résultats ayant trait au développement pubertaire [Largo et Prader, 1983a et b] sont considérés aujourd'hui encore comme les références suisses, dans les comparaisons internationales notamment[7]. Par ailleurs, les recherches européennes peuvent être considérées comme un vecteur décisif de la généralisation au niveau international et jusqu'à l'heure actuelle de l'usage des stades de Tanner ainsi que de l'orchidomètre de Prader dans la clinique, que ce soit pour la surveillance du développement pubertaire ou dans le diagnostic de certains cas d'intersexuation. Généralisés et internationalisés par les études longitudinales dès le début des années 1960, les stades de Tanner et l'orchidomètre de Prader constituent des références nationales et internationales durables mais aussi des modèles en matière de techniques et de méthodes.

Ainsi, l'émergence d'une « métrologie » du développement pubertaire, au cœur de cette entreprise scientifique menée par le Centre international de l'enfance, témoigne d'un moment particulier dans l'histoire de l'étude de la sexuation humaine d'une part, et dans l'histoire de la santé publique d'autre part. Par ailleurs, elle permet d'expliciter concrètement la façon dont des normes – sociales – se matérialisent sous la forme d'échelles et d'outils de mesure et d'évaluation, participant dès lors à la transformation de notre rapport au corps humain.

VERS LES INQUIÉTUDES CONTEMPORAINES

À travers une généalogie partielle de l'histoire de ces enquêtes médicales et l'évocation de deux outils d'évaluation de la puberté, j'ai voulu mettre en évidence en quoi certains éléments clefs de la conception actuelle de la puberté sont le produit d'une entreprise biopolitique plus large de surveillance et de mise en chiffre du corps humain. Cette biopolitique de la puberté se manifeste notamment par certaines for-

[7] Dans un article comparant l'âge à la puberté dans une vingtaine de pays, Anne-Simone Parent et ses collègues utilisent cette référence pour ce qui concerne la Suisse [Parent et al., 2003]. Au-delà des indicateurs pubertaires, les courbes de croissance sont un autre artefact produit par les études longitudinales qui a servi ensuite de références nationales dans plusieurs pays, dont la Suisse. Les données publiées par Prader et al. (1989) ont été prises comme référence pour la Suisse allemande jusqu'en 2011 [Eiholzer et Meinhardt, 2011].

mes de cadrage des corps sexués et reproductifs. La médicalisation de la puberté a des effets concrets. En particulier, les outils diagnostics évoqués, parce qu'ils déterminent la façon dont les caractères sexuels doivent se développer « normalement », portent en eux la possibilité d'une intervention – généralement hormonale – sur les corps.

Par ailleurs, cette généalogie pourrait contribuer à historiciser et complexifier les inquiétudes contemporaines autour de la puberté. En effet, celles-ci sont particulièrement vives depuis la fin des années 1990 et s'articulent principalement autour de la question de la « perturbation du *timing* pubertaire », soit essentiellement de la baisse généralisée du début de la puberté au cours du XXe siècle [Parent *et al.*, 2003 ; Patton et Viner, 2007]. L'évocation de l'évolution du *timing* pubertaire suscite des inquiétudes sur le décalage grandissant entre une maturité sexuelle toujours plus précoce et l'acquisition toujours plus tardive de responsabilités et d'un statut d'adulte [Michaud *et al.*, 2006 ; Patton et Viner, 2007]. Le constat d'une puberté qui serait « trop précoce » devient source de préoccupation médicale et sociale. Cette précocité est le plus souvent décrite en termes négatifs, non seulement sur le plan de la santé physique (par exemple, risque accru de développer un cancer), mais également sur celui de la santé psychique (dépression, anxiété, suicide, etc.), et est corrélée à des problèmes comportementaux (délinquance, consommation de substance, relations sexuelles précoces, etc.), en particulier chez les filles [Michaud, Suris et Deppen, 2006 ; Deppen *et al.*, 2012 ; Patton et Viner, 2007]. La question de l'évolution du *timing* pubertaire est ainsi très concrètement liée à la question de la norme et de la pathologie (voir l'analyse de Celia Roberts [2010], à partir d'un cadre théorique inspiré de Canguilhem [1966]). En établissant des standards en termes d'âges et de chronologie des manifestations pubertaires, on catégorise les individu-e-s dans les cases « puberté normale » et « puberté pathologique », dans le cas où ce processus commencerait trop tôt ou trop tard selon les standards établis. La pathologisation a des conséquences sur la vie des individu-e-s, en termes d'insertion dans des réseaux de soins et des traitements eux-mêmes [Roberts, 2010]. Les variations du *timing* pubertaire incitent d'ailleurs certain-e-s auteur-e-s à demander que les critères de pathologisation soient revus. Anne-Simone Parent et ses co-auteur-e-s [2003], par exemple, proposent de revoir les limites d'âges utilisées en Europe car « la définition de limites d'âge appropriées est cruciale afin de restreindre le diagnostic et l'intervention thérapeutique potentielle aux seuls enfants ayant un développement précoce anormal » [Parent *et al.*, 2003, p. 675, traduction de l'auteure]. On comprend mieux ainsi l'importance que revêt le fait de documenter la façon dont ces références ont été développées et à partir de quels outils de mesure.

Pour finir, l'histoire suisse et occidentale de ces instruments de mesure et de définition médicale de la puberté ouvre la voie à une réflexion sur les conséquences encore inexplorées du développement d'outils d'évaluation produits et testés à partir de populations occidentales. Cette recherche en cours pourrait permettre de mettre en perspective la façon dont cette histoire occidentalocentrée des normes pubertaires influe sur les controverses contemporaines qui s'interrogent bien souvent sur les différences de rythmes pubertaires dans les populations du Nord et du Sud, en particulier en lien avec les phénomènes migratoires (voir par exemple Alejandra Núñez de la Mora et Gillian Bentley [2008]). Une autre dimension prégnante du cadrage contemporain de la puberté, les perturbations endocriniennes liées à la présence dans l'environnement de polluants chimiques reconnus comme des hormones par le corps humain[8], pourrait également être éclairée en poursuivant ce travail d'historicisation des catégories contemporaines qui cadrent la puberté comme objet scientifique et médical.

[8] Voir notamment Nancy Langston [2010] ou Celia Roberts [2003] pour une discussion critique des différentes controverses sur les risques pour la santé de la présence de perturbateurs endocriniens dans l'environnement.

BIBLIOGRAPHIE

BERTHET Etienne, 1955, « Introduction » in CIE, 1955, *Centre international de l'enfance*, Paris, pp. 5-9.

CAMERON Noël, 2012, « The Human Biology of Jim Tanner », *Ann Hum Biol*, vol. 39, n° 5, pp. 329-334.

CANGUILHEM George, 2005 [1966], *Le normal et le pathologique*, Paris, PUF/Quadrige.

CIE - Centre international de l'enfance, 1958, *Compte rendu de la réunion annuelle des équipes chargées des études sur la croissance et le développement de l'enfant normal*, Paris (brochure).

CIE - Centre international de l'enfance, 1960, *Compte rendu de la réunion annuelle des équipes chargées des études sur la croissance et le développement de l'enfant normal*, Paris (brochure).

CIE - Centre international de l'enfance, 1970, *Compte rendu de la Xe réunion annuelle des équipes chargées des études sur la croissance et le développement de l'enfant normal*, Paris (brochure).

COZZI Donatella et VINEL Virginie, 2014, « Risky, Early, Controversial. Puberty in Medical Discourses », *Social Science and Medicine*, vol. XXX, pp. 1-10.

DEBRÉ Robert, 1955, « Préface » in CIE, 1955, *Centre international de l'enfance*, Paris, pp. 3-4.

DEPPEN Alain, JEANNIN André, MICHAUD Pierre-Alain, ALSACKER Françoise, SURIS Joan-Carles, 2012, « Subjective Pubertal Timing and Health-Compromising Behaviours among Swiss Adolescent Girls Reporting an on-time Objective Pubertal Timing », *Acta Paediatrica*, 101, pp. 868-872.

DORLIN Elsa, 2008, *Sexe, genre et sexualités : introduction à la théorie féministe*, Paris, PUF, coll. « Philosophies ».

EIHOLZER Urs et MEINHARDT Urs, 2011, « Nouvelles courbes de croissance : non représentatives pour les enfants suisses », Courrier des lecteurs, *Paediatrica*, vol. 22, n° 4, pp. 32-35.

FALKNER Frank, 1954, *Base commune de recherches pour les Études longitudinales sur la croissance de l'enfant*, Centre international de l'enfance, Paris.

FALKNER Frank et VESIN Paul, 1980, « Vingt-cinq ans de recherche coordonnée internationale. Etudes longitudinales sur la croissance et le développement », *Courrier du CIE*, vol. XXX, numéro spécial, Paris, pp. 8-12.

FAUSTO-STERLING Anne, 2012 [2000], *Sexing the Body: Gender Politics and the Construction of Sexuality*, New York, Basic Books (Edition française en 2012 sous le titre *Corps en tous genres : La dualité des sexes à l'épreuve de la science*, Paris, La Découverte).

FOUCAULT Michel, 1976, *Histoire de la sexualité. Tome 1 – La volonté de savoir*, Paris, Gallimard.

GODIN Paul, 1903, *Recherches anthropométriques sur la croissance des diverses parties du corps*, Paris, A. Maloine Éditeur.

KRAUS Cynthia, 2000, « La bicatégorisation par "sexe" à l'épreuve de la science : le cas des recherches en biologie sur la détermination du sexe chez les humains » *in* GARDEY Delphine et LÖWY Ilana (dir.) *L'Invention du naturel. Les sciences et la fabrication du féminin et du masculin*. Paris, Editions des archives contemporaines/ Histoire des sciences, des techniques et de la médecine, pp. 187-213.

KRAUS Cynthia, 2011, « Am I my Brain or my Genitals? A Nature-Culture Controversy in the Hermaphrodite Debate from the Mid-1960s to the Late 1990s », *Gesnerus*, vol. 68, n° 1, pp. 80-106.

LANGSTON Nancy, 2010, *Toxic Bodies. Hormones Disruptors and the Legacy of DES*, New Haven, Yale University Press.

LAQUEUR Thomas, 1990, *Making Sex: Body and Gender From the Greeks to Freud*, Cambridge (MA), Harvard University Press.

LARGO Remo Hans et PRADER Andrea, 1983a, « Pubertal Development in Swiss Boys », *Helv Paediatr Acta*, n° 38, pp. 211–228.

LARGO Remo Hans et PRADER Andrea, 1983b, « Pubertal Development in Swiss Girls », *Helv Paediatr Acta*, n° 38, pp. 229 –243.

LÖWY Ilana, 2003, «Intersexe et transsexualités : les technologies de la médecine et la séparation du sexe biologique du sexe social», *Les Cahiers du genre*, vol. 1, n° 34, pp. 81-104.

MICHAUD Pierre-André, SURIS Joan-Carles et DEPPEN Alain, 2006, « Gender-Related Psychological and Behavioural Correlates of Pubertal Timing in a National Sample of Swiss adolescents », *Molecular and Cellular Endocrinology*, n° 254-255, pp. 172-178.

MUNRO PRESCOTT Heather, 2004, « 'I Was a Teenage Dwarf': The Social Construction of 'Normal' Adolescent Growth and Development in Twentieth Century America » *in* STERN Alexandra M. et MARKEL Howard, *Formative Years: Children's Health in the United States*, 1880-2000. Ann Arbor, University of Michigan Press, pp. 153-182.

NUÑEZ DE LA MORA Alejandra et BENTLEY Gillian R., 2008,« Early Life Effects on Reproductive Function » *in* Wenda TREVATHAN, Euclid O. SMITH et James J. MCKENNA *Evolutionary Medicine and Health: New Perspectives*, Oxford, Oxford University Press, pp. 149-168.

OUDSHOORN Nelly, 2000, « Au sujet des corps, des techniques et des féminismes » *in* GARDEY Delphine et LÖWY Ilana (dir.) *L'Invention du naturel. Les sciences et la fabrication du féminin et du masculin*, Paris, Éditions des archives contemporaines/Histoire des sciences, des techniques et de la médecine, pp. 31- 45.

OUDSHOORN Nelly, 1994, *Beyond the Natural Body. An Archeology of Sex Hormones*, London & New York, Routledge.

PARENT Anne-Simone, TEILMANN Grete, JUUL Anders, SKAKKEBAEK Niels E, TOPPARI Jorma et BOURGUIGNON Jean-Pierre, 2003, « The Timing of Normal Puberty and the Age Limits of Sexual Precocity: Variations around the

World, Secular Trends, and Changes after Migration », *Endocrine Reviews*, vol. 24, n° 5, pp. 669-693.

PATTON George C. et VINER Russel, 2007, « Pubertal Transitions in Health », *Lancet*, n° 369, pp. 1130-1139.

PICCAND Laura, 2015, « "A Fairly Typical Boy", "a Fairly Typical Girl". Les stades de Tanner, une cristallisation photographique de la binarité du sexe biologique », *Emulations – Revue des jeunes chercheurs en sciences sociales*, n° 15, pp. 87-102.

PRADER Andrea, 1966, « Testicular Size: Assessment and Clinical Importance », *Triangle*, vol. 7, n° 6, pp. 240-243.

PRADER Andrea, LARGO Remo H., MOLINARI Lucio et ISSLER Christian, 1989, « Physical Growth of Swiss Children from Birth to 20 years of Age. First Zurich Longitudinal Study of Growth and Development », *Helv Paediatr Acta*, Suppl 52, pp. 1-125.

REYNOLDS Earle L. et WINES Janet, 1948, « Individual Differences in Physical Changes Associated with Adolescence in Girls », *AMA American Journal of Diseases in Children*, vol. 75, n° 3, pp. 329- 350.

ROBERTS Celia, 2003, « Drowning in a Sea of Estrogens: Sex Hormones, Sexual Reproduction and Sex », *Sexualities*, vol. 6, n° 2, pp. 195-213.

ROBERTS Celia, 2010, « Defining the Pubescent Body: Three Cases of Biomedicine's Approach to 'Pathology' » in JOHNSON Ericka et BOEL Berner (dir.). *Technology and Medical Practice. Blood, Guts and Machines*. London, Ashgate Publishers, pp. 13-28.

TAKIHARA Hiroshi, SAKATOKU Jisaburo, FUJII Mitsumasa, NASU Takahito, COSENTINO James et COCKETT Abraham T.K., 1983, « Significance of Testicular Size Measurement in Andrology. I. A new Orchiometer and its Clinical Application », *Fertil Steril*, vol. 39, n° 6, pp. 836-840.

TANNER James M., 1962 [1955], *Growth at Adolescence*, Oxford, Blackwell.

TANNER James M., 1978, *Fœtus into Man. Physical Growth from Conception to Maturity*, Cambridge, Harvard University Press.

TANNER James M., 1981, *A History of the study of human growth*. Cambridge, New York, Cambridge University Press.

TANNER James M., 1986, « Normal Growth and Techniques of Growth Assessment », *Clin Endocrinol Metab*, vol. 15, n° 3, pp. 411-451.

TANNER James M. et WHITEHOUSE Reg H., 1976, « Clinical Longitudinal Standards for Height, Weight, Heightvelocity, Weightvelocity, and Stages of Puberty », *Arch Dis Child*, n° 51, pp. 170-179.

TURMEL André, 2008, *A Historical Sociology of Childhood. Developmental Thinking, Categorization and Graphic Visualization*, Cambridge, Cambridge University Press.

ZACHMANN Milo, PRADER Andrea, KIND Hans Peter, HAFLIGER Hans et BUDLIGER Hans, 1974, « Testicular Volume during Adolescence. Cross-sectional and Longitudinal Studies », *Helv Paediatr Acta*, vol. 29, n° 1, pp. 61-72.

CET OBSCUR SUJET DU DÉSIR

MÉDICALISER LES TROUBLES DE LA SEXUALITÉ FÉMININE EN OCCIDENT

Delphine Gardey et Iulia Hasdeu

« Il n'y a pas d'explication de la sexualité qui la réduise à autre chose qu'elle-même, car elle était déjà autre chose qu'elle-même, et, si l'on veut, notre être entier »
[Merleau-Ponty, 1945, p. 209[1]]

Dans le film *Cet obscur objet du désir*, réalisé en 1977 par Luis Buñuel, Conchita (tantôt Angela Molina, tantôt Carole Bouquet) est objet fantasmatique du désir masculin et manifestation de ce que le désir est possiblement sans objet. Machinerie érotique manifestement orientée du point de vue du personnage masculin, le dispositif est autrement mystérieux et sujet à interprétation. Dans les faits, les deux facettes de Conchita résistent au désir masculin. Le sujet féminin de « cet obscur objet du désir » s'incarne finalement dans deux femmes associées pour ne pas désirer... cet homme (tout homme ?)[2].

De l'objet au sujet, le chemin est long et, en matière du désir et de sexualité, sûrement complexe. Passer de l'obscurité à la clarté est justement l'un des objectifs principaux pour lesquels les savoirs biomédicaux opèrent et se mobilisent.

En matière de sexualité humaine, certains prétendent aujourd'hui être en mesure d'éclairer la cartographie du désir, son fonctionnement et ses éventuelles dysfonctions. Le « cadrage » neuroscientifique de la sexualité humaine est à cet égard d'une efficacité lumineuse. Les protocoles se sont routinisés et démultipliés depuis les premières expériences datant de la fin des années 1980 [Dussauge, 2013]. On demande à des sujets sélectionnés d'effectuer une série de tâches (telles que

[1] Maurice Merleau-Ponty, *Phénoménologie de la perception*, Paris, Gallimard, 1945.

[2] Charles Tesson, *Luis Buñuel*, Éditions Cahiers du cinéma, Paris, 1995.

regarder des images pornographiques) cependant qu'on enregistre leur activité cérébrale. Pour l'essentiel, les expériences reposent sur des sujets masculins jeunes, en bonne santé et dont l'hétérosexualité comme norme implicite n'est pas questionnée. L'activité cérébrale de ces groupes de sujets (« sexuellement stimulés ») est confrontée par des méthodes statistiques à un groupe de contrôle et fait l'objet de représentations visuelles qui la matérialisent[3]. La sexualité est ainsi définie comme une activité « *brain-sexual* »[4] indépendante de tout environnement, de tout contexte affectif, culturel ou social.

Entre Buñuel et les neurosciences, un même mot (le désir), un même objet (la sexualité), un abîme quant à ce que le « désir » et la sexualité sont au monde et aux individus.

Dans cet article nous nous intéressons à la définition et la conceptualisation de la sexualité féminine dans le monde occidental du milieu du XIXe siècle à nos jours. Plus précisément, il s'agit d'envisager la façon dont les savoirs et les pratiques médicales rendent compte du désir féminin, de la sexualité féminine et de leurs défaillances ou dysfonctions. D'objets du désir, les femmes, un jour, deviennent sujets. Il devient alors possible de revendiquer le désir et le plaisir au féminin comme un fait, un bien et un droit. Si l'histoire longue des savoirs sur la sexualité regorge de pathologies féminines (hystérie, nymphomanie, frigidité), les notions de « dysfonctions » ou de « défaillances » adviennent une fois la normalité du plaisir au féminin (et plus particulièrement de la physiologie de l'orgasme) admise. Pour que les « défaillances » soient, il faut que le plaisir féminin comme norme culturelle, sociale et médicale de la sexualité ait été. Symétriquement, il convient que le « normal » de la sexualité puisse relever du médical. Ce dernier point témoigne d'une définition de la santé qui comprend l'activité sexuelle et en fait l'élément d'un bien-être plus général, profitable à l'individu, fût-il de sexe féminin. Ainsi, le « droit à la jouissance » intègre le droit à réparation en cas de défaillance sexuelle cependant que le « droit à la sexualité » inclut une définition culturelle nouvelle de la sexualité comme forme du bien-être et comme « santé » [Giami, 2007].

Comment la sexualité féminine, le plaisir féminin – mais aussi ses « pathologies », « défaillances » ou « troubles » – sont-ils devenus un objet de préoccupation, d'expertise et de prise en charge médicale ? En opérant du passé au présent, il s'agit d'interroger certaines circularités discursives et pratiques. Quelle est la part attribuée à la biologie et à la culture, à la physiologie ou à la « psyché » dans la définition de la sexualité féminine dans l'espace occidental ? Quelles ont été les formalisations médicales successives des mécanismes sexuels et comment témoigner de leurs ambitions universalistes ou de leurs spécifications de genre ? Notre démarche s'inscrit dans

[3] Ce type de protocole est actuellement en vigueur dans des enquêtes portant sur les émotions et les comportements sexuels conduites en Faculté de psychologie à l'Université de Genève (*Laboratory for the Study of Emotion Elicitation and Expression*).

[4] Cérébralo-sexuelle.

le cadre de la critique féministe des sciences et des techniques qui se propose de déconstruire ce qui est donné comme nature à propos des corps sexués pour rendre compte des pratiques et des savoirs médicaux en tant que production[5]. Il s'agit autant de s'intéresser aux élaborations conceptuelles et métaphoriques qu'à certaines pratiques concrètes qui les façonnent (dispositifs et équipements de recherche, produits pharmaceutiques, sociétés médicales et scientifiques, etc.). Issu d'une recherche encore en cours sur les traitements contemporains des dysfonctions sexuelles féminines, cet article pose quelques jalons critiques qui permettent de les situer dans un paysage biomédical, culturel, social et politique de plus long terme[6]. Il existe aujourd'hui comme hier différentes façons de concevoir les troubles de la sexualité féminine et de médicaliser leur traitement[7]. Quelles sont, en matière de dysfonction de la fonction sexuelle féminine, les options historiquement disponibles et historiquement constituées ? De quelles normes sociales et médicales l'accomplissement de la sexualité féminine est-il tributaire ? Où siège, à chacune de ces étapes, le désir féminin, comment est-il défini et comment conçoit-on ses « mécanismes » ?

Il s'agit finalement de situer et de caractériser le modèle biologique contemporain de la sexualité et de rendre compte de la façon dont il contribue à définir devoir-être et devoir-faire dans la sphère tant intime que sociale.

LA SEXUALITÉ FÉMININE : CET OBSCUR OBJET DE LA SCIENCE MÉDICALE (1850-1910)

De même qu'il est plusieurs commencements dans l'histoire des savoirs sur le sexe, il est possible de témoigner de plusieurs moments fondateurs dans l'histoire de l'apparition du plaisir et du désir féminins dans la littérature médicale. Si la sexologie en tant que « science de la sexualité » se constitue au début des années 1910 dans son acception « moderne », médecins, psychiatres et criminologues s'intéressent à la sexualité humaine dès le milieu du XIXe siècle [Chaperon, 2012]. Il est possible de suivre la lecture que propose André Béjin [1982] de cette littérature savante. Pour l'essentiel, les *corpus* produits en Europe entre 1844 et 1888 se caractérisent par une démarche (la nosographie) et une perspective (plutôt négative) sur un phénomène (la sexualité) dont il s'agit pour l'essentiel de repérer les maux et les formes pathologiques. Au bordel, à l'asile, en prison, médecins et aliénistes poursuivent et décrivent maladies vénériennes, aberrations, dégénérescence, traits criminels et « perversions ». Ils recensent l'anormal. Les travaux d'Alain Corbin [2008] et de Sylvie Chaperon [2008] modèrent cette première description même si elle demeure correcte pour l'essentiel. Des médecins s'intéressent tôt à l'hygiène conjugale et font tomber dans leur

[5] Les auteurs de ces travaux sont aujourd'hui nombreux et de langue anglaise principalement, pour des lectures en français nous renvoyons à Delphine Gardey et Ilana Löwy [2000] et à la traduction de Anne Fausto-Sterling [2012].

[6] « Désirs en échec ? Expérience et traitement des défaillances de la sexualité féminine : la construction d'un problème médical et social », recherche dirigée par Delphine Gardey, co-dirigée par Bruno Strasser et financée par le Fonds Maurice Chalumeau. Collaboratrices principales : Iulia Hasdeu et Marilène Vuille. Institut des Études Genre, Université de Genève.

[7] Pour une réflexion sur les formes historiques de médicalisation, voir Franceso Panese et Vincent Barras [2008] ; sur la médicalisation de la sexologie, voir Alain Giami [2000 et 2009].

giron les « échanges » conjugaux au moment (sous le Second Empire en France) où il s'agit de valoriser le mariage d'amour contre le mariage arrangé. « Le plaisir d'amour » devient le « baromètre du bonheur conjugal » ; « la satisfaction de l'épouse, un enjeu » [Chaperon, 2012, p. 38]. À partir de 1850, les physiologistes commencent à décrire et recenser les effets bénéfiques du coït, élément clef de la reproduction. Un coït sans plaisir devient un signe clinique. La sexualité une fonction.

Pour l'essentiel, les médecins considèrent durant la seconde moitié du XIXe siècle, que l'appétit sexuel est moins marqué chez la femme que chez l'homme. Le modèle sexuel qui domine est masculin. La sexualité des femmes est « conduite » par l'homme dont elle dépend. Cette « science » de la sexualité maritale évolue sous la contrainte et le poids social et moral de la question « génésique » qui se trouve idéologiquement en phase avec le nationalisme et l'impérialisme colonial de l'Europe de cette époque. La puissance sexuelle intéresse en tant que « capacité de génération ». L'« harmonie des plaisirs » ne saurait mettre en péril les obligations à l'endroit de la famille, de la société, de la nation. Du côté des pathologies féminines les plus courantes, le vaginisme et la frigidité constituent des troubles notables contre lesquels des thérapeutiques éclectiques sont mises en œuvre : régimes alimentaires, changement de mode de vie, action sur le moral. Félix Roubaud fait en 1855 de la frigidité une maladie typiquement féminine [Chaperon, 2012, p. 111]. Dans le dernier tiers du XIXe siècle, le mariage est souvent considéré comme un remède aux problèmes sexuels des femmes alors que certains médecins constatent qu'il est la cause de ces maux.

Ce n'est qu'à la fin du XIXe siècle, et notamment, du fait de la circulation (longtemps discrète) des travaux du psychiatre viennois Richard Von Krafft-Ebing, que la sexualité est peu à peu détachée de ce qu'on nomme alors « l'instinct génésique ». L'« orgasme » fait son apparition dans les textes de langue française, dans cette acception neuve qui consiste à rendre compte, chez l'homme, de la phase de l'érection qui précède l'éjaculation. Le concept de « *libido sexualis* » [Krafft-Ebing, 1888] ouvre la porte à une définition nouvelle de la sexualité comme activité en soi, indépendante de la reproduction, même s'il renvoit à la pathologie (déclinée comme dégénérescence). En dépit de ces transformations notables, les médecins s'intéressent peu à la sexualité « ordinaire » des femmes. La sexualité au sens moderne, en tant qu'activité érotique, se décline exclusivement au masculin [Chaperon, 2012, p. 193].

Du point de vue de la clinique, des applications « littérales » de la prise en considération de la physiologie de l'orgasme se traduisent par l'intervention de certains médecins sur le corps et le sexe des femmes (mesures de contrition, masturbation par un tiers, clitoredectomie[8]). Le féminin est alternativement considéré comme relevant de l'excès ou du manque. Les travaux de Rachel Maines [2009] mettent en évidence les usages médicaux de l'orgasme. Thérapeutique de l'hystérie, l'orgasme est prescrit et pratiqué par les médecins sur leurs patientes tout au long du XIXe siècle. À la fin du siècle, l'électrothérapie, l'hydrothérapie, les vibromasseurs ou la délégation des « massages » aux personnels féminins succèdent à ces attouchements « professionnels ». Pour Rachel Maines, « le modèle androcentrique de la sexualité » (pénétration vaginale, jouissance partagée) est producteur de ces pathologies féminines. Les médecins soignent la faillite d'une « érotique hétérosexuelle conjugale » sur le corps des femmes. Le geste érotique/médical des médecins se substitue à la sexualité conjugale dont il accomplit la nouvelle norme sexuelle. Souhaitable parce que fonctionnel et thérapeutique, l'orgasme est pour l'heure davantage un horizon qu'une réalité qui semble peu partagée, si l'on en croit les témoignages des médecins, des psychiatres et, bientôt, des psychanalystes à propos de leur clientèle féminine.

[8] Sur ce dernier point voir Sylvie Chaperon [2012] et sur ces pratiques en Grande-Bretagne à l'époque victorienne, Andrew Scull et Diane Favreau [1987].

OPTIMISME, RÉVOLUTION PSYCHANALYTIQUE ET « CONTINENT NOIR » DU FÉMININ (1910-1945)

La nouvelle science de la sexualité qui se développe au début du XXe siècle a pour trait principal, comme le souligne Alain Giami, de témoigner pour la première fois d'une sorte « d'optimisme sexuel ». Henri Havelock-Ellis [1936][9], Albert Moll ou Sigmund Freud sont les premiers à poser la sexualité comme épanouissement individuel. « La satisfaction de la pulsion »[10] est conçue comme une « finalité normale de la vie sexuelle » [Giami, 2007]. Cette perspective englobe, au-delà des adultes (hommes et femmes), les enfants. Freud place la sexualité au cœur de la vie psychique, en fait un élément clef de la construction de l'individu et de la culture, et l'étend du génital au corps *via* les zones érogènes. Il montre comment l'ignorance et la répression de la sexualité altèrent le développement de l'enfant et rend compte de ce que la frustration sexuelle est la cause de troubles psychiques chez nombre de ses patient-e-s. Cette dénonciation de la répression sexuelle, caractéristique du « premier Freud », celui des *Trois essais sur la sexualité* [1905], sera poursuivie, amplifiée et réévaluée par des auteurs aussi variés que Wilhelm Reich, Otto Gross, Herbert Marcuse ou Michel Foucault.

Bien que réfutant un modèle fonctionnaliste et organiciste (d'où son extraordinaire audace), la vision freudienne de la sexualité place sa finalité dans la reproduction physique et sociale par la famille conjugale : l'envie de pénis de la femme mariée se rassasie, par exemple, par la maternité. En cela

[9] Qui publie entre 1897 et 1928 les sept volumes de son *Studies in the Psychology of Sex*. Seul le premier volume est publié en Grande-Bretagne. Un procès oblige à la poursuite de la publication aux États-Unis.

[10] Sur la complexité de cette notion chez Freud et depuis, voir Jean Laplanche [1999 et 2006].

[11] Ce dernier publie également en 1905 son livre-manifeste de l'hygiénisme eugéniste destiné à un grand public [Forel, 1905].

[12] Telles Margaret Sanger, Dora Russell, Marie Stopes ou Alexandra Kollontaï.

[13] Fondatrice des cliniques de planning familial en Grande-Bretagne.

[14] Et sont majoritairement des femmes, de Hélène Deutsch à Françoise Dolto.

[15] L'excision est défendue et expliquée dans des textes ultérieurs, voir Marie Bonaparte [1948 et 1957].

Freud ne rompt pas complètement avec une vision naturaliste de la sexualité défendue par le psychiatre et biologiste suisse Auguste Forel[11]. Le mouvement en faveur de la « réforme sexuelle », qu'il lance en 1921 aux côtés de Magnus Hirschfeld et Henri Havelock-Ellis, réunit personnalités progressistes, néo-malthusiens et féministes[12]. Devenu la Ligue mondiale pour la réforme sexuelle, ce mouvement entend faire pression sur les gouvernements européens en faveur des libertés sexuelles et du contrôle des naissances [Tamagne, 2005]. À la fin des années 1920, paraît le livre *La vie sexuelle des sauvages* de Bronislaw Malinowski [1929]. Ce dernier, inspiré par l'observation des mœurs des habitants des îles Trobriand, y défend la promiscuité sexuelle entre les sexes avant le mariage. Préfacé par Henri Havelock-Ellis, lu et commenté publiquement par Sigmund Freud ou Marie Stopes[13], l'ouvrage contribue à l'émergence d'une connaissance de la sexualité objectivable et scientifique, libérée des conventions et normes victoriennes. L'heure est bien à « l'amour sexuel » [Forel, 1905], au réformisme et au savoir.

Le changement inauguré au début du XXe siècle est notable, même s'il relève plus de la potentialité que de la réalité tant du côté des conduites sexuelles que des normes morales et sociales en vigueur. Pour la psychanalyse, la sexualité tombe dans l'ordre de la « vie normale » cependant que les frontières entre normal et pathologique, santé et maladie sont brouillées. Si la normalité sexuelle est détachée de l'accomplissement de la sexualité reproductive, les psychanalystes de cette période (et des périodes ultérieures) qui s'écartent du modèle freudien de la sexualité féminine[14] ne parviennent pas à la décentrer de son cadre conjugal et hétérosexuel. La place de la sexualité clitoridienne dans l'accomplissement sexuel de la femme adulte demeure problématique, de même que plus généralement le clitoris comme organe symbolique et concret. En France, Marie Bonaparte, patiente et disciple de Freud, sa première traductrice en français, également fondatrice de la société de psychanalyse française en 1926, fait procéder à une résection de son clitoris afin de favoriser l'orgasme vaginal[15].

Bien que principalement constituée par une clientèle féminine, la thérapeutique semble échouer à percée les « mystères » de la sexualité féminine. Pour la pensée freudienne, les filles, qui doivent changer d'objet du désir (la mère en phase orale et anale ; le père en phase œdipienne) et quitter le plaisir clitoridien pour le plaisir vaginal et la sublimation maternelle, compliquent et obscurcissent la pensée et la pratique analytique. C'est le constat que fait Freud à la fin de sa vie, se déclarant désarmé devant ce « continent noir » de la sexualité féminine [Freud, 1924, 1931 et 1933]. Un continent caractérisé par frigidité, masochisme, hystérie, retour à l'état préœdipien, envie de pénis, ignorance du vagin [Irigaray, 1974]. Le cadrage androcentré de l'orgasme féminin (l'équivalence posée, suivant les termes de Rachel Maines, entre sexualité et pénétration) demeure un trait durable de l'époque et de la culture psychanalytique. Dissocier l'orgasme du coït, de l'échange hétérosexuel et du vaginal est une entreprise qui semble médicalement, culturellement et politiquement impossible, en dépit des pratiques sexuelles effectives des femmes (masturbation, orgasme clitoridien, lesbianisme). Témoin de ces pratiques, le vibromasseur sort du cabinet du médecin pour devenir un objet de consommation diffusé par correspondance dans les années 1920-1930 aux États-Unis. Des consommatrices des classes moyennes et supérieures accèdent à cette technologie du plaisir dont les mérites sont promus avec force euphémisme entre deux appareils ménagers. Le vibromasseur dont les usages sexuels sont désormais connus disparaît ensuite de la scène commerciale avant d'y revenir à partir des années 1960 en tant qu'instrument explicitement érotique [Maines, 2009].

VERS UNE PHYSIOLOGIE ÉGALITAIRE DE LA SEXUALITÉ ET UNE NOUVELLE SCIENCE DE L'ORGASME (1945-1960)

Les sciences du sexe sont transformées dans les années 1930 et 1940 par les travaux de l'entomologiste et zoologue Alfred Charles Kinsey. Ce dernier entreprend, dès 1938, une gigantesque enquête[16] sur le comportement sexuel humain [Muchembled, 2005 ; Chaperon, 2002]. Il fonde en 1947 à l'Université de l'Indiana un *Institute for Sex Research* et fait paraître en deux tomes, l'un consacré à la sexualité masculine, l'autre à la sexualité féminine, les résultats de cette enquête [Kinsey *et al.*, 1948 ; 1953][17].

La portée des enquêtes conduites sous la direction d'Alfred Kinsey est considérable. En dépit de la morale puritaine de la société américaine et du tout répressif[18], elle révèle le caractère ordinaire de nombre de pratiques sexuelles considérées comme perversions ou pathologies. La réalité des relations sexuelles hors mariage, de la masturbation, de l'homosexualité, de la bisexualité éclate au grand jour. Kinsey abolit ainsi et autrement les frontières entre le normal et le « pathologique », notamment du côté de la croyance en une frontière intangible séparant les homosexuels des hétérosexuels [Lhomond et Michaels, 2000].

Plus encore, alors que durant la majeure partie du XIXe siècle on recherche surtout les différences entre les hommes et les femmes[19], à partir des travaux d'Alfred Kinsey, le paradigme dominant est celui d'une sexualité « semblable ». Chez Kinsey s'élabore une conception physiologique de la sexualité qui est profondément égalitaire. Du point de vue anatomique et physiologique tout est identique. Le sexe devient une

[16] Environ 18 000 sujets ont répondu en entretien face à face au questionnaire de Kinsey contribuant ainsi à la plus grande collection de *sex stories*.

[17] Les deux ouvrages sont rapidement traduits en français.

[18] Et en dépit et à cause de la biographie sexuelle complexe de Kinsey.

[19] Comme, par exemple, dans les travaux du britannique Henri Havelock Ellis.

réponse physiologique dont les traits sont comparables chez les hommes et les femmes, les hétérosexuels et les homosexuels [Irvine, 1990a]. Comme l'indique Kinsey :

> « Bien que les différences supposées entre les comportements sexuels masculins et féminins soient couramment admises et souvent invoquées, nous sommes personnellement dans l'impossibilité de leur découvrir une base anatomique ou physiologique. [...] Femmes et hommes se comportent de façon absolument semblable » [Kinsey et al., 1954, p. 571].

Cette « ressemblance » est donnée comme un facteur d'intercompréhension et la source d'une harmonisation possible des plaisirs. Ainsi, cette nouvelle conceptualisation médicale de la sexualité ne porte-t-elle pas atteinte à l'institution du mariage ni à la matrice hétérosexuelle de la sexualité.

La conviction qui sous-tend les travaux de William Masters (1915-2001) et Virginia Johnson (1925-2013) est du même ordre. Ces deux scientifiques[20] mettent en place un dispositif inédit, étudiant la sexualité des couples en condition de laboratoire. Sur la base de leurs observations, ils établissent un modèle caractéristique et universel de l'activité sexuelle. Ce qu'ils nomment la « réponse sexuelle », se décline en quatre phases : l'excitation ; le plateau ; l'orgasme et la résolution. Les données « scientifiques » collectées objectivent une physiologie de la sexualité indépendante des sujets (hommes ou femmes) et de leur sexualité (hétéro ou homosexuelle). Ce « fonctionnalisme » sexuel résonne avec le fonctionnalisme systémique de la pensée sociologique américaine de l'époque d'un Talcott Parsons. Ce que font les années 1950 et cette nouvelle « sexologie moderne », c'est non seulement définir une physiologie de la sexualité (universelle) ; ancrer la sexualité dans la spécificité humaine (*versus* l'animal) ; définir l'activité sexuelle normale par l'orgasme (hétérosexuel) ; définir une science de la sexualité qui prend la forme d'une orgasmothérapie ; mais encore, et pour l'essentiel, établir une définition égalitaire (en termes physiologiques) des mécanismes de la sexualité masculine et féminine [Irvine, 1990a et b][21].

Le plaisir apparaît ici comme la finalité nouvelle et légitime de l'activité sexuelle puisqu'il s'inscrit dans l'ordre biologique. Comme le souligne Alain Giami, Masters et Johnson attribuent « à l'activité sexuelle sa propre finalité érotique au plan biologique et psychophysiologique » [Giami, 2009, p. 57]. Ils contribuent ainsi à l'autonomisation de la fonction sexuelle par rapport aux fonctions reproductives et à la définition d'une dimension pragmatique en même temps qu'hédoniste du sexuel. Leurs travaux anticipent le fait que « la révolution sexuelle » est plus que la révolution contraceptive, c'est aussi la « découverte » de l'orgasme [Muchembled, 2005]. Par ailleurs, William Masters et Virginia Johnson [1966] proposent la « première analyse scientifique de la jouissance féminine » détaillée par des expériences en laboratoire. Bien que ces observations, produisant le « fait scientifique » de l'orgasme

---

[20] Le premier gynécologue, la seconde psychologue.

[21] En ce sens, la révolution sexologique précède ou accompagnela « révolution sexuelle ». Son modèle universel se rapproche aussi de la conception universalisante du contrôle volontaire des naissances qui se matérialise dans la pilule contraceptive comme médicament standard [Marks, 2001].

féminin, entrent en contradiction avec l'affirmation d'une homologie entre l'expérience physiologique de l'orgasme chez l'homme et chez la femme, le paradigme de cette équivalence est maintenu. Ainsi, jusqu'aux années 1980 et au-delà, le modèle de William Masters et Virginia Johnson sert-il de base à la réinterprétation de la fonctionnalité et des défaillances de la sexualité féminine. Les approches ultérieures attribuent une place plus ou moins spécifiée aux sensations qui accompagnent l'activité sexuelle et à ce qui diffère ou non (du fait de différences entre les appareils génitaux mâles et femelles) entre l'expérience masculine et l'expérience féminine de l'excitation et de l'orgasme [Vuille, 2014].

« DYSFONCTIONS » FÉMININES À L'HEURE DE LA « SEXUALITÉ HEUREUSE »[22] (1960-1970)

William Masters et Virginia Johnson fondent véritablement la sexologie clinique. Un savoir théorique et des pratiques qui visent pour l'essentiel l'ordinaire de la sexualité et ses dysfonctions « légères ». Le conjugal et l'orgasme, le couple hétérosexuel sont les cibles essentielles de cette clinique du sexe. En tant que « science de la conjugalité » [Burgnard, 2012], la sexologie se concentre sur les problèmes des couples et les troubles mineurs et courants qui affectent la fonction érotique de la sexualité (troubles de l'érection, éjaculation, troubles du désir, de l'excitation, frigidité et troubles de l'orgasme) [Giami, 2001]. Dès lors, sa clientèle potentielle est large[23]. Son atout et les raisons de son succès auprès du public[24] tiennent à ce qu'elle propose des thérapeutiques ciblées qui sont « faciles » à mettre en œuvre. C'est sa force par rapport à la psychanalyse dont les cures sont nécessairement plus longues et plus incertaines [Béjin, 1982].

Empruntant à la psychanalyse mais s'en différenciant [Béjin, 1982], la sexologie clinique établit de nouveaux partages entre le psychique, le psychologique et le physiologique. Un exemple peut en être trouvé vers 1970 dans le manuel édité par la nouvelle école sexologique de Genève [Geisendorf et Pasini, 1974 ; Abraham et Pasini, 1974]. Pour Michel Gressot, qui contribue dans ce volume, « le point de vue sexologique et le point de vue psychanalytique appartiennent à des plans distincts ». Le premier s'énonce surtout en termes de « réactions du comportement » tandis que le second « cherche principalement à rendre compte du métabolisme psychique au niveau de l'intériorité subjective » [Gressot, 1974, p. 25]. Il s'agit d'aborder la sexualité en tant que fonction naturelle, une fonction jugée « nécessaire à la santé individuelle et familiale ». Dans ce contexte, l'objet de la sexologie clinique c'est la physiologie plutôt que l'anatomie : on adopte des « approches brèves » pour des « dysfonctions courantes » [Geisendorf et Pasini, 1974, p. 1]. Le traitement suit la pro-

[22] Nous jouons ici sur un parallèle avec une expression contemporaine : celle de la « maternité heureuse ».

[23] En ce sens, la sexologie participe de l'édification en Occident d'une forme de « démocratie sexuelle » [Béjin, 1984].

[24] Ce succès est plus important aux États-Unis qu'en France ou en Suisse.

cédure établie : (a) une investigation somatique et endocrinologique (si nécessaire) ; (b) une évaluation psychodynamique de la signification du symptôme sexuel chez le patient et le couple ; (c) une thérapie selon une approche éclectique [*ibid*]. L'éclectisme est une ressource et une force du modèle. Ajouté à la brièveté des thérapies et la mobilisation de pratiques cliniques variées, ces éléments assurent la longue durée du modèle de William Masters et Virginia Jonhson. William Geisendorf et Willy Pasini recommandent ainsi « suivant les besoins », le recours à la « psychothérapie individuelle et de groupe », « l'hypnose » ou la « pharmacologie » [*ibid*, p. 2].

Dernier point notable de cette démarche, elle s'intéresse au couple et à la relation hétérosexuelle. C'est dans la déprogrammation et la reprogrammation des comportements[25] des partenaires que se loge une partie de la réussite et de l'objectif : parvenir à un orgasme partagé dans le coït. De ce point de vue, la prise en charge des troubles sexuels féminins relève d'une approche qui cadre la relation plutôt que la personne.

LES MÉDECINS, LES SEXOLOGUES ET LA « RÉVOLUTION SEXUELLE » (1970-1980)

Avec ce qu'il est convenu d'appeler la « révolution sexuelle » [Giami et Hekma, 2015], un pas supplémentaire est franchi. On assiste à une désindexation de la reproduction de l'institution du mariage et de la conjugalité [Kellerhals, 1985 ; Théry, 1993] et à une consécration de l'optimisme et de la liberté sexuels [Giami, 2004]. La pilule contraceptive et le droit à l'avortement changent la donne pour les femmes, la peur des grossesses non-désirées exerçant une pression moindre sur les rapports sexuels [Bajos et Ferrand, 2002]. À l'heure du slogan « Faites l'amour pas la guerre », tout semble possible. Les mouvements féministes, gays et lesbiens encouragent la reconnaissance publique des rapports entre partenaires de même sexe. La sexualité sort de la sphère privée et envahit la sphère publique, contribuant à redéfinir ce qui relève du politique[26]. Enfin, alors que le « coït légitime » était réservé à l'homme hétérosexuel marié, le droit à l'orgasme s'étend aux femmes et aux différents âges de la vie [Béjin, 1982], préfigurant une transformation notable des comportements sexuels dans les décennies suivantes [Bajos et Bozon, 2008].

Valeurs et positionnements du corps médical diffèrent durant les années 1970-1980. Une partie des milieux médicaux fait preuve d'une certaine sympathie à l'égard des mouvements féministes, de l'amour libre, de la vie en communauté et de l'homosexualité. La médicalisation de la contraception (*via* la généralisation de la contraception hormonale) témoigne elle-même , non sans difficultés et résistances, du fait que médicalisation et émancipation peuvent aller de pair. Alors que certains gynécologues pratiquent des avortements clan-

[25] Rejoignant le modèle pavlovien au fondement de « l'accouchement sans douleur » [Vuille, 2015, dans ce volume].

[26] Pour une synthèse sur cette question, voir Lorena Parini [2012].

destins, d'autres s'opposent fortement et durablement aux droits contraceptifs et à l'avortement [Gaudillière, 2006]. Le corps médical est ainsi engagé dans la recomposition des normes médicales et sociales sous un jour plus complexe que le récit héroïque de l'alliance entre progrès et médecine ne le laisse généralement entrevoir.

En ce qui concerne la sexologie, les ambivalences sont manifestes. L'objet de la sexologie est de venir en aide aux couples dans une approche pragmatique inspirée par la psychologie behaviouriste. La dimension plus individualiste de cette période et la façon dont les normes sexuelles s'y trouvent redéfinies avec la revendication publique de l'amour libre posent des problèmes aux institutions existantes, souvent axées sur le couple. Plusieurs personnalités de la sexologie française de cette époque sont à la fois proches du milieu féministe, du planning familial et des approches cliniques existantes aux États-Unis. C'est le cas des médecins Marie-Andrée Lagroua Weill-Hallé, Hélène Michel-Wolfromm[27], Charles Gellman, Gilbert Tordjman ou Michel Meignant [Bonierbale et Waynberg, 2007].

[27] Auteure de la préface en français du livre de William Masters et Virginia Johnson [1966].

Pour ces acteurs, faire entrer le « sexuel » dans le champ de la santé apparaît comme un élément de progrès. « Droit à la sexualité », accomplissement sexuel, bien-être et santé sont pour eux liés. Le psychiatre et sexologue italien Willy Pasini exerçant à Genève, appelé à siéger comme expert à l'Organisation mondiale de la santé (OMS), travaille à inscrire ce droit dans les textes à une époque où les politiques de l'OMS s'intéressent pour l'essentiel au planning familial et à la prévention des maladies sexuellement transmissibles. Bien qu'audacieuse, la démarche, n'invalide pas le cadrage hétéronormé des pratiques cliniques en sexologie. Lors de l'une des premières réunions de la Société française de sexologie clinique, en 1974, des militants du Front homosexuel d'action révolutionnaire interrompent les travaux aux cris de « sexoflics ! » et « à bas la médecine ! », obligeant à l'intervention de la police [Bonierbale et Waynberg, 2007, p. 249].

Le caractère androcentré des représentations et des formalisations médicales et notamment psychanalytiques de la sexualité féminine est un autre enjeu de la période. Anne Koedt, fondatrice du mouvement féministe radical à New York, s'appuie sur William Masters et Virginia Johnson pour déconstruire ce qu'elle appelle « le mythe de l'orgasme vaginal » [Koedt, 1970]. Elle y dénonce la méconnaissance généralisée du plaisir féminin et les schémas « patriarcaux » de la psychanalyse et de la sexologie.

DES « TROUBLES SEXUELS » QUI DEVIENNENT « PATHOLOGIES » (1980-2000)

Les deux périodes qui suivent témoignent du développement parallèle de plusieurs logiques : extension et vulgarisation des savoirs sexologiques, diffusion de l'orgasme comme norme sociale, pathologisation de la baisse ou de l'absence de désir féminin, essor d'une nouvelle pharmacopée du sexe, développement des technologies d'exploration médicale des fondements neuro-cérébraux supposés de la sexualité[28].

Les savoirs sexologiques se développent en parallèle dans la sphère publique et médicale dans le dernier tiers du XXe siècle. La sexologie se vit d'abord comme une entreprise d'éducation visant la déprogrammation des comportements qui conduisent aux blocages et dysfonctions de la sexualité. Cette entreprise d'éducation et de vulgarisation prend les traits mixtes de services au public (éducation sexuelle des adolescent-e-s ; planning familial ; formation des sages-femmes) et d'entreprises commerciales rentables (avec l'émergence de véritables « stars » de la sexologie). En même temps qu'elle s'établit dans le paysage international[29], la sexologie clinique pénètre dans la sphère de la médecine générale, les disciplines paramédicales et s'installe dans les milieux universitaires et hospitaliers en Italie, en France et en Suisse.

Sans revendiquer explicitement un intérêt particulier pour les femmes, la sexologie diffuse un discours médical qui est censé contribuer à transformer les femmes en leur apprenant une sexualité « moderne ». En 1973, la télévision française invite des sexologues et des femmes pour parler « frigidité » pendant une heure[30]. La sexologie vise les femmes pour elles-mêmes mais aussi pour soigner la relation sexuelle et atteindre les hommes. Les « problèmes » des femmes les concernent. Comme le constate récemment une sexologue praticienne : « les femmes ne savent pas que la baisse de libido est un problème » et de poursuivre : « elles ne connaissent pas leur corps »[31]. Ces discours contribuent à façonner une norme « médicale » de la jouissance féminine qui conditionne à son tour ce qui est attendu des femmes dans le cadre de la sexualité hétérosexuelle.

Comme l'avait annoncé de façon prémonitoire André Béjin, l'hédonisme sexuel opère comme une norme à laquelle les femmes sont sommées de se conformer. Le corollaire semble être que « nous sommes tous » [...] des « dysfonctionnants sexuels » virtuels ou actuels [Béjin, 1982, p. 168]. Si ce point conduit à une extension non négligeable de la clientèle potentielle des sexologues, quelles sont les modalités médicales du façonnement de ces nouveaux symptômes et de ces nouvelles patientes ?

Du côté des savoirs médicaux, une nouvelle sous-catégorie diagnostique, le « trouble du désir sexuel hypoactif »[32], fait

[28] Ultra-sons, imagerie par résonance magnétique fonctionnelle(IRMf).

[29] Ainsi, en 1974, se tient à Paris le Congrès international de sexologie, précédé et suivi par des voyages d'études aux États-Unis, la mise en place d'unités médicalisées de « gynécologie psychosomatique » et des formations de sexologie clinique, ainsi que la création de plusieurs associations professionnelles nationales et internationales. [Geisendorf et Pasini, 1974].

[30] <http://www.ina.fr/video/CPF86603046>

[31] Entretien réalisé dans le cadre de l'enquête, novembre 2014.

[32] *Hypoactive sexual desire disorder* (HSDD).

son entrée en 1980 dans le manuel de référence des maladies psychiatriques sous l'influence des psychiatres et sexologues Harold Lief et Helen Kaplan[33]. Cette nouvelle édition marque un tournant culturel et médical majeur, les critères diagnostiques, étayés sur une base qui se veut descriptive et a-théorique, consistant, notamment, en la pathologisation des émotions ordinaires [Demazeux, 2013].

À cette date, le désir est neutre du point de vue du genre et « unifié »[34]. Le modèle de Masters et Johnson y est dominant[35]. Les recherches d'Helen Kaplan contribuent à déstabiliser ces prémisses, tant du point de vue du respect du cycle de la réponse sexuelle que de l'unité du désir. Professeure de psychiatrie à New York où elle dirige un programme d'enseignement de la sexualité humaine, elle se propose de décrire la spécificité du désir comme un mécanisme en trois phases (désir-excitation-orgasme)[36] qui contribue à dissocier le désir (comme étape initiale et indifférente à l'identité sexuelle de la personne) du processus sexuel fonctionnel [Kaplan, 1979 et 1983]. Une conséquence en est la multiplication des dysfonctions sexuelles ; une autre, plus tardive, la différenciation des troubles féminins et masculins [Vuille, 2014]. Le désir féminin se voyant notamment scindé entre troubles de l'initiation (intérêt, fantasmes, etc.) et troubles de l'activité sexuelle.

FÉMINISATION, BIOLOGISATION ET CÉRÉBRALISATION DE LA SEXUALITÉ : LES ANNÉES 2000

Si Masters et Johnson, et Helen Kaplan n'étaient pas centralement préoccupés par le désir « au féminin », l'expérience sexuelle des femmes est prise en compte de façon plus substantielle au tournant du XXIe siècle. Après Beverly Whipple[37], co-auteure du *best-seller* « le Point G » [Ladas, Whipple et Perry, 1982], Rosemary Basson[38] se propose de reconsidérer la sexualité féminine et ses dysfonctionnements par une approche psycho-sociale plus complexe fondée sur son expérience clinique. Avec de nombreuses co-auteures, elle produit un rapport qui milite en faveur d'une approche « multicausale et multidimensionnelle » de la sexualité féminine « combinant des déterminants biologiques, psychologiques et interpersonnels » [Basson *et al.*, 2000, p. 889]. En reprenant des données des recherches du début des années 1990, le rapport établit (sans références précises à des études épidémiologiques) que 40 % des femmes américaines souffrent de troubles sexuels. Il propose sous l'intitulé « FSD » (dysfonctions sexuelles féminines)[39], une classification consensuelle de l'ensemble de ces troubles psychiques et organiques. Les « FSD » intègrent les troubles du désir[40], de l'excitation[41], l'anorgasmie, la dyspareunie (douleur à la pénétration) ou le vaginisme (contraction des muscles du vagin qui empêche la pénétration). Comme dans

[33] *Diagnostic and Statistic Manual of Mental Disorders*, DSM-III (3e édition).

[34] Pour une histoire de l'évolution de ces critères diagnostics et catégories nosologiques, voir Marilène Vuille [2014].

[35] Tout comme sont prégnantes les influences de la psychanalyse et de la psychiatrie.

[36] Et non plus quatre comme chez William Masters et Virginia Johnson.

[37] Infirmière de profession, professeure de sexologie à Rutgers University.

[38] Psychiatre, alors professeure de médecine sexuelle à Columbia University et auteure du rapport dit Basson [2000].

[39] *Female Sexual Dysfunction* (FSD).

[40] *Hypoactive Sexual Desire Disorder* (HSDD).

[41] *Female Sexual Arousal Disorder* (FSAD).

d'autres contextes, ce travail nosologique contribue à coédifier les « problèmes » et la nature (médicamenteuse, notamment) des réponses qu'il convient de leur apporter.

Le rapport produit d'autres effets paradoxaux. Bien qu'intéressée par la prise en compte des dimensions sociales et émotionnelles de la vie sexuelle, la perspective de Rosemary Basson tend à renaturaliser la sexualité féminine. Contestant le modèle des phases successives, elle développe une conception « circulaire » de la réponse sexuelle qui tend à faire des femmes des partenaires neutres sexuellement (sans « désir ») dont l'activité sexuelle se trouve liée à (ou dépendante de) l'interaction sexuelle et émotionnelle avec le partenaire masculin [Vuille, 2014]. À l'opposé, déplorant la méconnaissance anatomique et physiologique de la région périnéale ainsi que celle des mécanismes neurophysiologiques de l'excitation et de l'orgasme féminin, ces recherches participent d'un regain d'intérêt pour la physiologie du clitoris, et du retour sur la scène sexuelle, scientifique et politique de ce « perpétuel inconnu » dont on proclame alors la « découverte ».

Ainsi, Helen O'Connell[42] met-elle en évidence en 1998, l'innervation du clitoris[43]. Quelques années plus tard, son équipe réalise un premier IRMf de cet organe [O'Connell *et alii*, 1998 ; 2005]. Enfin, les Français Odile Buisson et Pierre Foldes[44] réalisent en 2009 une échographie du clitoris pendant le coït, mettant en évidence ses variations de volume et de vascularisation [Buisson, 2010]. Ce retour du clitoris (et du point G) nous renvoie non sans ironie à la quête et aux difficultés de la patiente et analyste Marie Bonaparte.

La scène médicale des années 2000 est cependant très différente de celles des années 1920. Le recul de la psychanalyse et de la psyché y est notable. L'avantage pris par la biologie, et en particulier les dimensions organiques (matérialisées et matérialisables) des mécanismes sexuels, évident. Les nouveaux acteurs que sont les gynécologues ou les urologues et les nouveaux artefacts que constituent les technologies d'imagerie médicale temoignent d'une reconfiguration institutionnelle, scientifique et instrumentale plus vaste. La « nouvelle médecine sexuelle » repose sur la recomposition des spécialités médicales tout autant que sur la standardisation des méthodes diagnostiques et thérapeutiques (précédemment évoquées) et la recherche de « médicaments-solution ». Cette reconfiguration est cristallisée dans le cas emblématique que constitue le Viagra, élément clef de la reformulation médicale et sociale de l'impuissance sexuelle masculine en « dysfonction érectile » [Bajos et Bozon, 1999 ; Giami, 2004 ; Fishman et Mamo, 2001]. Le médicament est ici tout autant la « nature » que la solution du problème. Il définit la maladie et le patient. Il justifie aussi la vocation d'une médecine sexuelle qui « traite » les pathologies tout en se préoccupant du bien-être.

---

[42] Urologue au *Royal Melbourne Hospital* (Australie).

[43] De nouveaux agencements dont témoignent, par exemple, l'*International Society for Sexual Medicine*, l'*European Federation of Sexology* ou la *World Association for Sexual Health*.

[44] Respectivement gynécologues et chirurgien urologue, spécialisé dans la réparation chirurgicale du clitoris [Villani, 2015, dans ce volume].

Soin et récréation peuvent aller de pair dans un espace désormais normé de la performance sexuelle au masculin.

Le féminin n'échappe pas à ce cadrage. Un trait de la période contemporaine est bien à la prolifération de la pharmacopée du désir dans un contexte prometteur et concurrentiel. La dynamique est autant du côté du marché que des savoirs. L'un et l'autre semblent inextricablement liés. Après le succès du Viagra, on ne compte plus les tentatives de trouver des remédiations médicamenteuses au désir sexuel défaillant des femmes. Se déclinant sous forme de sprays transdermiques, gels vaginaux, patchs – tels le LibiGel® (Biosante) et le Luramist® (Vivus) – des remèdes se multiplient[45]. Commercialisés dans un premier temps sans l'aval des autorités sanitaires[46], ils sont disponibles dès 2000 sur internet. Une étape parmi d'autres : en 2006, *Procter & Gamble* obtient l'autorisation de diffuser le patch de testostérone Intrinsa® en Europe[47].

Cet encapsulage biochimique et pharmaceutique des troubles féminins de la sexualité est sensible à un nouveau changement de paradigme qu'elle contribue à son tour à renforcer. La place occupée par les neurosciences et l'imagerie médicale dans les sciences du vivant au cours des années 2000 contribue à déplacer le siège de la sexualité de l'appareil génital vers le cerveau[48]. Le cerveau « visibilisé » [Dussauge et Kaiser, 2012] devient le lieu de matérialisation des mécanismes de la sexualité. Les investigations se multiplient à un rythme effréné sans nécessairement que les questions posées soient modifiées. L'imagerie neuronale du désir est un marché scientifique (et culturel) en pleine expansion qui tolère ses propres contradictions et ses propres (ré)itérations et circularités. Si, les protocoles d'enquête en neurosciences, longtemps agnostiques quant au genre et à la sexualité des sujets observés, tiennent désormais compte du fait qu'il existe des sujets féminins et des personnes non hétérosexuelles, la conception neurophysiologique de la sexualité en est peu modifié[49]. Les neurosciences de la sexualité répètent deux tendances historiquement contradictoires de la sexologie : d'un côté, le modèle des années 1950-1960 qui assume qu'il n'y a pas de différence entre hommes et femmes ; de l'autre l'insistance sur ces différences.

La centralité de l'approche neuronale a pourtant des incidences en matière de pharmacopée. Désormais, l'heure est moins aux hormones qu'aux neurotransmetteurs. Ainsi, la flibansérine, un antidépresseur qui agit sur la sécrétion de la dopamine et de la sérotonine[50] est-elle la meilleure candidate pour jouer le rôle de « viagra féminin ». Présentée dans les médias en ces termes sous la marque Girosa®[51], cette « pilule rose » a échoué à plusieurs tests d'accréditation dans la période récente [Lutz, 2012]. Elle vient d'être présentée pour homologation par la FDA (*Food and Drug Administration*), cette

[45] En premier aux États-Unis.

[46] *Food and Drug Administration* (FDA).

[47] Les indications concernent uniquement les femmes pour lesquelles une ménopause clinique a été induite.

[48] A propos de ce déplacement, dans un autre contexte, voir Cynthia Kraus [2011].

[49] « Dans le monde de la sexualité neuronale, les gens peuvent être bisexuels mais le désir ne le peut pas. » [Dussauge, 2013, p. 31].

[50] Des neurotransmetteurs jugés responsables du bien-être.

[51] Son appellation commerciale a été anticipée par les laboratoires *Bohringer Ingelheim* de façon à optimiser le placement sur un marché estimé à deux milliards de dollars <http://www.fda.gov/downloads/Advisor/.../UCM215437.pdf>

fois, pour le traitement des femmes préménopausées souffrant de troubles hypoactifs de la sexualité[52]. Ses promoteurs mettent en avant l'activité neuro-cérébrale d'une substance dont ils assurent qu'elle « rétablit le contrôle du cortex préfrontal sur les structures motivationnelles de récompense qui sont responsables de la manifestation du désir sexuel »[53].

Le succès anticipé de la flibansérine mise sur celui, passé, du Viagra[54]. La pression commerciale exercée par les compagnies pharmaceutiques [Moynihan, 2003 ; Fishman, 2004 ; Tiefer, 1996], les liens qu'elles tissent avec les praticiens, l'emprise médiatique dont ces produits peuvent se prévaloir, témoignent de l'émergence de nouveaux marchés et d'une forme de commodification de la sexualité féminine. Cette dernière apparaît clairement comme un enjeu commercial parmi d'autres. De ce point de vue, le cadrage neuronal et pharmaceutique et le réductionnisme biologique qu'ils sont susceptibles de véhiculer cohabitent avec une sorte de « bazar contemporain ». Vidéoconférences, livres grand public, émissions télévisées, rubriques de magazines féminins, tabloïds distribués gratuitement en grandes surfaces, forums internet et médias sociaux participe d'une scène *new age* de la défaillance (et de la performance ?) sexuelle au féminin. « Sexperts » et remédiations en tous genres se proposent d'expliquer la « baisse du désir » des femmes en mobilisant des solutions thérapeutiques aussi diverses que : « en parler » ; « apprendre à se connaître » ; « avoir un style de vie sain » ; « chercher conseil auprès d'un-e thérapeute spécialisé-e dans les problèmes sexuels et relationnels » ; « utiliser un lubrifiant durant les rapports sexuels » ; « utiliser des *sex-toys* » se soigner par la nutrition et la prise d'hormone naturelle ou de synthèse[55].

*   *

*

Alors qu'au XIXe siècle, c'était le tout de la féminité qui se voyait pathologisé, la pensée médicale de la sexualité évolue entre les deux guerres et au cours des années 1950 vers un paradigme fonctionnaliste universalisant, avant que la féminisation des modalités – désormais rebiologisée – de la réponse sexuelle des femmes ne revienne à l'ordre du jour. Unifié par la sexologie clinique du milieu du XXe siècle, le désir est aujourd'hui de plus en plus genré et fait l'objet de descriptions et de remédiations spécifiques. « Le fractionnement du désir et la distribution de ces segments dans un schéma circulaire de l'activité sexuelle facilitent également sa biologisation et celle de ses "troubles". Il permet de rabattre chaque composant du désir sur des mécanismes de neurotransmission spécifiques et, par conséquent, d'expliquer le

---

[52] *Sprout Pharmaceuticals* annoncent la commercialisation de ce médicament <http://sproutpharma.com/sprout-pharmaceuticals-resubmits-flibanserin-new-drug-application-for-the-treatment-of-hypoactive-sexual-desire-disorder-in-premenopausal-women/>.

[53] <http://www.drugs.com/nda/flibanserin_150217.html>.

[54] Viagra® (sildénafil, vasodilatateur périphérique) mis légalement sur le marché en 1998 aux États-Unis et en 1999 en Europe par Pfizer pour traiter la « dysfonction érectile masculine ».

[55] <http://www.mayoclinic.org/diseases-conditions/female-sexual-dysfunction/basics/treatment/con-20027721>.

manque de désir ou sa faiblesse par un défaut d'activation des systèmes neuronaux » [Vuille, 2014].

Participant de ce contexte épistémique et social, les techniques d'imagerie cérébrale semblent matérialiser l'accomplissement de cette promesse toute « scientifique » de rendre enfin visible le désir sexuel féminin, afin que soit percé le mystère qui masque ce « continent noir », cet obscur objet/sujet du désir. La sexualité y est étudiée comme un phénomène naturel universel, indépendant de la spécificité des pratiques et des expériences sexuelles. La conception de la sexualité qui y prévaut est essentialisée et « pure ». Cette ultime étape de la conceptualisation médicale de la sexualité humaine[56] contribue à son tour à la décontextualisation et à la dépolitisation de l'expérience de la sexualité. En dépit de sa puissance culturelle et sociale, ce cadrage ne parvient pourtant pas à s'imposer entièrement tant les déterminants du « problème » que constituent les troubles féminins de la sexualité et de ses remédiations sont aussi, et parallèlement, façonnés par des pratiques commerciales et la commodification conjointe de véritables « niches de marché » de savoirs et de pratiques vernaculaires et savantes. Le désir féminin semble aujourd'hui autant l'objet transparent fantasmé du savoir médical, qu'un obscur objet de marchandise.

[56] Pour une réflexion plus générale, voir Cynthia Kraus [2012] et Émilie Bovet et al. [2013].

BIBLIOGRAPHIE

ABRAHAM Georges et PASINI Willy (dir.), 1974, *Introduction à la sexologie médicale*, Paris, Payot.

BAJOS Nathalie et BOZON Michel (dir.), 1999, « La sexualité à l'épreuve de la médicalisation : le cas du Viagra », *Actes de la Recherche en Sciences Sociales*, vol. 128, pp. 34-37.

BAJOS Nathalie et BOZON Michel (dir.), 2008, *Enquête sur la sexualité en France*, Paris, Ined.

BAJOS Nathalie et FERRAND Michèle, 2002, *De la contraception à l'avortement, sociologie des grossesses non prévues*, Paris, Inserm.

BASSON Rosemary, BERMAN J., BURNETT A., DEROGATIS L., FERGUSON D., FOURCROY J. et al., 2000, « Report of the International Consensus Development Conference on Female Sexual Dysfunction: Definitions and Classifications », *The Journal of Urology*, vol. 263, n° 3, pp. 888-893.

BÉJIN André, 1982, « Crépuscule des psychanalystes, matin des sexologues », *Communications*, n° 35, pp. 159-177.

BÉJIN André, 1984, « Le pouvoir des sexologues et la démocratie sexuelle », *Communications*, n° 35, pp. 178-192.

BONAPARTE Marie, 1948, « Notes sur l'excision », *Revue française de psychanalyse*, vol. XII, pp. 213-231

BONAPARTE Marie, 1957, *Sexualité de la femme*, Paris, PUF.

BONIERBALE Mireille et WAYNBERG Jacques, 2007, « 70 ans de sexologie française », *Sexologies*, n° 16, pp. 238-258.

BOVET Emilie, KRAUS Cynthia, PANESE Franceso, PIDOUX Vincent et STÜCKLIN Nicolas, 2013, « Les neurosciences à l'épreuve de la clinique et des sciences sociales », *Revue d'anthropologie et des connaissances*, n° 3, pp. 555-566.

Buisson Odile, 2010, *Qui a peur du point G ?* Paris, Éditions Gawsewitch.

Burgnard Sylvie, 2012, *Produire, diffuser et contester les savoirs sur le sexe. Une sociohistoire de la sexualité dans la Genève des années 1970*, thèse de sociologie, Faculté des sciences économiques et sociales, Université de Genève.

Chaperon Sylvie, 2002, « Kinsey en France, les sexualités masculine et féminine en débat », *Le Mouvement social*, n° 198, pp. 91-110.

Chaperon Sylvie, 2008, *La médecine du sexe et les femmes. Anthologie des perversions féminines au 19ᵉ siècle*, Paris, La Musardine.

Chaperon Sylvie, 2012, *Les origines de la sexologie, 1850-1900*, Paris, Éditions Audibert.

Corbin Alain, 2008, *L'harmonie des plaisirs*, Paris, Perrin.

Demazeux Steeves, 2013, *Qu'est-ce que le DSM ? Genèse et transformations de la bible américaine de la psychiatrie*, Paris, Ithaque.

Dussauge Isabelle, 2013, « The Experimental Neuro-framing of Sexuality », in Berner Boel et Kruse Corinna (dir.), *Investigating Technologies in Practice, Linköping Studies in Technology and Social Change*, Linköping, pp. 27-55.

Dussauge Isabelle et Kaiser Anelis, 2012, « Requeering the Brain », in Bluhm Robyn, Jacobson Anne Jaap et Maibom Heidi Lene (dir.), *Neurofeminism: Issues at the Intersection of Feminist Theory and Cognitive Science*, Palgrave Macmillan, pp. 121-144.

Fausto-Sterling Anne, 2012, *Corps en tous genres. La dualité des sexes à l'épreuve de la science*, Paris, La Découverte / Institut Émilie du Châtelet (*Sexing the Body*, Basic Books, 2000)

Fishman Jennifer, 2004, « Manufacturing Desire: the Commodification of Female Sexual Dysfunction », *Social Studies of Science*, 34/2, April, pp. 187-218.

Fishman Jennifer et Mamo Laura, 2001, « Potency in All the Right Places: Viagra as a Technology of the Gendered Body », *Body & Society*, n° 7, pp. 13-35.

Forel Auguste, 1905, *Die sexuelle Frage : eine naturwissenschaftliche, psychologische, hygienische und soziologische Studie für Gebildete*, München, Reinhardt. (1906, *La question sexuelle exposée aux adultes cultivés*, Paris, Steinheil).

Freud Sigmund, 1905, *Drei Abhandlungen zur sexualtheorie*, Leipzig und Wien, Deuticke. (1915, *Trois essais sur la sexualité*, Paris, Gallimard).

Freud Sigmund, 1924, « Das ökonomische Problem des Masochismus », *Internationale Zeitschrift für Psychoanalyse*, vol. 10, n° 2, pp. 121-133 (1973, in *Névrose, psychose et perversion*, Paris, PUF).

Freud Sigmund, 1931, « Uber die weibliche sexualität », *Internationale Zeitschrift für Psychanalyse*, vol. 17, n° 3, pp. 317-332 (1969, « Sur la sexualité féminine », *La vie sexuelle*, Paris, PUF, pp. 139-155).

Freud Sigmund, 1933, « Die Feminität » in *Neue Folge des Vorlesungen zur Einführung in die Psychoanalyse*, Internationaler Psychoanalytischer Verlag, Wien (1936, « La féminité » in *Nouvelles conférences sur la psychanalyse*, Paris, Gallimard).

Gardey Delphine et Löwy Ilana (dir.), 2000, *L'invention du naturel. Les sciences et la fabrication du féminin et du masculin*, Paris, Éditions des archives contemporaines.

Gaudilliere Jean-Paul, 2006, « Intellectuels engagés et experts : biologistes et médecins dans la bataille de l'avortement », *Nature, Sciences, Société*, vol. 14, n° 3, pp. 239-248.

Geisendorf William et Pasini Willy (dir.), 1974, *Sexologie 1970-1973*, Genève, Édition Médecine et Hygiène.

Giami Alain, 2000, « Médicalisation de la société et médicalisation de la sexualité » in Jardin Alain, Queneau Patrice et Giuliano François (dir.),

Progrès thérapeutiques : la médicalisation de la sexualité en question, Editions John Libbey Eurotext, Montrouge, pp. 121-130.

Giami Alain, 2001,« Profession sexologue ? », *Sociétés contemporaines*, vol. 1-2, n° 41-42, pp. 41-63.

Giami Alain 2004, « De l'impuissance à la dysfonction érectile. Destins de la médicalisation de la sexualité », *in* Fassin Didier et Memmi Dominique (dir.), *Le gouvernement des corps*, Paris, Éditions de l'ehess, pp. 77-108.

Giami Alain, 2007, « Santé sexuelle : la médicalisation de la sexualité et du bien être », *Le Journal des Psychologues*, vol. 7, n° 250, pp. 56-60.

Giami Alain, 2009, « Les formes contemporaines de la médicalisation de la sexualité », *in* Sanni Yaya (dir.) *Pouvoir médical et santé totalitaire : conséquence socio-anthropologiques et éthiques*, Québec, Presses Université de Laval, pp. 225-249.

Giami Alain, 2014, Communication à la journée d'étude « Who's Sexual Health », Institut des Etudes Genre, Genève, Swiss Network for International Studies.

Giami Alain et Hekma Gert (dir.), 2015, *Les révolutions sexuelles*, Paris, La Musardine.

Gressot Michel, 1974, « Symptômes sexopathiques et perturbation subjective », *in* Geisendorf William et Pasini Willy (dir.), *op. cit.* pp. 25-28.

Havelock-Ellis Henri, 1936, *Studies in the Psychology of Sex*, 7 vol, New York, Random House.

Hirt Caroline, 2005, *La baisse ou l'absence du désir sexuel après l'accouchement : analyse de la construction d'un problème social*, Mémoire de licence en ethnologie, Université de Neuchâtel.

Irigaray Luce, 1974, « Psychanalyse et sexualité féminine », *Les Cahiers du GRIF*, vol. 3, n° 3, pp. 51-65.

Irvine Janice, 1990a, « From Difference to Sameness: Gender Ideology in Sexual Science », *The Journal of Sex Research*, vol. 27, n° 1, *Feminist Perspectives on Sexuality*, pp. 7-24.

Irvine Janice, 1990b, *Disorders of Desire: Sex and Gender in Modern American Sexology*, Philadelphia, Temple University Press.

Kaplan Helen, 1979, *Disorders of Sexual Desire and Other New Concepts and Techniques in Sex Therapy*, New York, Brunner/Hazel Publications.

Kaplan Helen, 1983, *The Evaluation of Sexual Disorders: Psychological and Medical Aspects*, New York, Brunner.

Kellerhals Jean, 1985, « Dimensions contemporaines du désir d'enfants : aspects sociologiques », *Revue de pédiatrie*, vol. XXI, n° 6, pp. 265-272.

Kinsey Alfred, Pomeroy Wardell et Martin Clyde, 1948, *Sexual Behavior in the Human Male*, Philadelphia, Saunders (1948, *Comportement sexuel de l'homme*, Paris, Éditions du Pavois).

Kinsey Alfred, Pomeroy Wardell, Martin Clyde et Gerhard Paul, 1953, *Sexual Behavior in the Human Female*, Philadelphia, Saunders (1954, *Comportement sexuel de la femme*, Paris, Amiot/Dumont).

Koedt Anne, 1970, « The Myth of the Vaginal Orgasm » *in Notes from the Second Year* (1970, « Le mythe de l'orgasme vaginal », *Partisans*, Libération des femmes, Année zéro).

Krafft-Ebing Richard Von, 1888, *Eine klinisch-forensische Studie. Psychopathia sexualis. Mit besonderer Berücksichtigung der conträren Sexualempfindungen*, Stuttgart, Enke (1895, *Étude médico-légale, Psychopathia sexualis, avec recherches spéciales sur l'inversion sexuelle*, Paris, Carré).

Kraus Cynthia, 2011, « I am my Brain or my Genitals? », *Gesnerus*, vol. 68, n° 1, pp. 80-106.

Kraus Cynthia, 2012, « Critical Studies of the Sexed Brain: A Critique of What and for Whom? », *Neuroethics*, n° 5, pp. 247-259.

LADAS KAHN Alice, WHIPPLE Beverly et PERRY John (dir.), 1982, *The G Spot and Other Recent Discoveries About Human Sexuality*, New York, Dell.

LAPLANCHE Jean, 1999, *La sexualité humaine. Biologisme et biologie*, Le Plessis-Robinson, Les empêcheurs de penser en rond.

LAPLANCHE Jean, 2006, *Problématiques VII : Le fourvoiement biologisant de la sexualité chez Freud* suivi de *Biologisme et biologie*, Paris, PUF.

LHOMOND Brigitte et MICHAELS Stuart, 2000, « Homosexualité/hétérosexualité : les enquêtes sur les comportements sexuels en France et aux Etats-Unis », *Journal des anthropologues*, n° 82-83, pp. 91-111.

LUTZ Andrea, 2012, *A la recherche de la pilule rose. La fabrication de la dysfonction sexuelle féminine*, Master en sciences sociales, Université de Lausanne.

MAINES Rachel, 2009, *Technologies de l'orgasme. Le vibromasseur, l'« hystérie » et la satisfaction sexuelle des femmes*, Paris, Payot.

MALINOWSKI Bronislaw, 1929, *The Sexual Life of Savages in North-Western Melanesia*, London, Routledge (*La vie sexuelle des sauvages de Nord-Ouest de Mélanésie*, Paris, Payot, 1970).

MARKS Lara, 2001, *Sexual Chemistry: A History of the Contraceptive Pill*, New Haven, Yale University Press.

MASTERS William et JOHNSON Virginia, 1966, *Human Sexual Response*, Little, Boston, Brown and Co. (1967, *Les réactions sexuelles*, Paris, Laffont).

MOYNIHAN Ray, 2003, « The Making of a Disease: Female Sexual Dysfunction », *British Medical Journal*, vol. 326, n° 7379, pp. 45-47.

MUCHEMBLED Robert, 2005, *L'orgasme et l'Occident. Une histoire du plaisir du 16e siècle à nos jours*, Paris, Le Seuil.

O'CONNELL Helen, JUSTON John, PLENTER R.J. et ANDERSON C.R., 1998, « Anatomical Relationship between Urethra and Clitoris », *Journal of Urology*, vol. 159, n° 6, pp. 1892-1897.

O'CONNELL Helen, SANJEEVAN Kalavampara et HUSTON John, 2005, « Anatomy of the Clitoris », *Journal of Urology*, n° 174, pp. 1189-1195.

PANESE Francesco et BARRAS Vincent, 2008, « Médicalisation de la "vie" et reconfigurations médicales », *Revue des Sciences Sociales*, n° 39, pp. 20-29.

PARINI Lorena, 2012, « Le féminisme a-t-il redéfini les sexualités ? », in GARDEY Delphine (dir.), *Le féminisme a-t-il changé nos vies ?* Paris, Textuel, pp. 54-67.

SCULL Andrew et FAVREAU Diane, 1987, « Médecine de la folie ou folie de médecins », *Actes de la recherche en sciences sociales*, vol. 68, pp. 31-44.

TAMAGNE Florence, 2005, « La Ligue mondiale pour la réforme sexuelle : la science au service de l'émancipation sexuelle ? », *Clio*, n° 22, pp. 101-121

THÉRY Irène, 1993, *Le démariage*, Paris, Odile Jacob.

TIEFER Léonore, 1996, « The medicalization of sexuality : conceptual, normative and professional issues », *Annual Review of Sex Research*, n° 7, pp. 252-282.

VUILLE Marilène, 2014, « Le désir sexuel des femmes, du DSM à la nouvelle médecine sexuelle », *Genre, sexualité & société* [En ligne], 12 | Automne 2014, mis en ligne le 01 décembre 2014, consulté le 26 mars 2015 <http://gss.revues.org/3240> ; DOI : 10.4000/gss.3240

LE SEXE DES FEMMES MIGRANTES. EXCISÉES AU SUD, RÉPARÉES AU NORD

Michela Villani

« *Je suis passée par trois phases. La phase où j'étais excisée et je disais : c'est comme ça, c'est une fin en soi, mon corps est comme ça. Je savais qu'il me manquait quelque chose et quand on parlait de sexe, ce n'est pas que j'étais gênée, mais voilà, je n'avais pas plus de choses à dire. Ensuite j'ai commencé à parler avec des amis et ça a commencé à se développer. La période où je parlais beaucoup avec mes amis, je me suis déjà pas mal libérée par rapport à mon corps, mais j'avais encore ce complexe. Et après, il y a eu l'opération où là je me suis fait complètement libérer.* »
[Maïmouna, 32 ans, fille de migrants, directrice d'un centre de loisirs]

« *Je voulais faire ça parce que je me disais que je n'étais pas comme toutes les femmes. Parce que je me dis : il me manque quelque chose. Et je voulais voir l'inconnu, ce que ça fait si tu es excisée ou pas excisée. Pour moi, c'était pour dire "voilà, aujourd'hui, j'ai un clitoris comme tout le monde"* ».
[Filly, 32 ans, migrante, agent administratif]

Vivre pleinement sa sexualité, en être instigatrice et responsable constituent autant de conquêtes que de nouvelles contraintes pour les femmes. Loin des normes reproductives, le clitoris est devenu l'organe d'une nouvelle capacité sexuelle féminine. Pour celles qui ont été excisées, la réparation clitoridienne représente la promesse d'une « deuxième sexualité », d'une vie nouvelle faite de relations sexuelles satisfaisantes. Loin du contexte culturel qui la motive, l'excision est le rappel incessant fait aux femmes qui vivent en France d'une sexualité au plaisir diminué, voire interdit. La chirurgie et le « parcours de réparation » [Villani et Beuret, 2011], leur permettent, à l'inverse, de revendiquer une nouvelle place autant dans le couple que dans la société. Les femmes excisées vivant en France demandent à « récupérer ce qu'on leur a pris » et à obtenir « un clitoris comme toutes les autres femmes ».

Les significations que les femmes attribuent au clitoris, au plaisir et à la chirurgie sont complexes. Les femmes qui entreprennent une démarche réparatrice, aspirent à un changement qui va bien au-delà de la modification physiologique des organes génitaux. Elles recherchent une certaine forme de « normalité ». La notion de « normalité » est au centre de leurs discours et prend deux formes : celle du corps physique (apparence) et celle du corps physiologique (performance[1]). Le sentiment de ne pas pouvoir utiliser ces deux compétences (apparence et performance) jugées nécessaires à l'articulation des phases de la relation sexuelle est notamment à l'origine d'une sensation d'inadéquation, voire de handicap [Andro et al., 2009]. La « normalité » esthétique et la « conformité sexuelle » sont ainsi les deux raisons majeures mises en avant pour justifier leur démarche.

Cet article rend compte de l'expérience des femmes excisées issues des migrations d'Afrique subsaharienne et vivant en France ayant demandé à bénéficier d'une réparation clitoridienne. À partir d'un corpus d'une trentaine d'entretiens approfondis (Encadré 1), cet article centre son propos sur deux aspects de l'excision et de sa réparation : la relation Nord-Sud, ici analysée à partir de la notion de déplacement ; la portée biopolitique d'une réparation médicale qui répond à une demande d'égalité sexuelle.

[1] Pour approfondir l'aspect de la « performance » et les « capacités sexuelles » dans le cadre de la réparation clitoridienne des femmes excisées, lire l'article de Michela Villani et Armelle Andro [2010].

Encadré 1 : l'enquête et la population

L'enquête a été conduite, entre 2007 et 2009, sur une période de dix-huit mois au sein de deux services hospitaliers de la région parisienne dans le cadre d'une recherche doctorale [Villani 2012]. Le recrutement et les entretiens se sont déroulés en milieu hospitalier. Au total, trente et un entretiens approfondis ont été menés, dont seize avec des femmes opérées et quinze avec des femmes en attente de l'opération ou y ayant renoncé. Les femmes ont été relancées sur des thèmes précis : circonstance de l'excision, découverte de l'excision, discussion de l'excision, relations (familiales, amicales, conjugales), sexualité (pratique et représentation), rapport avec son corps et image de soi (particulièrement relativement au sexe et au clitoris), genèse du projet de réparation (période et facteurs déclencheurs), réalisation du projet (période et conditions). Un guide préalablement élaboré a été utilisé pour effectuer un entretien semi-directif et de durée restreinte (en moyenne une heure par entretien).

La population est constituée de filles de migrants et de femmes migrantes. Le groupe de migrantes est majoritaire. Lors de l'arrivée en France, la majorité est âgée de 20 à 26 ans, alors qu'une petite partie est arrivée avec leur famille entre 5 et 8 ans. Les femmes migrantes ont un certain regard sur leur culture, un certain recul sur leurs traditions. Ce sont des femmes émancipées dans leur société qui n'acceptent pas d'endosser le même rôle que leurs mères.

Les filles de migrants ont un niveau d'études plus élevé. Toutes ont été scolarisées, ce qui n'est pas le cas pour les femmes migrantes. L'âge à

> l'excision varie : les filles de migrants ont généralement été excisées avant l'âge de 3 ans, alors qu'une bonne proportion de femmes migrantes a été excisée entre 4 et 8 ans. Lors de l'entretien, les femmes ont un âge moyen de 28, 9 ans. L'âge à la demande d'une réparation signale un écart entre les groupes : les filles de migrants ont entre 20 et 24 ans, tandis que les migrantes sont plus âgées, la majorité a plus de 30 ans. La majorité des femmes ne gardent aucun souvenir de leur excision. Elles la découvrent à l'adolescence, entre 15 et 16 ans, lors de l'entrée dans la sexualité ou en discutant entre amies. Cette « découverte » est centrale dans leur demande de réparation : à partir de ce moment, elles ne se considèrent plus comme « normales ».

L'EXCISION DÉPLACÉE : LA PERTE DE STATUT DE « VRAIE FEMME » EN CONTEXTE MIGRATOIRE

L'excision, construite dans les cultures qui la pratiquent comme un rituel pour accéder au statut de « vraies femmes » [Sindzingre, 1979 ; Fainzang, 1985 ; Couchard, 2003], devient pour les femmes qui souhaitent avoir recours à la chirurgie réparatrice en France, une « mutilation » qui les place aux marges et les inscrit dans la catégorie de femmes « incomplètes ». Dans la formulation de la plainte, le discours diffère entre migrantes et filles de migrants. Les premières mettent plus souvent l'accent sur l'amélioration de leur état actuel (que ce soit sexuel ou de santé), alors que les deuxièmes centrent leur demande sur des aspirations à être meilleures (dans leur corps et dans leur activité sexuelle). Les trajectoires sont ici explorées de manière plus approfondie, mais on pourrait avancer l'hypothèse que le facteur intergénérationnel a un impact sur la formulation de leur demande. Les femmes migrantes prennent comme référence la génération des mères ou de grands-mères (générations antécédentes) restées aux pays pour s'en écarter ; pour les filles de migrants la comparaison se fait plutôt avec la génération des pairs du pays où elles vivent en insistant sur le droit à être égales. La demande des femmes (migrantes et filles de migrants) se recoupe dans la notion de « normalité ». Mais, si pour les premières c'est l'expérience migratoire qui apporte un regard renouvelé sur elles-mêmes, pour les filles de migrants la notion de « normalité », et *a fortiori* d'« anormalité », émerge par la comparaison avec les femmes non-excisées et la confrontation avec les partenaires. Quoi qu'il en soit, à partir du moment où elles « découvrent » leur excision, les femmes interviewées disent ne plus se sentir « normales ».

Leur ancienne condition subit alors un bouleversement et l'idée qu'elles se font de ce qui est « normal » est modifiée. L'excision les ayant dépossédées de la maîtrise de leurs corps, les femmes interviewées veulent en reprendre possession. Ce discours de dépossession/reprise de contrôle est également exprimé par les mots « je veux retrouver ce qu'on m'a pris ».

Ce qui leur a été pris est plus qu'une terminaison nerveuse, c'est leur individualité et l'accès à la maîtrise de leur propre corps. Zahara, 21 ans, est née en France de parents maliens de l'ethnie Soninké. Étudiante en fin de baccalauréat, elle est célibataire, sans enfants et habite avec ses parents. Elle a été excisée à 2 ans environ et ne garde aucun souvenir de cet événement. Elle découvre son excision vers l'âge de 16-17 ans et fait, par la suite, une demande de réparation. Après avoir accompli le parcours requis par l'équipe médicale pour être prise en charge[2], elle est enfin opérée. Bien que l'équipe souligne que l'opération « n'efface » pas l'excision, pour elle importait le nouveau statut que cette chirurgie permet d'acquérir. Le passage de « femme excisée » à « femme réparée » est selon elle « visible » après la réparation. Elle se réfère ici au regard social porté sur ces deux figures :

[2] Avant l'intervention chirurgicale, quatre consultations sont obligatoires avec différents spécialistes (sage-femme, gynécologue, sexologue, psychologue), impliquant un travail actif – demandé à la patiente – de réélaboration de l'expérience traumatique à travers sa mise en récit.

> « Je ne voulais pas que les gens le sachent justement. J'avais peur que les gens, juste en me regardant, sachent que j'étais excisée. Je ne voulais pas qu'on me montre du doigt en fait... si vous voulez, j'avais peur d'être rejetée... c'est ça en fait. J'avais honte d'être excisée. » [Zahara, 21 ans, fille de migrants, étudiante]

Pour toutes les femmes, un temps s'écoule entre la « découverte » de l'excision, qui apparaît comme l'événement inaugural de la genèse du sentiment de gêne ou de honte et la décision d'entreprendre une démarche de réparation. Ce temps, qui peut s'étendre de quelques mois à plusieurs années, correspond à la période durant laquelle l'excision est reformulée en termes de handicap. Le regard qu'elles portent sur elles-mêmes change radicalement après la découverte de l'excision. Le corps devient « étranger » : ces femmes fantasment les propriétés et la forme originelles que leur sexe avait avant l'excision.

> « Avant de savoir [que j'étais excisée], je ne regardais jamais. Mais après qu'ils me l'ont dit, je pouvais rester des heures à regarder et penser ce qu'on m'a enlevé... parce que, pour moi, mon vagin était normal. Le jour où ils m'ont dit qu'il me manque quelque chose, alors là... ce n'était plus le cas quoi. » [Zahara, 21 ans, fille de migrants, étudiante]

La découverte de l'excision vient troubler l'image de soi de manière plus au moins profonde. Les femmes se disent « gênées » lors des situations impliquant notamment la nudité (se déshabiller devant un garçon ou devant d'autres femmes dans une salle de sport). Un véritable rejet de leur corps se produit, non pas depuis qu'elles ont été excisées, mais depuis qu'elles ont pris conscience d'avoir été excisées. L'absence de clitoris est chargée d'un sens symbolique : ces femmes craignent d'être vues, perçues – et finalement jugées (par les partenaires, les amies) comme des êtres moindres, de « fausses femmes ». Sénégalaise de l'ethnie Peul, Keicha arrive en France à l'âge de 6 ans, où elle fait toute sa scolarité. Diplômée d'un bac + 4, elle occupe un poste à responsabilité dans le secteur de la vente. Keicha, qui « a toujours su » avoir été excisée, raconte sa difficulté à gérer son excision vers l'âge de 15-

16 ans, période pendant laquelle ses copines commencent à avoir leurs premières expériences sexuelles et à en parler. Elle vit ce « décalage » comme un traumatisme : elle se perçoit comme « anormale » car anatomiquement différente et part à la recherche d'images lui montrant la « normalité » corporelle.

> « À l'époque, je ne savais pas à quoi ça ressemblait le sexe féminin et j'imaginais la forme de ce que j'aurais pu avoir… et donc c'était plus pour me sentir dans la normalité, parce que moi quand je marchais dans la rue, avant de faire l'opération, je me disais : "Bah, tiens, cette fille-là, elle a quelque chose de plus, que moi je n'ai pas." Et ça faisait vraiment très mal de dire : "je suis née avec quelque chose et on me l'a enlevé, mais qu'est-ce que c'est ?" avoir une… pouvoir mettre une… pas un visage mais… une image, une forme ! » [Keicha, 28 ans, migrante, responsable commerciale]

Pour les femmes interrogées, avoir un clitoris signifie « être normales ». L'exigence d'une preuve visible de la possession du clitoris révèle, en même temps, un autre type d'exigence : la reconnaissance du statut de femme à part entière, qui ne semble pas aller de soi. Pour qu'il soit validé, le statut doit être socialement reconnu : il faut être reconnue « femme » pour être « une vraie femme ». Pour ces femmes, ce statut se concrétise à travers une modification corporelle, qui renouvelle le corps et met à jour, de ce fait, leur statut de femme. Ode, 30 ans, née au Burkina Faso, originaire de l'ethnie Samo, est issue d'une famille aristocratique. Experte comptable, elle arrive en France à 26 ans pour suivre des études doctorales. Ode a été excisée à l'âge de 4-5 ans par la grand-mère, qui a organisé le rituel à l'insu de sa mère. Elle garde des souvenirs de l'événement, notamment à cause des complications dues à une cicatrisation problématique, mais l'« oublie » ensuite. Elle « re-découvre » son excision vers l'âge de 12 ans, à l'école, lors d'un cours d'éducation sexuelle. Elle se rend alors compte qu'elle n'est pas « normale ». Depuis, elle dit ressentir de la « honte », du fait de son excision et par rapport à ses parents. Pour elle, la réparation est à la fois un moyen de pardonner à sa famille et de quitter le statut de femme excisée.

> « Dans ma tête, ce que je voulais, c'était d'être comme les autres en fait. Parce que, quand j'ai vu sur le net, il y en a certaines qui disaient : "non, ça ne change pas grand-chose"… beh, il y en a qui disaient : "au moins j'ai un clitoris" ! Pour moi, c'était surtout ça en fait. Et puis, si ça pouvait augmenter les sensations comme ils disaient, pas de problème ! Donc pour moi, c'était surtout de pouvoir me dire que j'avais moi aussi un clitoris. Que je ne suis plus excisée en fait. » [Ode, 30 ans, migrante, agent comptable]

Les femmes, et ceci est particulièrement vrai pour les filles de migrants, s'expriment en termes de « droits », en disant qu'elles veulent récupérer « ce qui m'appartient » ou « ce qu'on m'a pris » ou « ce qu'on m'a volé ». Les revendications des femmes acquièrent dans ce sens une connotation politique car elles demandent que la reconnaissance du crime soit associée à une réparation symbolique. Elles souhaitent restaurer une normalité corporelle, à travers laquelle elles vont pouvoir s'affirmer égales aux autres femmes (non excisées). Dès lors, elles s'engagent dans un processus de « normalisation » de leur sexualité, dans la mesure où leur quête d'égalité vise à se conformer aux normes sexuelles dominantes.

L'importance de remettre le clitoris « à sa place » doit être lue à la lumière de ces différents facteurs invoqués et considérés comme essentiels par les femmes elles-mêmes. Le repositionnement de l'organe leur permet de (re)gagner confiance en elles et en leur sexe. Cette confiance conquise les légitime en tant que « femmes », mais aussi en tant que sujets ayant droit à une parole et à un pouvoir décisionnel, dans leur sphère intime comme dans la sphère sociale.

Ina (32 ans, née au Mali) est en attente de la chirurgie réparatrice. Pour l'instant, seule avec trois enfants à charge, elle a repoussé ce projet n'ayant « pas les moyens de s'organiser pour la faire ». Elle est arrivée à l'âge de 8 ans en France où elle a poursuivi les études jusqu'au niveau secondaire. Mère d'une fille de 13 ans et de jumeaux de 6 ans, qu'elle a eus avec un compatriote, elle est actuellement célibataire, sans emploi et avec les enfants à sa seule charge. Le fait d'être excisée contraint ses relations avec des hommes. Elle craint qu'un homme découvre « qu'elle n'a pas le clitoris », une expérience mortifiante qu'elle a vécue avec le père de ses enfants. À ce propos, et en justification de la démarche de la réparation clitoridienne, elle dit :

> « Je pense que quand une femme demande à faire ça [la chirurgie reconstructrice], c'est parce qu'elle ne se sent pas bien déjà. Comme moi, beaucoup des femmes : c'est parce qu'on nous le dit ! Parce que nous, comme ça, on ne le sait pas, on ne voit pas trop… c'est-à-dire, moi, je ne sais même pas à quoi ça ressemble un clitoris. Alors quand on vous dit : "Vous ne l'avez pas !", ah… là vous vous posez la question ! Je veux dire… moi je ne suis jamais allée me regarder dans un miroir. C'est un truc que je n'ai jamais fait et je n'ai jamais eu l'idée de faire. » [Ina, 32 ans, migrante, sans emploi]

Ina met en lumière trois éléments essentiels dans la genèse du sentiment de « handicap », bien qu'elle n'utilise pas explicitement ce terme. Premièrement, ce sentiment naît de la confrontation à une norme, à ce que la population majoritaire reconnaît comme normal. Sans cette confrontation, elle – comme beaucoup de femmes dit-elle – ignorait son excision (« parce que nous comme ça, on le sait pas ») et, sans la norme (avoir le clitoris intact), elle ne se considérerait pas déviante. Deuxièmement, ce sentiment naît du fait de la stigmatisation sociale de la femme excisée et la construction sociale de l'excision. C'est « en tant que victime » qu'Ina se positionne alors. Troisièmement, les femmes excisées cherchent précisément à dépasser ou se débarrasser du statut de victime. La réparation s'inscrit alors dans une volonté d'intégration sociale et politique.

DE LA GENÈSE D'UN NOUVEAU CRIME À LA RECONNAISSANCE D'UN NOUVEAU HANDICAP

Le passage, d'une conception de l'excision en termes de pratiques culturelles à une appréhension de l'excision d'abord comme problème de santé publique et ensuite comme violence de genre, témoigne des évolutions fondamentales des débats contemporains. La reformulation de l'excision en termes de « mutilations génitales féminines » se profile dans les années 1990, cette appellation est adoptée formellement dans le cadre d'une déclaration conjointe des principales organisations internationales (OMS, UNICEF, UNFPA, 1997). Avec cette définition médico-juridique qui s'impose, dans les pays du Nord et dans les arènes de la coopération internationale avec les pays du Sud, s'instaure une manière de penser et de traiter ces pratiques traditionnelles visant à modifier les organes sexuels des femmes. Dans les pays musulmans, les discussions concernant cette pratique mettent au centre la religion, principalement pour affirmer que ces pratiques – appelées aussi « circoncision », « *sunna gudnin* » [Grassivaro Gallo, Titta et Viviani, 2006] « *khafd* », « *khifad* » [Aldeeb, 1994] – sont issues des traditions rituelles païennes et non pas prescrites par l'islam [Sow, 1997]. Si, dans les années 1980, la mobilisation des professionnels mettait l'accent sur les petites filles à risque, au milieu des années 2000, les politiques publiques portent leur attention sur les jeunes filles, nées et socialisées en France, ayant subi une excision et qui sont de plus en plus nombreuses à entrer dans l'âge adulte. Il s'agit là d'un changement sociodémographique qui a un impact important sur les agendas politiques, se structurant notamment autour de la promotion de la chirurgie réparatrice (Encadré 2). L'histoire française représente une exception en matière de traitement de l'excision. Elle se caractérise, dans un premier temps, par une jurisprudence particulièrement répressive à l'égard de ces pratiques, puis par la reconnaissance, en 2004, d'un droit à la réparation pour toutes les femmes excisées vivant sur le territoire français. La chirurgie réparatrice bénéficie alors d'une reconnaissance formelle et est inscrite parmi les actes médicaux remboursés par l'Assurance-maladie. Dès lors un nombre croissant de femmes excisées y a recours et demande à réparer le dégât subi. L'existence de ce droit rend légitime l'expression des sentiments (tels que la colère, le ressentiment) mais également la demande de justice dans le domaine sexuel.

Encadré 2 : la chirurgie réparatrice et le protocole de réparation

Le protocole chirurgical élaboré par l'urologue français, Pierre Foldès, vise à reconstituer un clitoris d'aspect et de situation normaux, potentiellement fonctionnel par respect de son innervation. L'intervention consiste en une chirurgie plastique reconstructrice de l'organe lui-même, sans transposition d'autres tissus : la résection de la cicatrice permet de

> retrouver en profondeur le moignon clitoridien qui est libéré après section du ligament suspenseur du clitoris. L'extrémité du moignon est ensuite dégagée du tissu cicatriciel par résection des couches scléreuses, mettant à nu le tissu sain. Le néo-gland est alors fixé en position anatomique [Foldès, 2004]. L'intervention en soi dure entre trente et soixante minutes et se pratique sous anesthésie locale ou générale. Dans l'histoire de la médecine d'exérèse, l'acte chirurgical développé par l'urologue français introduit une rupture fondamentale en inaugurant la possibilité d'une réparation non plus uniquement judiciaire (indemnisation de la victime en raison du préjudice qu'elle a subi) mais également médicale (reconstruction d'un clitoris médicalement fonctionnel).
> Originairement pratiquée dans la région du Sahel, cette chirurgie était effectuée pour soigner les complications graves de l'excision (fistules) en contexte humanitaire, où Pierre Foldès exerçait. Transposée ensuite, vers la fin des années 1990, en France, un autre type de population y a recours : des femmes nées en France et issues des migrations. Reconnue en 2004 par l'Assurance-maladie, la chirurgie est dès lors inscrite dans la classification commune des actes médicaux. D'autres chirurgiens, formés par le docteur Foldès, commencent à l'exercer. Une première équipe se constitue en 2005 et réfléchit à une prise en charge pluridisciplinaire. Ainsi, un « accompagnement à la chirurgie » est mis en place, comprenant une série de consultations obligatoires précédant l'acte opératoire. Cet accompagnement mobilise plusieurs spécialistes (sage-femme, sexologue, psychologue, gynécologue-chirurgien-ne), qui sont activement impliqués dans ce « parcours de réparation » [Villani et Beuret, 2011].

ANATOMIE POLITIQUE DU CLITORIS ET MÉDIATISATION DES SAVOIRS DANS UN CONTEXTE GLOBALISÉ

[3] Au sens large : les représentations de la sexualité se médiatisent à travers les discours (articles, reportages) et les images (cinéma, photographie).

Depuis quelques années, les médias[3] tendent à représenter le clitoris comme l'organe associé à la capacité sexuelle de la femme à avoir du plaisir. Ils contribuent en la diffusion du savoir sexologique. Parfois, cette capacité sexuelle est exaltée de manière exagérée en « hyper érotisant » le corps de la femme. Parallèlement, des nouvelles découvertes médicales mettent au jour l'anatomie et la fonctionnalité du clitoris [O'Connell et al., 1998 et 2005]. Les techniques d'imagerie médicale signent dans ce sens un tournant dans les pratiques médicales. Elles permettent d'appréhender le corps humain différemment grâce à une visualisation de l'anatomie, de la physiologie et du métabolisme. Les découvertes de l'équipe australienne se fondent notamment sur la dissection de cadavres « frais » et la microdissection des tissus exportés, ainsi qu'à travers les techniques de l'imagerie par résonance magnétique nucléaire (IRM), la reconstruction de la section anatomique en trois dimensions (3D), l'histologie et enfin l'étude histologique et chimique immunitaire. Ces recherches montrent que le clitoris peut mesurer entre 6-8 cm et qu'il a un rapport actif avec l'urètre dans les rapports sexuels.

À partir de ces découvertes, d'autres chercheur-se-s s'investissent dans l'étude anatomique du clitoris, lequel est désormais envisagé dans sa complexité grâce aux nouvelles technologies médicales [Foldès et Buisson, 2009]. Des études urologiques [Wimpissinger *et al.*, 2007], gynécologiques et obstétricales [Pauls *et al.*, 2006] visent à mesurer son fonctionnement, alors que d'autres se focalisent tout particulièrement sur le rôle que cet organe exerce dans le plaisir sexuel[4]. À l'intérieur de la communauté scientifique médicale, la représentation du sexe féminin change. Ces deux premières publications [O'Connell *et al.*, 1998 et 2005] ouvrent une critique des savoirs médicaux disponibles : elles contestent à la fois le savoir qui est mis au jour et les conditions de production du savoir lui-même, qui vise à reproduire et maintenir des rapports de pouvoir.

Les découvertes de l'urologue australienne, Hélène O'Connell et son équipe, signent dans ce sens un tournant dans l'histoire médicale. Le sexe féminin n'est plus représenté, tant visuellement que dans le discours, comme une absence ou une cavité. Au contraire, la participation active du clitoris montre une correspondance directe avec le fonctionnement et la forme du pénis. Mais si ces résultats constituent initialement un matériel d'étude destiné à une communauté restreinte de scientifiques, les images du clitoris sont diffusées dans un documentaire[5] dont la production vise un large public, et les écrits non scientifiques prolifèrent[6]. Ces savoirs qui circulent dans un espace public et médiatisé atteignent aussi les femmes excisées : elles y sont confrontées et réélaborent leur histoire personnelle au travers de ces nouvelles représentations, écrites et visuelles, du sexe féminin.

LE DÉPLACEMENT DES MODÈLES DE GENRE : LA SEXUALITÉ EN CONTEXTE DE MIGRATION

C'est souvent dans le cadre des relations affectives et sexuelles dans des couples biculturels que l'excision apparaît le plus directement comme une forme de handicap. La mutilation sexuelle est conçue, dans les discours des femmes concernées, comme une restriction fonctionnelle majeure de leur capacité d'action dans leur vie sexuelle. Dans cette configuration, les femmes ne se sentent pas légitimes à avoir du plaisir sexuel. L'absence de ce dernier est portée au compte de la mutilation, de leur corps défaillant. À ce titre, la plupart des femmes concernées rapportent l'expérience douloureuse de la « sentence » formulée par le partenaire – sans que ce dernier en prenne toujours la mesure – : « Tu n'es pas comme les autres filles que j'ai connues. »

Les opinions des partenaires masculins ont dans tous les cas un impact important sur l'opinion que les femmes se font d'elles-mêmes (corps et sexe) et de leur capacité sexuelle (aptitude au plaisir). Dans ce sens, les partenaires peuvent contribuer à fragiliser une identité féminine déjà troublée car « déviante » de la norme à laquelle ces femmes se réfèrent. Si

[4] Voir Odile Buisson *et al.* [2010], Jaap Van Netten *et al.* [2008], Giovanni Luca Gravina *et al.* [2008].

[5] *Le clitoris, ce cher inconnu*, (52 min), 2005, Documentaire de Michèle Dominici, réalisé par Variety Moszinski et Stephen Firmin, en coproduction Cats & Dogs Films, Sylicone et Arte France.

[6] Pour en citer quelques-uns : Maïa Mezaurette et Damien Mascret [2008], RosemondePujol [2007] et Jean-Claude Piquard [2012].

ces femmes portent préalablement un regard dévalorisant sur elles-mêmes, les commentaires du partenaire confirment cette « anormalité ». Nafi, 20 ans, migrante originaire de Sénégal de l'ethnie Peul, est arrivée en France à l'âge de 5 ans. Sa grand-mère l'excise juste avant de partir en France où elle vient pour rejoindre ses parents. Nafi a des souvenirs de ce moment, ayant été attirée chez l'exciseuse par un cousin avec l'excuse de faire un tour dans le village. Elle dit avoir vécu son excision comme une forme de trahison, par le fait d'avoir été « piégée » et attirée par un mensonge. Entièrement scolarisée en France, où elle obtient un bac de secrétariat, Nafi est menacée plus tard par un mariage arrangé par la famille avec un homme africain. Nafi quitte le foyer familial alors qu'elle est encore mineure et porte plainte contre ses parents. Elle est alors placée dans un foyer social sous la tutelle d'une assistante sociale, mais ne bénéficie pas d'un permis de séjour valable, ni par conséquent d'une couverture sociale. Nafi est dans un couple mixte depuis 5 ans, son partenaire est français d'origine antillaise. La dépendance totale (sur le plan économique et sur le plan juridique) a un impact direct en termes d'assujettissement émotionnel et de subordination sexuelle.

> « Une fois, il m'a dit : "De toute façon, t'es…" enfin c'est un truc qui m'a beaucoup beaucoup blessée, je me souviendrai toute ma vie parce qu'il m'a dit un mot très fort en me disant : "De toute façon TU N'ES PAS UNE FEMME." C'est un truc qui m'a beaucoup touchée. C'est un truc que je garde pour moi et parfois, quand j'ai envie de le quitter, je me dis : "Il a dit que je ne suis pas une femme" mais après je me dis : "Si je le quitte, est-ce que je trouverai quelqu'un d'autre qui fera attention, qui sera là, qui pourra rester des jours, des mois, sans faire l'amour ?" » [Nafi, 20 ans, migrante, sans emploi]

Nafi ne ressent pas une pulsion sexuelle qui entraînerait un désir de « faire l'amour », ce qui est problématique pour elle et difficilement acceptable pour un homme. Elle estime que l'excision lui a enlevé cette partie de « féminité » qui lui permettrait de ressentir le désir et de prendre les devants avec son partenaire. En considérant le manque d'initiative sexuelle comme un manque de féminité, Nafi – comme d'autres femmes interrogées – montre l'existence d'un nouveau modèle de féminité contemporaine : affranchie, indépendante et sexuellement entreprenante.

Dans les situations où il s'agit d'un couple où les deux partenaires ont été socialisés dans une société où se pratique l'excision, celle-ci devient un élément de confusion dans les rapports de genre, en raison du déplacement de cette pratique dans le contexte migratoire. Si, dans le pays d'origine, l'excision fait sens parce qu'elle s'inscrit dans un univers spécifique de hiérarchisation matérielle et symbolique des sexes, dans le contexte migratoire, ce référent culturel est mis en discussion, et devient un sujet de reformulation des relations entre femme et homme [Signe, 2004]. L'excision passe du statut d'élément fondamental de l'assignation du genre aux enfants-filles à celui de pratique délinquante, puisque condamné pénalement. Ces situations sont particulièrement explicites dans les couples qui ont donné naissance à des petites filles et qui se posent la question d'exciser ou pas leur fille.

Salimata, 24 ans, née à Créteil (Paris) de parents maliens de l'ethnie Bambara, est mariée, selon la tradition, avec un Malien et mère d'un enfant de dix-huit mois. Elle a un niveau bac secrétariat et travaille comme standardiste, elle est en attente de l'opération. Elle réalise « n'être pas normale » à l'âge de 17 ans, à la suite de son premier rapport sexuel. Cette prise de conscience a lieu lors d'échanges de confidences en matière sexuelle avec des amies : « Elles expliquaient vraiment l'effet et à l'intérieur de moi, je me disais : "mais comment ça se fait que moi je ne ressens pas ça ? Il y a quelque chose de bizarre en moi, quelque chose qui ne va pas". » Elle construit sa sexualité en dehors du plaisir, ce qui la rend extrêmement insatisfaite. Elle aimerait « retrouver ce quelque chose auquel je n'ai pas accès de tout ! Des nouvelles sensations, des nouvelles choses… ». Salimata désire changer l'« histoire » qu'elle connaît, ce qui veut dire changer le rôle dans son couple et devenir celle qui « donne du plaisir » à son partenaire.

> « C'est vrai que quelquefois juste avant d'avoir des rapports sexuels, je me dis à l'intérieur de moi "de toute façon ça sert à rien de commencer, parce que je sais déjà comment ça va finir…". Je me dis ça sert à rien d'aller plus loin, c'est comme si je connaissais déjà l'histoire… je la connais déjà et j'aurais envie que ça se passe autrement quoi. Je me sens coupable parce que j'ai l'impression de ne pas participer. J'ai l'impression de ne pas assez faire pour que lui puisse avoir son plaisir aussi. C'est pour ça que je me sens coupable. » [Salimata, 24 ans, fille de migrants, standardiste]

Salimata, à travers son expérience, montre l'existence d'une autre caractéristique qui aujourd'hui participe à définir l'ensemble des normes structurant la sexualité féminine. Cette dernière pour être considérée « normale » se doit d'être relationnelle et réciproque. La norme de réciprocité, observée dans les tendances des comportements sexuels de la population majoritaire [Bajos et Bozon, 2008], exige indirectement un engagement sexuel du couple. Les deux partenaires sont censés participer activement pour le bon déroulement des rapports et une égalité de plaisir. La norme de l'orgasme simultané perd son importance en faveur d'une dimension plus individuelle structurant le plaisir de deux partenaires [Bozon, 2004]. Les femmes donc ne peuvent plus se contenter d'être des spectatrices passives du seul plaisir masculin. Elles sont censées y contribuer à travers une participation active pendant l'acte sexuel. Dès lors, les femmes excisées se disent désemparées, voire désavantagées dans la dynamique de la sexualité et doivent élaborer des manières pour contourner ce « défaut ».

Parmi les stratégies élaborées, certaines femmes acceptent d'avoir des rapports sexuels même si elles n'en ont pas envie par « peur qu'il aille voir ailleurs ». D'autres simulent le plaisir sexuel ou l'orgasme pour ne pas décevoir leur partenaire. Presque la totalité laisse au partenaire le rôle décisionnel, c'est donc le conjoint masculin qui établit les temporalités des rencontres et des rapports sexuels, mais aussi les pratiques. Elles perçoivent leur excision comme un « défaut » qui ne leur permet pas de négocier leur sexualité comme elles le voudraient. Pour certaines, la dissimulation de leur excision, ainsi que la simulation du plaisir sexuel, s'imposent comme stratégies de maintien de la relation de couple. Les femmes en demande de réparation clitoridienne veulent précisément quitter ce modèle de rapport de genre inégalitaire, car souvent insatisfaisant aussi pour les partenaires masculins : « Il me dit que je ne demande jamais de lui, c'est toujours lui qui vient. » Ces femmes refusent ce rôle et veulent renverser cette dynamique. La réparation clitoridienne est pour elles le moyen de mettre en discussion et d'abandonner un modèle de genre inégalitaire acquis par la génération précédente des femmes et concrétisé par l'excision.

BIOPOLITIQUE SEXUELLE ET NORMALISATION

La normalisation sexuelle évoque l'idée d'une conformité des comportements sexuels notamment envers les modèles dominants à travers un assujettissement [Foucault, 2008]. Les femmes qui s'engagent dans un parcours de réparation, se mettent dans ce sens, en quête de référents culturels véhiculés par des discours savants (médecine) ou des discours vulgarisés (médias) et recherchés dans des espaces institutionnels (l'hôpital) ou dans des contextes informels (Internet). La mise en avant du corps biologique contribue à construire une représentation de la sexualité féminine située dans un corps doté d'une telle quantité de terminaisons nerveuses qu'il est particulièrement réceptif aux stimulations. À partir d'un corps équipé d'un dispositif biologique si puissant, le plaisir sexuel devient certain, voire obligatoire. La situation inverse se définit médicalement comme « dysfonctionnelle » et demande une correction thérapeutique ou chirurgicale. L'injonction à jouir d'une sexualité dont le plaisir est exalté, constitue une norme contemporaine. Les femmes excisées – si elles échouent à vivre ce genre d'expériences – expliquent cet échec par leur excision. La majorité des femmes interrogées est venue consulter pour réparer leur sexualité. Ces femmes, d'une part se confrontent à ce modèle spécifique de sexualité féminine ultra performante, d'autre part vivent une ou plusieurs expériences d'échec et enfin expliquent cet échec par le fait qu'elles ont été excisées.

Faraa a 33 ans, elle est née au Burkina Faso, originaire de l'ethnie Mossi. Elle est arrivée en France à 26 ans et laisse au pays son ex-mari et un enfant. Elle suit une formation pour obtenir un certificat d'aptitude professionnelle secrétariat et trouve ensuite un emploi comme assistante maternelle dans une crèche (puéricultrice). Elle s'est installée à Toulouse avec un homme africain originaire du Zaïre, avec qui elle est en couple depuis 7 ans et a eu deux enfants. Elle a été excisée à l'âge de 7 ans et garde des souvenirs précis de son excision. Son partenaire n'a pas été socialisé dans une culture où l'on pratique l'excision, mais se montre « très compréhensif », dit-elle, et l'appuie dans sa démarche de réparation. Elle entreprend ce projet « à distance » et fait les aller retour entre Paris et Toulouse. À cause de la distance, elle bénéficie d'un parcours médical d'une durée écourtée et est opérée rapidement. Faraa montre comment la chirurgie déclenche un processus de légitimation au plaisir, qui est entendu comme une possibilité active de « se laisser aller ». Cette nouvelle capacité relève à la fois des conditions matérielles apportées par la réparation physique et d'un nouveau regard qu'elle porte désormais sur sa sexualité et ses potentialités.

> « C'est vrai que dans la tête on se dit : "Le plaisir, on ne peut pas l'avoir." On essaye de se contenter de ce qu'on a et de vivre avec, quoi ! Mais là maintenant [après la chirurgie], on sent qu'il y a eu des changements et on se laisse aller pour beaucoup plus de choses, dans des délires, dans des trucs qu'on ne faisait pas avant. On se dit qu'il y a ça [le clitoris] qui est là et on vit plus ! » [Faara, 33 ans, migrante, assistante maternelle]

Les femmes interviewées considèrent l'excision comme la raison principale empêchant leur épanouissement. Bien que d'autres facteurs puissent rendre insatisfaisante leur vie sexuelle, comme pour beaucoup des femmes non excisées, elles accordent beaucoup de pouvoir à l'excision. Sans minimiser le caractère physiologique de la réduction engendrée par la mutilation, il faut noter cette exacerbation de l'attention portée sur l'excision. La prise en charge globale des femmes demandant une reconstruction chirurgicale du clitoris, permet de mettre en évidence la biopolitique associée à ce parcours de réparation. La normalisation physique (donc esthétique) et physiologique (donc fonctionnelle) permettrait une normalisation sociale : « Faire comme toutes les autres femmes. »

Les femmes accordent une importance particulière à l'aspect visuel de l'opération et se réfèrent généralement à l'apparence physique d'un appareil génital non mutilé. L'évocation du désir de normalité dans sa dimension physique s'exprime, pour certaines, en mettant l'accent sur la dimension « esthétique » du corps intact. Le changement tangible et visible, la trace corporelle, la preuve esthétique servent à concrétiser ce projet – initialement abstrait – de reconstruction de soi. L'importance du « côté visible » de cette démarche semble contenir la matérialité d'un changement plus profond (identitaire ou symbolique pour l'équipe pluridisciplinaire en charge de ces parcours de réparation). La chirurgie, bien qu'elle se fonde sur une restauration aussi fonctionnelle, acquiert sa propriété réparatrice en remettant un clitoris dans sa position initiale. Au-delà de recouvrer des sensations, ces femmes veulent surtout « que ça se voie ».

> Ode : « Pour moi, l'important est qu'il soit visible. Le fait de le voir c'est déjà beaucoup. Dans ma tête ça allait être encore plus gros... » [Ode, 30 ans, migrante, experte comptable]
>
> *MV : Et au niveau esthétique vous vous attendez à quoi ?*
>
> N'Deye : « Mais avoir un sexe comme les autres. Dans la norme quoi ! Je ne sais pas un clitoris qui ressort, parce que le mien sera sous la peau. J'aurais voulu que le clitoris soit visible. » [N'Deye, 23 ans, fille de migrants, étudiante]

* *
*

La réparation clitoridienne est une politique sociale qui prend pour cible des femmes originaires de l'ancien empire colonial de la France. Ces dernières désirent devenir « comme les autres femmes », acquérir et se voir reconnaître l'égalité avec les femmes de la population majoritaire. Vouloir devenir une femme normale, égale aux autres femmes vivant en France, illustre la volonté des femmes excisées de s'intégrer dans la société où elles vivent, qui est pour certaines, un pays d'immigration, pour d'autres leur terre natale. Le déplacement provoqué par la migration, qu'elle soit de première ou deuxième génération, engendre des effets de déplacement dans l'attribution des significations d'un même objet. L'excision, avant la migration – ou avant la prise de conscience de sa valeur –, avait un impact mitigé sur la vie des femmes. Elle acquiert une autre ampleur lorsqu'une possibilité d'en réparer les effets s'offre. Ce qui, avant ou ailleurs, était considéré comme un rituel traditionnel de socialisation de genre (destiné aux filles), l'est , après et ici, comme une défectuosité du corps, un manque et une défaillance importante à laquelle il faut remédier.

La construction sociohistorique des « mutilations sexuelles » provoque non seulement un changement de perception sociale et politique du phénomène (en faveur d'une reconnaissance du crime), mais aussi un changement plus subjectif du rapport au corps des femmes excisées. Avec l'intégration des représentations dominantes et au travers la circulation (médiatique) des savoirs (médicaux), les femmes excisées issues de migrations d'Afrique subsaharienne revisitent leur propre corps et leur sexualité à la lumière des significations sociales attribuées. Il s'agit là d'une forme d'assujettissement aux normes dominantes, qui passe par une biopolitique de réparation du corps biologique et social.

BIBLIOGRAPHIE

ALDEEB Abu-Sahlieh, 1994, « To Mutilate in the Name of Jehovah or Allah: Legitimization of Male and Female Circumcision », *Medicine and Law*, vol. 13, n° 7-8, pp. 575-622.

ANDRO Armelle, LESCLINGAND Marie, CAMBOIS Emmanuelle et CIRBEAU Christelle, 2009, *Rapport final, volet quantitatif du projet Excision et Handicap*, Paris, Editions ANR.

BAJOS Natalie et BOZON Michel, 2008, *Enquête sur la sexualité en France*, Paris, Editions La Découverte

BOZON Michel, 2004, « La nouvelle normativité des conduits sexuelles, ou comment mettre en cohérence les expériences intimes ? » *in* Jacques MARQUET (dir.), *Normes et conduites sexuelles contemporaines*, Louvain-La Neuve, Academia-Bruylant, pp. 15-33.

BOZON Michel, 2009, *Sociologie de la sexualité*, Paris, Armand Colin.

BUISSON Odile, FOLDES Pierre, JANNINI Emmanuelle et MIMOUN Sylvain, 2010, « The Sonography of the Coïtus in one Volunteer Couple », *Journal of Sexual Medicine*, vol. 7, n° 8, pp. 2750-2754.

COUCHARD Françoise, 2003, *L'excision*, Paris, PUF.

FAINZANG Sylvie, 1985, « Circoncision, excision et rapports de domination », *Anthropologie et Sociétés*, vol. 9, n° 1, 1985, pp. 117-127.

FOLDÈS Pierre, 2004, « Reconstructive Plastic Surgery of the Clitoris after Sexual Mutilation » *Prog Urol*, vol. 14, n° 1, pp.47-50.

FOLDÈS Pierre et BUISSON Odile, 2009, « The Clitoral Complex. A Dynamic sonography study » *Journal of Sexual Medicine*, vol. 6, n° 5, pp. 1223-1231.

FOUCAULT Michel 2008, *Le gouvernement de soi et des autres : Cours au Collège de France (1982-1983)*, Paris, Le Seuil.

GRASSIVARO GALLO Pia, TITTA Eleanora et VIVIANI Franco, 2006, « At the Roots of Ethnic Female Genital Modification: Preliminary Report » *in* Georges DENNISTON, Pia GRASSIVARO GALLO (dir.), *Bodily Integrity and the Politics of Circumcision: Culture, Controversy and Change*, New York, Springer, pp. 49-55.

GRAVINA Giovanni Luca, BRANDETTI Fulvia, MARTINI Paolo, CAROSA Eleonora, DI STASI Savino, MORANO Susanna, LENZI Andrea et JANNINI Emmanuele, 2008, « Mesurement of the Thickness of the Urethrovaginal Space in Women with or without Vaginal Orgasme », *Journal of Sexual Medicine*, vol. 5, n° 4, pp. 610-618.

MEZAURETTE Maïa et MASCRET Damien, 2008, *La revanche du clitoris*, Paris, La Musardine.

O'CONNELL Helen, HUTSON John, ANDERSON Colin et PLENTER Robert, 1998, « Anatomical Relationship Between Urethra and Clitoris », *The Journal of Urology*, vol. 159, n° 6, pp.1892-1897

O'CONNELL Helen, SANJEEVAN Kalavampara V. et HUSTON John M., 2005, « Anatomy of the clitoris », *The Journal of Urology*, vol. 174, n° 4, pp. 1189-1195.

PAULS Rachel, MUTEMA George, SEGAL Jeffrey, SILVA Andre, KLEEMAN Steven, DRYFHOUT Vicki et KARRAM Mickey, 2006, « A Prospective Study Examinining Anatomic Distribution of Nerve Density in the Human Vagina », *Journal of Sexual Medicine*, vol. 3, n° 6, pp. 979-987.

PIQUARD Jean-Claude, 2012, *La fabuleuse histoire du clitoris*, Paris, Édition Blanche.

PUJOL Rosemonde, 2007, *Un petit bout de bonheur. À la découverte du clitoris*, Paris, Éditions Gawsewitch.

SIGNE Arnfred, 2004, *Re-thinking Sexualities in Africa*, Uppsala, Nordic Africa Institut.

SINDZINGRE Nicole, 1979, « Un excès par défaut. Excision et représentations de la féminité », *L'Homme*, vol. 19, n° 3, pp. 171-187.

SOW Fatou, 1997, « Mutilations sexuelles féminines et droits humains en Afrique », *Clio. Histoire, femmes et sociétés*, n° 6, pp. 2-11.

VAN NETTEN Jaap, GEORGIADIS Janniko, NIUEWENBURG Arie et KORTEKAAS Rudie, 2008, « 8-13 Hz Fluctuations in Rectal Pressure are an Objective Marker of Clitorally-Induced Orgasm in Women », *Archives of Sexual Behaviour*, n° 37, pp. 279-85.

VILLANI Michela, 2012, *Médecine, sexualité, excision. Sociologie de la réparation clitoridienne chez des femmes issues des migrations d'Afrique subsaharienne*, Thèse de doctorat, Paris, EHESS.

VILLANI Michela et ANDRO Armelle, 2010, « Réparation du clitoris et reconstruction de la sexualité chez les femmes excisées », *Nouvelles Questions Féministes*, vol. 29, n° 3, pp. 23-43.

VILLANI Michela et BEURET Benoît, 2011, « Le parcours de réparation de l'excision : revendication, reconnaissance et différentes formes de prises en charge », *Sociologie Santé*, n° 33, pp. 149-172.

WHO, UNICEF, UNFPA, 1997, *Female Genital Mutilation. A Joint WHO/UNICEF/ UNFPA Statement*, Geneva, World Health Organization.

WIMPISSINGER Florian, STIFTER Karl, GRIN Wolfgang et STACKL Walter, 2007, « The Female Prostate Revisited », *Journal of Sexual Medicine*, vol. 4, n° 5, pp. 1388-1393.

BIOPOLITIQUE DU STÉRILET

STRATÉGIES AU SUD*

Chikako Takeshita

Les désirs des femmes en matière de contraception et de maternité varient considérablement en fonction des normes sociales, des croyances culturelles et des situations personnelles, notamment du statut socio-économique, de la structure familiale et de l'état de santé individuel. La capacité des femmes pauvres des pays du Sud à prendre leurs propres décisions en matière de reproduction est en général très limitée en raison des difficultés qu'elles ont à se procurer des moyens de contraception, de l'absence de soins médicaux adaptés et, par-dessus tout, à cause de l'oppression croisée, dans une perspective intersectionnelle, qu'elles subissent en tant que femmes de classes inférieures dans des sociétés patriarcales. En se fondant sur des études ethnographiques d'utilisatrices du stérilet[1] en Chine, au Vietnam, en Indonésie, au Bangladesh, au Tadjikistan, en Ouzbékistan et au Nigeria, cet article s'intéresse aux multiples façons dont les femmes acquièrent une capacité d'agir en matière reproductive, en adoptant ce dispositif contraceptif ou au contraire en le refusant (Encadré). Il montre ainsi comment elles réussissent à atténuer les politiques antinatalistes officielles, à se soustraire aux demandes de leur mari, et à négocier avec les personnels de santé afin de protéger leur propre santé et de réguler leurs grossesses à leur convenance.

* Texte traduit de l'anglais par Hélène Tronc.

[1] Le stérilet est aussi appelé, plus techniquement, dispositif intra-utérin, ou DIU. Cette dénomination est privilégiée dans la littérature spécialisée car elle est plus précise et n'associe pas ce moyen de contraception à la stérilité. On a néanmoins préféré employer ici le terme français courant, pour faciliter la lecture.

Si le stérilet a parfois souffert d'une mauvaise réputation après les programmes coercitifs de pose menés sur des femmes marginalisées non consentantes et les ennuis de santé endurés par certaines utilisatrices, les exemples cités dans cet article montrent que ce dispositif contraceptif peut aussi devenir un allié pour celles qui cherchent à maîtriser leur reproduction. La durée d'efficacité du stérilet, le fait que sa pose soit contrôlée par un tiers et qu'il soit aisément réversible, tout comme sa discrétion, lui ont permis d'aider des femmes ayant des stratégies reproductives variées. Cet article démontre l'adaptabilité du stérilet dans le combat des femmes pour atteindre leurs propres objectifs reproductifs.

Retour aux sources

Les sept études ethnographiques suivantes, menées dans les années 1980 et 1990, fournissent les données qualitatives qui servent de base à mon analyse des stratégies reproductives des utilisatrices de stérilets.
1) Réponses de villageoises chinoises à la politique de l'enfant unique dans la province du Shaanxi [Greenhalgh, 1994] ;
2) et Conduites et comportements reproductifs des femmes dans un village ekiti, un sous-groupe yoruba du sud-ouest du Nigeria [Renne, 1997] ;
3) Stratégies subversives des femmes contre la domination masculine au Tadjikistan [Harris, 2000] ;
4) Entretiens avec des sages-femmes qui suivent l'activité et la santé reproductives des femmes en Ouzbékistan [Krengel et Greifeld, 2000] ;
5) Attitudes envers la contraception dans deux villages du Bangladesh [Stark, 2000] ;
6) Relation de femmes des campagnes vietnamiennes à la santé, au planning familial et aux difficultés quotidiennes [Gammeltoft, 1999] ;
7) Croyances des Balinaises en matière de reproduction, en Indonésie [Jennaway, 1996].

Chacune de ces études porte sur des contextes culturels et politiques à la fois distincts et comparables, dans lesquels les femmes font des choix reproductifs en adoptant ou en rejetant le stérilet.

La première partie offre une brève histoire politique du stérilet, en s'attardant sur l'idéologie néomalthusienne qui présida à sa mise au point et sur sa transformation plus récente en un « choix » contraceptif. La suite de l'article s'appuie sur des exemples précis, tirés des sept études sélectionnées, pour appréhender la relation des femmes des pays du Sud au stérilet, tandis qu'elles poursuivent leurs objectifs reproductifs tout en étant confrontées à des réalités sociales et économiques et à des inquiétudes sur leur santé. On évoquera d'abord brièvement la manière dont les désirs des femmes sont façonnés et limités par les normes de leur communauté en matière de comportement reproductif. On verra ensuite comment elles subvertissent les politiques démographiques officielles, résistent à l'emprise patriarcale, tiennent compte de leur santé dans leurs décisions, et se soustraient à la contrainte d'une contraception imposée en réinterprétant l'usage du stérilet à l'aune de leurs systèmes de croyance autochtones.

BRÈVE HISTOIRE BIOPOLITIQUE DU STÉRILET

Le néomalthusianisme, c'est-à-dire l'idée selon laquelle l'augmentation de la population mondiale doit être limitée afin de prévenir des catastrophes environnementales, des crises alimentaires dues à une production insuffisante ainsi que des révoltes politiques, s'est imposé aux États-Unis au milieu du XXe siècle. Le *Population Council*, une organisation caritative et philanthropique new-yorkaise fondée afin de résoudre le « problème » de la surpopulation mondiale, a joué un rôle majeur pour convaincre les gouvernements du Sud d'adopter des politiques nationales limitant la fécondité et apporter l'aide technique et les ressources nécessaires au lancement de programmes de planning familial dans ces pays. Au cours des années 1970, l'*United States Agency of International Development* (USAID) a distribué des millions de dispositifs contraceptifs hors du territoire américain, dans l'espoir que cette « inondation » pousse les populations pauvres à recourir à la contraception [Connelly, 2008]. Sous l'influence des organisations humanitaires occidentales, de nombreux pays en développement ont adopté des politiques antinatalistes, en se rangeant à l'idée qu'une croissance exponentielle de leur population menacerait leur survie économique.

Le stérilet moderne a été mis au point, testé et diffusé à partir du début des années 1960 par des philanthropes et médecins néomalthusiens qui s'étaient donnés pour mission d'inventer une méthode de contraception à même de faire baisser drastiquement les taux de fécondité dans les pays du Sud. Ces hommes appartenant aux élites occidentales partaient du principe que les femmes pauvres du Sud n'étaient pas assez éduquées ou motivées pour prévenir les grossesses en prenant la pilule contraceptive, qui exige le respect d'un calendrier strict et une prise quotidienne [Dugdale, 2000]. La solution qu'ils trouvèrent au « problème de la surpopulation » consistait en un simple morceau de plastique inséré dans l'utérus, parce que ce dispositif contraceptif ne nécessitait qu'une seule intervention pour un effet durable et semblait facilement applicable à grande échelle. Le caractère astreignant du stérilet, c'est-à-dire le fait que ce soit un dispositif de longue durée et non dépendant de l'utilisatrice, qui puisse imposer la contraception, était l'un de ses avantages [Clarke, 2000, p. 50]. Pour reprendre les propos d'Alan Guttmacher, l'ancien président de l'*International Planned Parenthood Federation*, « aucun contraceptif ne pourrait être meilleur marché et, de surcroît, une fois que le foutu machin est rentré, la patiente ne peut plus changer d'avis » (cité dans Elizabeth Watkins [1998, p. 70]). Un autre concepteur se souvenait, dans un entretien : « … c'était quelque chose qu'on pouvait faire aux gens, plutôt que quelque chose que les gens pouvaient se faire. Il plaisait donc beaucoup aux interventionnistes » (Christopher Tietze cité dans James Reed [1983, p. 307]).

Le *Population Council* aiguilla les concepteurs du stérilet dans leur mise au point du modèle idéal, doté de la meilleure efficacité contraceptive. Ils élaborèrent des dispositifs de diverses tailles, formes et matières afin de trouver la configuration optimale, qui limite les grossesses, les expulsions spontanées de l'utérus et les retraits causés par des douleurs et des saignements. Des inventeurs non affiliés au *Population Council* ont aussi conçu, testé et breveté des dispositifs, dont certains ont été produits et mis sur le marché. Comme je l'ai montré dans *The Global Biopolitics of the* IUD [Takeshita, 2012], les concepteurs du stérilet concevaient l'utérus comme un territoire à occuper et à contrôler afin de réguler les femmes qui « surprocréaient ». Les récits de leurs efforts pour soumettre l'utérus présentent des similarités frappantes avec les récits coloniaux relatant la conquête de territoires insoumis. Les cavités utérines fécondes et les anciens territoires coloniaux se recoupent dans l'imaginaire occidental : ces deux types de lieux doivent être soumis à la recherche scientifique et à l'exploitation technologique [Takeshita, 2012]. Ce zèle à occuper l'utérus s'est matérialisé dans des dispositifs contraceptifs aussi dangereux que le *Majzlin Spring* et le *Dalkon Shield*, qui s'incrustaient dans la paroi de l'utérus, causant de graves infections, rendant certaines femmes stériles et faisant même plusieurs victimes parmi les utilisatrices occidentales. On ignore combien de femmes du Sud ont souffert de blessures ou sont mortes de complications provoquées par ces dispositifs. Comme l'a souligné l'historienne féministe Andrea Tone [1999], certains dispositifs intra-utérins étaient conçus pour infliger une forme de violence aux femmes.

À ses débuts, le stérilet nuisait gravement à la santé des femmes. Les premiers, en plastique, n'étaient pas aussi efficaces que les modèles contemporains et provoquaient davantage de grossesses accidentelles, y compris parfois lorsque le stérilet était en place. Des techniques d'insertion compliquées pouvaient aussi causer des perforations utérines et une stérilité imparfaite. L'absence de tests pour détecter les infections utérines causait aussi de nombreuses infections, parfois suffisamment sévères pour rendre les femmes stériles. Au fil des années, des stérilets plus efficaces et des protocoles d'insertion plus sûrs ont été mis au point. Aujourd'hui, quand ils sont correctement utilisés, les stérilets au cuivre et les stérilets hormonaux sont efficaces à 99 % pour éviter les grossesses. Du moment qu'elle est mise en œuvre par un agent de santé formé à cet effet, cette méthode de contraception est sûre et fiable. Les effets secondaires tels que des douleurs ou des saignements sont en général tolérés par les utilisatrices occidentales, même si les femmes sensibles à la progestérone peuvent occasionnellement souffrir de nausées, de ballonnements ou de dépression.

Les chercheuses féministes ont critiqué le stérilet, non seulement à cause des risques qu'il engendre pour la santé mais à cause de sa pose coercitive ou semi-coercitive sur des femmes pauvres, de couleur, et des pays du Sud. Les grandes campagnes de pose de stérilets ont commencé dans les années 1960 à Taïwan et en Corée du Sud, avec le soutien et à la demande du *Population Council*. Les taux de fécondité y ont chuté à la suite de campagnes gouvernementales virulentes, faisant de ces deux pays des vitrines de la diffusion du stérilet pour le *Population Council* [Kim, 2008]. L'organisation aida aussi l'Inde à lancer une campagne en faveur du dispositif intra-utérin *Lippes Loop*. Des quotas furent établis pour chaque État, les médecins recevaient des incitations pour réaliser des stérilisations et poser des dispositifs intra-utérins ; des « escadrons Loop » étaient envoyés pour faire du chiffre en allant de village en village, où ils rassemblaient les femmes pour leur poser des stérilets en leur fournissant très peu d'information et en sollicitant encore moins leur consentement [Connelly, 2008]. Hartmann [1995] raconte qu'en Indonésie, sous le régime militaire de Suharto, dans les années 1980, les femmes étaient rassemblées sous la menace d'armes à feu pour qu'on leur pose des stérilets. En vertu de la politique de l'enfant unique instituée en 1979 en Chine, tous les couples de Chinois Han en âge de procréer et ayant au moins un enfant devaient utiliser un moyen de contraception efficace, ce qui signifiait souvent que la femme se faisait poser un stérilet après une première naissance, conformément aux directives municipales [Greenhalgh et Li, 1995]. Afin d'empêcher les femmes d'interférer avec le dispositif, le gouvernement chinois utilisait des anneaux en acier sans fil [Greenhalgh, 1994]. Pour retirer le stérilet, il fallait faire passer un crochet par le col de l'utérus et aller à la pêche au stérilet dans l'utérus. Cela rendait les retraits beaucoup plus difficiles et dangereux que lorsqu'il faut simplement tirer sur un fil qui dépasse dans le vagin, comme c'est le cas de la plupart des stérilets actuels.

Au milieu des années 1960, les concepteurs de stérilet comprirent que cette forme de contraception n'était pas aussi efficace en pratique qu'elle aurait dû l'être en théorie. La campagne de promotion du *Lippes Loop* en Inde s'était soldée par un échec, puisque les Indiennes refusaient d'accepter les stérilets passivement et sans rien dire. De nombreuses femmes qui n'étaient pas informées des possibles effets secondaires réagissaient aux saignements ou aux douleurs en retirant elles-mêmes les stérilets. Elles conseillaient aussi à leurs amies et aux membres de leur famille de les rejeter, entravant ainsi la politique de pose massive du gouvernement [Dandekar *et al.*, 1976]. L'expérience indienne finit par contraindre les promoteurs de ce moyen de contraception à reconnaître que les femmes peuvent être actrices de leur propre santé et que c'est ainsi qu'elles agissent dans les faits. Le *Population Council* concéda qu'« éduquer » les femmes était aussi indispensable que de leur faire « accepter » les stérilets. À l'instigation de l'une de ses chercheuses, l'organisme se mit à privilégier peu à peu des démarches de santé reproductive centrées sur les femmes elles-mêmes [Bruce, 1987].

Même une fois qu'ils eurent renoncé à l'idée que le stérilet était une panacée face au risque de surpopulation, ses défenseurs continuèrent de le promouvoir comme une méthode contraceptive envisageable pour toutes les femmes. Au cours des cinquante dernières années, ils ont fait en sorte que le stérilet soit beaucoup mieux accepté, non seulement en améliorant son efficacité, mais aussi en surmontant systématiquement les différents obstacles rencontrés en chemin. Le principal recul a été dû à la crise du *Dalkon Shield*, lors de laquelle un produit commercialisé et distribué à grande échelle causa de graves infections, particulièrement dommageables pour les femmes jeunes, puisque leurs blessures les rendaient stériles avant même qu'elles aient leur premier enfant [Mintz, 1985]. Une action de groupe a été intentée contre le fabricant du Shield au milieu des années 1980, conduisant les distributeurs de stérilets à retirer leurs produits du marché américain et incitant les médecins américains à ne plus proposer ce mode de contraception à leurs patientes. Le *Population Council* a amorti le coup en relançant le stérilet au cuivre aux États-Unis, afin de redorer le blason de cette méthode de contraception, distribuée par des organisations humanitaires américaines dans les pays du Sud [Takeshita, 2012].

Les promoteurs du stérilet ont réussi à former une alliance avec les féministes pro-choix en délaissant les arguments de contrôle de la population, qui légitimaient le recours à la pose forcée de contraceptifs de longue durée, au profit d'une rhétorique d'émancipation des femmes. La Conférence internationale sur la population et le développement qui s'est tenue au Caire en 1994 a réuni d'anciens néomalthusiens et des défenseurs de la santé des femmes dans la lutte contre les tentatives du Vatican pour éliminer toute référence à l'avortement dans le document final rédigé par tous les groupes participants. La position du Vatican contre la contraception faisait par contraste passer les partisans d'un contrôle des naissances pour des progressistes et les rapprochait ainsi des féministes qui souhaitaient diffuser les méthodes de contraception. Le *Population Council* renouvela son engagement à développer de nouveaux moyens de contraception en arguant que la variété des options aiderait à répondre aux besoins des femmes et que la contraception était le meilleur moyen pour faire avancer l'émancipation économique des femmes. En modifiant légèrement leur position et en se plaçant du côté des militantes féministes, les partisans du stérilet firent évoluer ce dispositif : la technologie permettant d'atteindre des objectifs nationaux de réduction de la fécondité est devenue un « choix » contraceptif pour les femmes considérées individuellement [Takeshita, 2004].

Cent cinquante millions de femmes utilisent aujourd'hui le stérilet dans le monde. Les dispositifs intra-utérins sont relativement courants dans certains pays d'Europe depuis des décennies, tandis qu'aux États-Unis le marché du stérilet ne s'est que récemment relevé des échecs passés du *Dalkon Shield*. Une nouvelle génération de médecins américains, ouverts à cette méthode, a remplacé celle qui avait vécu les poursuites en justice pour faute professionnelle engagées contre les fournisseurs de stérilets dans les années 1970 et 1980. Les ventes aux États-Unis sont en hausse depuis la fin des années 2000, notamment après une publicité à la télévision qui présentait le stérilet hormonal Mirena comme un moyen de contraception pratique pour les femmes actives et occupées. Aujourd'hui, aux États-Unis, le stérilet est fourni par *Planned Parenthood*, les centres de soins des campus universitaires, les cabinets médicaux publics et privés, et il est présenté comme un choix contraceptif valable non seulement pour les femmes qui ont déjà un enfant et pourront avoir d'autres grossesses ou celles qui attendent la ménopause, mais aussi pour les plus jeunes qui ne fonderont pas une famille avant plusieurs années. Simultanément, le caractère astreignant du stérilet n'a jamais cessé d'être un avantage aux yeux de ceux qui veulent pouvoir réguler avec une certaine fiabilité la fécondité des femmes. Son histoire particulière en a fait un dispositif contraceptif politiquement polyvalent, capable d'incarner des politiques démographiques opposées : limitation de la population et « choix » reproductif, eugénisme positif ou négatif, contrôle du corps féminin et autodétermination reproductive des femmes [Takeshita, 2012]. Entre autres caractéristiques, sa durée d'efficacité, son caractère astreignant, sa réversibilité et son invisibilité ont aussi contribué à sa polyvalence. La section suivante s'intéresse à l'adaptabilité politique de ce dispositif contraceptif, en étudiant les stratégies reproductives réelles des femmes.

STRATÉGIES REPRODUCTIVES DES FEMMES

Les exemples d'utilisation stratégique du stérilet par les femmes elles-mêmes sont tirés de sept études ethnographiques que j'ai découvertes en passant en revue la littérature sur le sujet. Réunies, elles offrent un riche éventail de contextes socioculturels et politiques. Susan Greenhalgh a mené son étude en 1988 en Chine, dans un village rural de la province du Shaanxi, neuf ans après l'instauration de la politique de l'enfant unique. Constatant que les Chinois n'obéissaient pas à la règle d'un enfant par couple et inquiet de voir que l'objectif national en matière de fécondité ne serait pas atteint, le gouvernement chinois venait de rendre plus stricte l'application de cette mesure [Greenhalgh et Li, 1995]. Les programmes de planning familial néomalthusiens ont aussi fortement affecté la vie des femmes en zone rurale au milieu des années 1990 dans les villages vietnamiens où Tine Gammeltoft a étudié leurs effets sur la santé, la planification familiale et les défis quotidiens, en s'intéressant notamment au stérilet [Gammeltoft, 1999]. L'étude de Megan Jennaway dans les années 1990 sur les croyances des Balinaises concernant la reproduction suivit elle aussi une période de forte intervention de l'État pour contrôler la fécondité [Jennaway, 1996]. Le Tadjikistan et l'Ouzbékistan se trouvaient tous les deux dans une phase de transition entre leur appartenance à l'Union soviétique et leur transformation en états islamiques dans les années 1990, lorsque Colette Harris [2000] enquêta sur les stratégies subversives des femmes tadjiks contre la domination masculine et que Monika Krengel et Katarian Greifeld [2000] interrogèrent des sages-femmes ouzbeks suivant l'activité et la santé reproductives des femmes au niveau local. Les enjeux politiques de la reproduction évoluèrent avec les changements de gouvernement, mais le stérilet, qui était l'unique moyen de contraception réversible disponible durant l'ère soviétique, demeura un outil important dans le contrôle de la fécondité. De même, dans les villages du Bangladesh où Nancy Stark [2000] a réalisé son enquête sur le recours à la contraception et parmi les femmes ekiti du sud-ouest du Nigeria étudiées par Elisha Renne [1997], les programmes de planning familial financés par l'État sont la principale source de moyens de contraception. Les attitudes des femmes à l'égard de la contraception varient grandement en fonction des contextes locaux et personnels mais toutes sont affectées d'une manière ou d'une autre par la structure sociale patriarcale décrite plus en détail ci-dessous. Les exemples choisis n'ont pas la prétention d'être exhaustifs mais ils illustrent les obstacles typiques auxquels les femmes des pays du Sud continuent d'être confrontées s'agissant de fécondité et de statut social. La diversité des contextes permet de montrer que, dans un cadre culturel donné, les femmes peuvent recourir à différentes stratégies pour exercer leur autodétermination reproductive et qu'inversement, dans des contextes différents, elles peuvent utiliser des méthodes identiques pour reprendre le contrôle de leur corps.

Où qu'elles vivent dans le monde, les femmes qui sont marginalisées dans leur société doivent inventer des stratégies si elles veulent poursuivre activement leurs propres objectifs reproductifs et sociaux, alors même qu'elles subissent des pressions contradictoires de la société, de leur famille et de l'État. Certaines femmes sont pressées par leur mari et leurs beaux-parents de continuer à avoir des enfants tandis que des agents du planning familial s'efforcent de les convaincre d'éviter de nouvelles grossesses. Dans des contextes culturels où il est difficile d'obtenir la coopération du mari, de nombreuses femmes sont contraintes de prendre elles-mêmes en charge ces questions. Elles doivent exploiter leur mobilité et leur pouvoir de décision limités pour servir le bien-être économique et social de leur famille, et utiliser au mieux leur jugement pour protéger leur santé des risques suscités par des grossesses successives. Certaines femmes peuvent être contraintes de cesser toute contraception sur ordre de membres de leur famille.

Les désirs des femmes en matière de reproduction sont souvent influencés par les normes de leur communauté, qui sont elles-mêmes le produit d'un système social patriarcal, de systèmes de croyance traditionnels et de la propagande officielle incessante en faveur de familles réduites. Au cours des dernières décennies, les femmes des pays en voie de développement ont reçu le message qu'il valait mieux fonder une famille réduite parce que les parents disposent ainsi de davantage de ressources pour moins d'enfants, tandis que les familles nombreuses sont condamnées à la pauvreté. Ce message est transmis directement aux familles par le personnel de santé local, qui est chargé de distribuer les moyens de contraception, et par des affiches et des panneaux officiels montrant par exemple, en parallèle, un foyer malheureux, pauvre et désordonné, avec de nombreux enfants et un autre, heureux, moderne et ordonné, comprenant seulement deux enfants. Dans les campagnes chinoises, le nombre idéal d'enfants pour une femme s'est considérablement réduit par rapport aux familles traditionnelles dans lesquelles les nombreux enfants aidaient aux travaux agricoles et prenaient en charge leurs parents lorsqu'ils vieillissaient. Les villageoises chinoises interrogées par Susan Greenhalgh [1994] désirent en moyenne deux enfants, dont au moins un fils : c'est plus que l'enfant unique exigé par l'État mais cela montre tout de même que les femmes ont adapté leurs attentes aux pressions officielles pour limiter le nombre d'enfants. De même au Vietnam, la plupart des villageois ont intégré l'idée qu'une famille moins nombreuse s'en sort mieux économiquement [Gammeltoft, 1999]. En Ouzbékistan, la famille idéale compte deux ou trois garçons et deux filles, conformément au principe que les parents devraient avoir des enfants des deux sexes et que chaque enfant doit bénéficier de la présence d'un autre enfant du même sexe dans la famille.

Dans certaines sociétés, la vertu d'une femme se juge à l'aune de sa capacité à exercer le don qu'elle a reçu de Dieu, d'enfanter et d'élever ses enfants. Parce que leur statut social est fondé sur la maternité, les femmes redoutent la stérilité et sont rassurées par le fait d'avoir plusieurs enfants. Dans de nombreuses cultures, elles acceptent la responsabilité de concevoir des fils ; elles célèbrent la naissance d'un garçon, tandis qu'elles envisagent l'avortement lorsqu'elles savent que le fœtus est une fille. Paradoxalement, ce genre de préférence « culturelle », qui garantit à la femme sa place dans la communauté, est souvent le reflet d'une société patriarcale qui se perpétue en récompensant le rôle des femmes au foyer. Autrement dit, les désirs des femmes en matière de reproduction sont souvent une internalisation des rôles sociaux de sexe de leur société, où la valeur d'une femme se mesure à sa fécondité et à sa capacité à enfanter des garçons. Les risques encourus par celles qui dérogent à ces attentes ne sont pas négligeables, notamment là où le statut social des jeunes femmes est très peu élevé et où les femmes dépendent entièrement des hommes économiquement. Certains des exemples qui suivent montrent que les femmes peuvent être victimes de violence et de punitions sociales si leurs visées reproductives affaiblissent l'autorité masculine.

Comme l'affirme Nancy Stark [2000, p. 195] :

> « Les femmes adoptent et délaissent les moyens de contraception en fonction de leur intérêt personnel, qui découle de la nécessité pour elles d'assurer leur sécurité économique et sociale, tout en satisfaisant aux demandes de travail productif et reproductif. »

Lorsque les femmes cherchent à jouer un rôle actif dans le contrôle de leurs grossesses, elles sont motivées par de multiples facteurs, y compris le contexte sociopolitique, les croyances religieuses, les normes culturelles et leur situation personnelle. Dans les sociétés où la capacité d'agir des femmes est strictement limitée, où l'État exerce un contrôle étroit sur leur corps, leurs stratégies nécessitent diverses formes de manœuvres et de manipulations contraceptives. Si ces efforts ne modifient pas en profondeur leur statut d'opprimées, ils leur permettent néanmoins d'agir en tant qu'actrices de la reproduction, en exploitant au mieux les ressources dont elles disposent et en composant avec les restrictions qui leur sont imposées. La section suivante illustre la manière dont les femmes subvertissent les politiques antinatalistes, défient le contrôle patriarcal, protègent leur santé et échappent à la contraception en invoquant des croyances locales, quand elles sollicitent, interrompent ou refusent l'utilisation de stérilets.

SUBVERTIR L'ÉTAT

Le corps des femmes est un enjeu crucial pour les gouvernements car la reproduction de la population est un facteur essentiel pour l'économie d'un pays. Les politiques antinatalistes au niveau étatique s'appuient sur plusieurs types de mesures, telles que la contraception obligatoire, des incitations ou des amendes, et de la propagande vantant les mérites de familles réduites. Partout dans le monde, une biopolitique néomalthusienne a légitimé l'application forcée de moyens contraceptifs aux femmes pour satisfaire des objectifs nationaux. L'Indonésie a ainsi mené des campagnes antinatalistes très agressives visant à limiter le nombre d'enfants à deux par famille à la fin des années 1970 et au début des années 1980, y compris à Bali, où Megan Jennaway a réalisé son enquête [1996]. Le gouvernement nigérian proclama quant à lui en 1988 que « Quatre c'est assez » et lança le programme « Espacez vos enfants ». Vers la même époque, le gouvernement vietnamien essayait de convaincre les familles de limiter le nombre d'enfants à un ou deux, en les espaçant de trois à cinq ans. Une fois qu'ils se furent affranchis de l'Union soviétique, qui avait promu le natalisme pour accélérer la reproduction des travailleurs et des soldats, les gouvernements islamiques du Tadjikistan et de l'Ouzbékistan prirent des mesures pour faire baisser leur taux de fécondité à environ quatre enfants par femme.

Ce sont en général les professionnels de santé qui sont chargés de faire appliquer les directives nationales, en contrôlant le taux de fécondité des communautés locales, en tenant les registres des grossesses et des naissances, en persuadant les villageoises de recourir à la contraception, en veillant à ce que les règles soient respectées et en infligeant des pénalités aux familles qui dépassent le quota de naissances. En Ouzbékistan, les sages-femmes enregistrent localement les femmes qui sont enceintes, celles qui viennent d'avoir un enfant et doivent donc éviter une nouvelle grossesse et celles qui devraient s'abstenir parce que leur état de santé après cinq grossesses est jugé trop faible, par exemple. De manière plus notoire, en réponse aux quotas fixés par le gouvernement central chinois, certains fonctionnaires locaux de santé ont institué des mesures drastiques comme l'avortement forcé et la stérilisation contrainte.

Lorsque Susan Greenhalgh [1994] menait son enquête auprès des villageoises du Shaanxi, les cadres du planning familial local posaient des stérilets aux femmes qui avaient déjà un enfant. S'ils découvraient qu'une mère était enceinte d'un deuxième enfant, ils la forçaient à avorter et, si une femme réussissait malgré tout à avoir un deuxième enfant, ils la stérilisaient. Comme dans le reste du pays, les villageois estimaient qu'il était vital d'avoir un fils qui puisse les prendre en charge dans leur vieillesse et ils s'entraidaient pour atteindre l'objectif de deux enfants dont au moins un fils, en soustrayant les femmes enceintes à l'attention des cadres chargés de la planification des naissances. Susan Greenhalgh a aussi pu observer que les villageois exerçaient une pression sur ces cadres pour qu'ils ferment les yeux sur certaines infractions. Les cadres qui cédaient permettaient aux femmes de mener leur grossesse à terme si elles n'avaient pas atteint la structure familiale idéale, même si cela contrevenait aux directives officielles.

Susan Greenhalgh découvrit aussi dans son étude dix-huit femmes dont les stérilets avaient été soi-disant spontanément expulsés. Comme il a déjà été mentionné, la politique chinoise de contrôle de la natalité privilégiait les stérilets en forme d'anneaux et sans fil parce qu'ils étaient plus difficiles à retirer. Comme le retrait non-autorisé d'un stérilet était sévèrement puni, aucune des femmes interrogées ne pouvait admettre qu'elle avait retiré illégalement le sien ; elles expliquèrent en revanche que les anneaux étaient simplement « tombés ». Susan Greenhalgh avance l'hypothèse que ces femmes s'étaient intentionnellement débarrassées de leurs stérilets pour avoir plus d'enfants, puisque la plupart d'entre elles tombèrent enceintes dans les trois mois qui suivirent. Susan Greenhalgh en conclut que l'interruption illégale des dispositifs de contraception intra-utérins, avec ou sans l'intervention d'un tiers, fait partie des stratégies employées par les femmes pour résister aux politiques antinatalistes et que cela est permis par la réversibilité du stérilet, qui peut être retiré sans que quiconque le détecte. Monika Krengel et Katarian Greifeld [2008] ont aussi rencontré un cas de stérilet « perdu » chez une femme plus âgée qui n'avait pas été jugée capable de mener une grossesse à terme. Les sages-femmes l'autorisèrent à poursuivre sa grossesse car elle était en bonne santé, même si elle avait déjà assez d'enfants d'après les critères officiels du planning familial. Ces exemples rencontrés en Chine et en Ouzbékistan montrent que lorsqu'une politique antinataliste s'appuie sur le stérilet pour atteindre ses objectifs, les femmes ont la possibilité de subvertir les règles officielles en retirant elles-mêmes leur stérilet.

RÉSISTER AU PATRIARCAT

Les chercheurs expliquent souvent que l'adhésion des femmes aux normes sociales locales en matière de reproduction est le reflet de spécificités « culturelles », impliquant par-là que les choix faits par ces femmes sont normaux, compréhensibles et légitimes. Ce type d'explication néglige toutefois le rôle du patriarcat et son omniprésence dans de nombreuses cultures. Les sociétés patriarcales perpétuent la domination masculine en privant les femmes de pouvoir économique, politique et juridique et en imposant des rôles sociaux de sexe qui assurent aux hommes un statut social supérieur. Les hommes contrôlent de surcroît souvent le comportement et la capacité reproductive des femmes, y compris la fréquence des grossesses, le nombre d'enfants, et le recours à la contraception, à l'avortement et aux soins médicaux en cas de problème de santé. Le patriarcat et les grandes religions qui encouragent le natalisme se rejoignent souvent dans la promotion d'idéaux familiaux centrés sur l'homme, fondés sur la subordination des femmes et leur assignation au foyer et à la maternité. Cette alliance des idéologies religieuses et patriarcales favorise aussi les schémas de reproduction qui impliquent davantage de grossesses pour les femmes. Le statut supérieur des hommes dans les sociétés patriarcales signifie en effet que les fils sont préférés aux filles, ce qui incite les femmes à multiplier les grossesses jusqu'à ce que naissent un ou plusieurs fils. Dans certaines cultures, c'est même la fécondité d'une femme qui détermine le statut de son conjoint, puisque cette fécondité est la preuve de sa virilité et de sa capacité à entretenir une famille nombreuse. Les femmes qui enchaînent les grossesses et qui s'occupent de nombreux enfants en bas âge ont peu de possibilités de sortir de chez elles, peu d'opportunités économiques et peu d'influence sociale. Elles dépendent de leur mari pour vivre, ce qui renforce l'ascendant des hommes en tant que chefs de famille. Ces pratiques de reproduction perpétuent évidemment la hiérarchie de genre.

Dans les sociétés très patriarcales, il n'est pas rare qu'un mari interdise à sa femme de recourir à la contraception et exige plus d'enfants, notamment des garçons. La femme peut pour sa part ne pas souhaiter avoir plus d'enfants, que ce soit pour des raisons économiques ou parce qu'elle sent les effets des grossesses à répétition sur sa santé. Il lui est toutefois impossible d'agir librement pour contrôler sa fécondité dans une société où les femmes sont sous-estimées et où elles sont censées se soumettre aux hommes. Les femmes doivent prendre de gros risques personnels pour défier leur mari ou leurs beaux-parents puisque la désobéissance peut appeler un châtiment allant jusqu'à la violence physique ou le divorce. C'est ce qui est arrivé à Tozgal, une des Tadjiks interrogées par Colette Harris [2000]. Après avoir eu six enfants en sept ans, elle se procura un stérilet en secret. Au bout de quelques années, son mari menaça de divorcer en invoquant sa stérilité ; Torgal lui avoua alors qu'elle utilisait un stérilet et qu'elle n'était pas stérile. Son mari divorça aussitôt, furieux d'avoir utilisé ses capacités sexuelles « à vide ». Une autre Tadjik parvint à convaincre son mari qu'elle devait recourir à la contraception. Au moment de l'accouchement de son quatrième enfant, Zulfia saisit son mari et le força à assister à l'accouchement au lieu d'aller chercher une sage-femme. Avant cet événement, le mari était décidé à avoir un fils puisque ses trois premiers enfants étaient des filles. Après avoir vécu l'expérience terrifiante de la naissance de sa quatrième fille et après avoir compris les souffrances de sa femme, il l'envoya se faire poser un stérilet, renonçant de lui-même à avoir un fils [Harris, 2000].

La discrétion du stérilet est une caractéristique secondaire, que ses concepteurs n'avaient pas expressément recherchée pour son usage premier, le contrôle de la population. Mais c'est une qualité que les femmes apprécient parfois pour un moyen de contraception. En Ouzbékistan, lorsque les sages-femmes voyaient des femmes qui ne souhaitaient pas avoir plus d'enfants, elles leur posaient des stérilets pour les aider à recourir à la contraception en secret, à l'insu de leur mari [Krengel et Greifeld, 2000]. Dans les villages du Bangladesh où Nancy Stark [2000] a réalisé son étude, les femmes n'ont pas le droit de se rendre dans une clinique sans être accompagnées par leur mari ou leur belle-mère. Les personnels de santé locaux contournaient cet obstacle en rendant visite à chaque femme chez elle et en lui administrant une injection contraceptive tous les trois mois. Cette injection, le Depo-Provera, était la méthode préférée parce qu'elle ne laissait aucune trace décelable par le mari. Les prestataires de soins locaux aident souvent les femmes à avoir accès à la contraception, notamment dans les lieux où la mobilité féminine est strictement limitée et où les maris sont réfractaires à la contraception pour leur femme. Si les agents locaux du planning familial peuvent devenir des adversaires, qui contrôlent la fécondité des femmes contre leur volonté, ils apportent aussi un précieux soutien aux villageoises qui veulent s'écarter des normes locales. Le combat des femmes en faveur de leur autodétermination reproductive devient complexe quand elles se trouvent prises entre l'idéologie néomalthusienne antinataliste et des normes patriarcales natalistes. Il arrive parfois qu'elles réussissent à faire jouer ces pressions l'une contre l'autre pour satisfaire leurs propres besoins.

Les femmes font très attention et opèrent de manière très stratégique lorsqu'elles bravent la domination patriarcale et décident elles-mêmes de leur comportement reproductif. Nancy Stark [2000] cite le cas de Komolo, une villageoise bangladaise qui convainquit son mari d'emmener leur fils malade à l'hôpital et qui, arrivée à l'hôpital, réussit à obtenir un stérilet à l'insu de son conjoint. Au bout d'un certain temps, Komolo lui avoua qu'elle recourait à la contraception et celui-ci admit à contre cœur que le couple n'avait pas les moyens de faire vivre un autre enfant et consentit à la contraception. Nancy Stark explique que ces hommes répugnent à autoriser ouvertement leurs épouses à utiliser des moyens de contraception parce que cela reviendrait à admettre qu'ils sont incapables de subvenir aux moyens d'une famille nombreuse. Lorsqu'une femme se procure en secret un moyen de contraception et qu'elle l'avoue ensuite à son mari, elle satisfait ses besoins de deux manières. Tout d'abord, le mari peut affirmer publiquement qu'il n'a jamais autorisé le recours à la contraception et soutenir que sa femme est la seule responsable. Mais en avouant, la femme reconnaît aussi et rétablit par là-même l'autorité de son mari. Celui-ci peut donc préserver son statut social et religieux, et son épouse peut échapper à sa colère. Nancy Stark explique que c'est une tactique répandue parmi les Bangladaises de cette communauté qui se procurent un stérilet ou d'autres moyens de contraception. La discrétion du Depo-Provera et du stérilet permet aux femmes de tromper leur mari et aux maris de prétendre qu'ils n'ont rien remarqué. Un dispositif qui passe inaperçu, tel le stérilet, peut donc dans certains cas aider les femmes à pallier leur manque de liberté d'une manière qui soit culturellement acceptable. Si ce type de stratégie n'aide guère à réformer la hiérarchie de genre fondamentale, le stérilet peut malgré tout aider certaines femmes à résister au patriarcat de manière modeste mais décisive pour chacune.

PRÉSERVER SA SANTÉ

Les partisans de la contraception dans les pays du Sud citent souvent les dangers physiques de la grossesse ou la mortalité et la morbidité maternelles comme raisons justifiant la diffusion des méthodes contraceptives. La politique démographique nationaliste de l'Ouzbékistan, durant les années 1990, privilégiait la naissance d'Ouzbeks en bonne santé. Elle mettait en particulier l'accent sur la santé des femmes parce beaucoup d'entre elles souffraient d'anémie en raison des toxines présentes dans l'environnement. L'espacement des enfants grâce à la contraception ne visait pas seulement à limiter la taille des familles ouzbeks mais à permettre aux femmes de se rétablir pleinement entre deux grossesses. Le nouvel état islamique ayant interdit l'avortement, les sages-femmes et les femmes ouzbeks se tournèrent vers le stérilet pour remplir les objectifs sanitaires nationaux. Mais protéger leur santé reproductive du stress suscité par plusieurs grossesses successives fait aussi partie des objectifs personnels des femmes, en Ouzbékistan comme ailleurs. Comme nous l'avons vu dans le cas de Komola, au Bangladesh, les femmes qui font en sorte d'obtenir un stérilet sont souvent motivées par le désir de ménager leur santé. Paradoxalement, les contraceptifs peuvent aussi détériorer la santé. Les stérilets peuvent provoquer des crampes et des douleurs sévères ainsi que des règles irrégulières et abondantes, qui peuvent aggraver l'anémie des femmes souffrant de malnutrition. Au Vietnam ou à Bali par exemple, les femmes estiment que les effets secondaires du stérilet affectent leur santé, et que les règles irrégulières les rendent « sales ». Nancy Stark affirme que les effets secondaires des contraceptifs hormonaux et intra-utérins fragilisent notablement l'indépendance reproductive des Bangladaises puisqu'elles sont obligées d'en interrompre l'utilisation et tombent alors inévitablement enceintes

Les Vietnamiennes interrogées par Tine Gammeltoft [1999] avaient enduré des souffrances et des défaillances physiques causées par le stérilet parce qu'elles n'avaient pas d'autres choix de contraception. Malgré les effets secondaires gênants, beaucoup acceptent le stérilet et celles qui l'utilisent se sentent privilégiées de le tolérer puisque sinon elles pourraient tomber enceintes sans le vouloir et risqueraient d'avoir des enfants, aux besoins desquels elles seraient incapables de subvenir, ou seraient contraintes d'avorter. Afin de conserver leurs forces, qu'elles jugeaient diminuées par le stérilet, les femmes vietnamiennes invoquaient parfois les effets secondaires pour se soustraire aux travaux les plus pénibles. L'élaboration de stratégies contraceptives implique donc aussi pour les femmes d'optimiser leur santé face aux exigences productives et reproductives qu'on leur impose.

L'AFFIRMATION D'ÉPISTÉMOLOGIES LOCALES

Elisha Renne [1997] raconte que les femmes ekiti parmi les Yorubas du Nigeria, et notamment les plus âgées, perçoivent le stérilet comme un « objet mythologique » associé à des pratiques surnaturelles. La fécondité est traditionnellement une valeur importante chez les Ekiti, pour qui la fécondité féminine est un don divin. Ceux qui considèrent qu'il est immoral de mépriser ce don n'ont jamais été très favorables à un contrôle volontaire de la reproduction. Ils critiquent les jeunes femmes qui privilégient les études ou le travail en leur reprochant d'être égoïstes et de se dérober à leurs responsabilités maternelles. Qu'elle soit traditionaliste ou pas, une femme ekiti redoute d'être ou de devenir stérile car ce sont les enfants qui confèrent aux femmes leur statut social ; de nombreuses femmes accueillent donc favorablement les grossesses à répétition puisqu'elles sont un gage de fertilité. Dans ce contexte, le stérilet, qui empêche la grossesse pendant une longue durée, tend à éveiller des angoisses de stérilité chez les femmes ekiti. Comme il est de surcroît posé par des docteurs ou des infirmières, le dispositif leur rappelle le « retournement de l'utérus », une pratique de sorcellerie infligée par une personne malveillante, qui prend le contrôle de l'organe reproducteur pour rendre la femme stérile. Autrement dit, la pose d'un stérilet évoque pour une femme ekiti la privation potentiellement définitive de la fécondité par un étranger puissant, grâce à la magie. Cette interprétation autochtone du stérilet le rend inacceptable aux yeux des villageoises, qui se sentent d'autant plus enclines à le rejeter que leur cadre culturel est déjà peu ouvert à la contraception. En associant le dispositif contraceptif à des croyances locales et en le rejetant, ces femmes expriment leur capacité d'agir en matière de reproduction et leur indépendance en matière de savoir. Les villageoises ont disqualifié les programmes de planning familial imposés par le gouvernement, en qui elles n'avaient déjà pas confiance, selon Elisha Renne.

Megan Jennaway [1996] offre un autre exemple, balinais, de rejet du stérilet au nom de croyances autochtones. Dans les années 1970 et au début des années 1980, l'Indonésie a mis en œuvre un programme démographique draconien, qui a fait chuter le taux de fécondité. Le stérilet fut retenu comme technologie privilégiée, à l'exclusion quasi-totale d'autres dispositifs. Il était non seulement fourni aux femmes gratuitement mais était aussi posé sans restriction par les personnels de santé, qui ne vérifiaient pas la présence d'infections génitales préexistantes et n'offraient pas de suivi médical après la pose. À Bali, les municipalités traquaient les couples fertiles qui refusaient toute contraception jusqu'à ce que le taux d'acceptation soit suffisamment élevé. Le taux de natalité balinais chuta fortement. Le stérilet y demeura le moyen de contraception le plus répandu jusque dans les années 1990, en partie parce que les autres méthodes n'étaient pas facilement accessibles. Megan Jennaway explique que, dans ce contexte historique, le stérilet se trouve associé au ressentiment envers une contraception coercitive. Mais elle précise que le rejet du stérilet par les Balinaises est aussi culturel. Les règles plus abondantes les font se sentir « sales ». Elles pensent aussi que le stérilet les affaiblit et leur fait perdre du poids. Lorsque le Depo-Provera était disponible, elles préféraient cette méthode par injection parce qu'elle réduisait leur flux menstruel et leur faisait gagner du poids, un bénéfice important dans une culture qui valorise les corps féminins aux formes pleines [Jennaway, 1996].

La culture balinaise valorise aussi les « associations » bénéfiques, que ce soit dans les relations sociales ou entre une personne et un objet, parce que la cosmologie locale est fondée sur l'idée que l'ordre et l'harmonie sont la condition fondamentale de l'univers. Lorsque les Balinaises souhaitèrent rejeter le stérilet à cause de ses effets secondaires, elles arguèrent que le dispositif était incompatible avec leur corps. L'argument de la « mauvaise association » étant légitime dans le contexte culturel local, les femmes purent échapper relativement facilement à l'obligation d'utiliser ce moyen de contraception. Megan Jennaway explique que ces femmes balinaises ont mobilisé stratégiquement une contre-idéologie pour saper passivement l'action de l'État, en faisant valoir que cette méthode de contraception ne convenait pas aux femmes locales. Ces cas nigérians et balinais offrent des exemples de défiance par rapport aux modes de connaissances, où les femmes affirment leur capacité d'agir en matière de reproduction en s'appuyant sur des croyances locales liées à la fécondité et à la contraception. Pour y parvenir, elles doivent investir le stérilet de significations qui occultent et remplacent son statut de dispositif scientifique. En adoptant une vision du monde locale, ces femmes parviennent à infléchir la mission du planning familial et à contrer la violence épistémologique qui consiste à imposer des valeurs occidentales sur les peuples autochtones.

* *
*

Du fait de son évolution historique, le stérilet est un dispositif doté d'une grande adaptabilité politique, puisqu'il peut être mis au service de la cause des féministes comme des antiféministes. La quête d'une autonomie reproductive est compliquée dans le cas des femmes par le fait qu'elles doivent trouver un difficile équilibre entre leur santé et leurs préférences personnelles, l'acceptation sociale, les réalités économiques ainsi que les pressions de l'État, des responsables locaux du planning familial et de leur mari. Elles doivent donc manœuvrer intelligemment pour acquérir une capacité d'agir dans ce domaine lorsqu'elles vivent dans des pays où leur existence est dominée par le patriarcat et où l'État intervient avec insistance dans leur vie personnelle. Cet article a montré comment le stérilet pouvait jouer un rôle décisif et varié dans l'autodétermination reproductive des femmes du Sud.

BIBLIOGRAPHIE

BRUCE Judith, 1987, « Users' Perspectives on Contraceptive Technology and Delivery Systems: Highlighting Some Feminist Issues », *Technology in Society*, vol. 9, n° 3-4, pp. 359-383.

CLARKE Adele E, 2000, « Maverick Reproductive Scientists and the Production of Contraceptives, 1915-2000 », *in* A. R. Saetnan, Nelly Oudshoorn et M. Kirejczyk, *Bodies of Technology: Women's Involvement with Reproductive Medicine*, Columbus, Ohio State University Press, pp. 37-89.

CONNELLY Matthew, 2008, *Fatal Misconception: The Struggle to Control World Population*. Cambridge, MA, Harvard University Press.

DANDEKAR Kumudini, VAIJAYANTI Bhate, JEROO Coyaji et SUREKHA Nikam, 1976, « Place of IUD in the Contraception-Kit of India », *Artha Vijnana*, vol. 18, n° 3, pp. 189-286.

DUGDALE Anni, 2000, « Intrauterine Contraceptive Devices, Situated Knowledges, and Making of Women's Bodies », *Australian Feminist Studies*, vol. 15, n° 32, pp. 165-176.

GAMMELTOFT Tine, 1999, *Women's Bodies, Women's Worries: Health and Family Planning in a Vietnamese Rural Community*, Richmond, Curzon Press.

GREENHALGH Susan, 1994, « Controlling Births and Bodies in Village China », *American Ethnologist*, vol. 21, n° 1, pp. 3-30.

GREENHALGH Susan et Jiali LI, 1995, « Engendering Reproductive Policy and Practice in Peasant China: For a Feminist Demography of Reproduction », *Signs: Journal of Women in Culture and Society*, vol. 20, n° 3, pp. 601-641.

HARRIS Colette, 2000, *Control and Subversion: Gender, Islam, and Socialism in Tajikistan*. Mémoire de thèse, University of Amsterdam.

HARTMANN Betsy, 1995, *Reproductive Rights and Wrongs: The Global Politics of Population Control*, Boston, South End Press.

JENNAWAY Megan, 1996, « Of Blood and Foetuses: Female Fertility and Women's Reproductive Health in a North Balinese Village » *in* Pranee Liamputtong RICE et Lenor MANDERSON (dir.), *Maternity and Reproductive Health in Asian Societies*. Amsterdam, Hartwood Academic Publishers.

KIM Sonja, 2008, « "Limiting Birth": Birth Control in Colonial Korea (1910-1945) », *EASTS: East Asian Science and Technology Studies: An International Journal*, vol. 2, n° 3, p. 335-360.

KRENGEL Monika et Katarian GREIFELD, 2000, « Uzbekistan in Transition -- Changing Concepts in Family Planning and Reproductive Health », *in* Andrew RUSSELL, Elisa J. SOBO et Mary THOMPSON, *Contraception across Cultures: Technologies, Choices, Constraints*, Oxford, Berg, pp. 199-220.

MINTZ Morton, 1985, *At Any Cost: Corporate Greed, Women, and the Dalkon Shield*, New York, Pantheon Books.

REED James, 1983, *The Birth Control Movement and American Society: From Private Vice to Public Virtue*, Princeton, Princeton University Press.

RENNE Elisha, 1997, « Local and Institutional Interpretations of IUDs in Southwestern Nigeria », *Social Science and Medicine*, vol. 44, n° 8, pp. 1141-1148.

STARK Nancy, 2000, « My Body, My Problem: Contraceptive Decision-Making among Rural Bangladeshi Women », *in* Andrew RUSSELL, Elisa J. SOBO et Mary THOMPSON, *Contraception across Cultures: Technologies, Choices, Constraints*, Oxford, Berg, pp. 179-196.

TAKESHITA Chikako, 2004, « Contraceptive Technology and Reproductive Rights: The IUD at Historical and Geographical Junctures », *Advances in Gender Research*, n° 8, pp. 251-284.

TAKESHITA Chikako, 2012, *The Global Biopolitics of the IUD: How Science Constructs Contraceptive Users and Women's Bodies*, Cambridge, MIT Press.

TONE Andrea, 1999, « Violence by Design: Contraceptive Technology and the Invasion of the Female Body », *in* Michael A. BELLESILES, *Lethal Imagination: Violence and Brutality in American History*, New York, New York University Press, pp. 373-391.

WATKINS Elizabeth, 1998, *On the Pill: A Social History of Oral Contraceptives, 1950-1970*, Baltimore, Johns Hopkins University.

MUTATIONS

LA DIRECTION D'ÉCOLE EN FRANCE
Gilles Combaz et Christine Burgevin

LA DIRECTION D'ÉCOLE EN FRANCE

UNE OPPORTUNITÉ POUR LES FEMMES D'ACCÉDER À UN POSTE DE RESPONSABILITÉS ?

Gilles Combaz et Christine Burgevin

Dans une lettre de mission qu'il adresse en 2010 à la députée Françoise Guégot, le Président de la République française écrit : « L'égalité entre les hommes et les femmes est le ciment d'une France plus juste. Elle commence dans le monde professionnel. Car le travail constitue pour chacun une condition de l'autonomie et de l'épanouissement personnel. Voilà pourquoi l'égalité des sexes doit être résolument promue, dans l'entreprise, mais aussi, et ce tout particulièrement, dans les fonctions publiques » [Guégot, 2011, p. 9]. Le lecteur peut, *a priori*, être surpris par l'accent mis sur les fonctions publiques. En principe, au sein de celles-ci, l'égalité professionnelle entre les hommes et les femmes est garantie par la loi. Les concours de recrutement permettent d'accéder aux mêmes types de postes avec des salaires comparables. Par ailleurs, de nombreux dispositifs officiels ont vu le jour depuis les années 2000 pour soutenir la mise en œuvre réelle de cette égalité (*cf.* par exemple la charte pour la promotion de l'égalité dans la fonction publique signée en 2008). Une mesure récente fixe des objectifs précis : l'article 41 du projet de loi général sur la fonction publique, adopté en mars 2012 par les députés, mentionne que 40 % de femmes devront occuper des postes à hautes responsabilités dans la fonction publique d'État, territoriale et hospitalière à partir de 2018.

Incontestablement, le principe de l'égalité des droits est bel et bien posé mais, comme l'indique Françoise Guégot dès l'introduction de son rapport, l'égalité dans les faits semble loin d'être atteinte, notamment pour l'accès aux postes de direction et d'encadrement supérieur. En 2008, la part des femmes est respectivement de 11 %, 19,6 % et 9,9 % parmi les ambassadeurs, les directeurs d'administration centrale et les préfets. En 2007, sur l'ensemble des directeurs généraux des services de conseil régional ou général, 16,6 % sont des femmes. En 2009, elles représentent 16 % des directeurs d'hôpitaux [Guégot, 2011]. Le ministère de l'Éducation nationale ne fait pas exception à la règle. En 2013, la proportion de femmes est de : 20 % pour les secrétaires généraux d'académie, 28,6 % pour les recteurs, 28,2 % pour les inspecteurs généraux, 23,7 % pour les inspecteurs pédagogiques régionaux, 31,4 % pour les inspecteurs de l'Éducation nationale et 34,9 % pour les personnels de direction de l'administration centrale [MEN, 2013a]. Nous pouvons objecter que ces résultats concernent essentiellement des postes prestigieux. Pour d'autres, situés plus bas dans la hiérarchie, la représentation des femmes est peut-être plus affirmée. Ainsi, pour la direction d'établissements scolaires du second degré, la part des femmes est de 46,5 % en 2013 ; pour le premier degré, les directrices d'écoles sont largement majoritaires : 73,8 % [MEN, 2013a]. Ces résultats laissent penser que la direction d'établissements scolaires – particulièrement dans le premier degré – représente une réelle opportunité pour les femmes d'occuper un poste à responsabilités[1]. Bien sûr, la direction d'école n'est pas comparable aux postes prestigieux évoqués précédemment (recteurs, directeurs académiques des services de l'Éducation nationale, inspecteurs généraux). Il ne s'agit pas, à proprement parler, d'une fonction d'autorité. Le directeur n'est pas le supérieur hiérarchique des enseignants. Mais diriger une école représente néanmoins l'une des possibilités de progresser dans la carrière[2]. Cette opportunité est-elle saisie de la même manière par les hommes et les femmes ? Les avantages matériels (indemnités, décharge) et symboliques (reconnaissance par les familles, les collectivités locales) sont-ils appréciés de façon identique par les hommes et les femmes ? Les facteurs liés à la vie personnelle et familiale jouent-ils un rôle dans l'accès à la fonction ? L'objectif de cet article est de fournir quelques éléments de réponse à ces questions.

CADRE THÉORIQUE

Depuis les années 1960, les enseignants ont fait l'objet de nombreux travaux sociologiques. Dans cette perspective, Ida

---

[1] La notion de responsabilités est employée au pluriel car elle renvoie, à des degrés divers, aux différentes missions confiées au directeur d'école : inscription des élèves dans l'établissement et affectation dans les classes, répartition des moyens financiers, organisation du travail des personnels municipaux, présidence du conseil des maîtres et du conseil d'école, animation de l'équipe pédagogique, surveillance des élèves. Par ailleurs, le directeur d'école représente l'Éducation nationale auprès des collectivités territoriales. Du point de vue juridique, il est responsable civilement et pénalement.

[2] La notion de carrière est utilisée au sens courant comme les différentes étapes de la vie professionnelle. Outre les activités d'enseignement, le professeur des écoles peut exercer des fonctions qui seront considérées ici comme des possibilités d'évolution dans la carrière : directeur d'école, maître formateur ou conseiller pédagogique. Une certaine ancienneté et l'obtention de qualifications internes à l'Éducation nationale sont nécessaires pour accéder à ces fonctions. Il existe aussi d'autres opportunités pour évoluer professionnellement en changeant de corps dans la fonction publique. Dans cette perspective, les voies le plus souvent empruntées sont les concours de recrutement des inspecteurs de l'Éducation nationale (pour le premier degré) ou de personnels de direction du second degré.

Berger [1960] fait figure de pionnière en publiant son étude sur les instituteurs. Curieusement, ceux qui exercent la fonction de directeurs d'école – tout en conservant leur statut d'enseignants du premier degré – ne semblent pas avoir suscité autant d'intérêt de la part des sociologues. Comparativement, les publications sont plus nombreuses pour les pays étrangers mais les analyses proposées ne sont pas nécessairement transposables à la situation française compte tenu des différences de statut[3]. Nous pouvons néanmoins évoquer les travaux de Julia Evetts. Ils permettent d'analyser le déroulement de carrière des hommes et des femmes qui accèdent à la direction d'écoles primaires en Grande-Bretagne [Evetts, 1987 et 1988b]. La situation des femmes qui abrègent leur carrière de directrice pour redevenir enseignante est également étudiée [Evetts, 1988a]. Les travaux français sont beaucoup moins nombreux. Les deux publications les plus récentes qui ont été identifiées [Duchauffour, 2011 ; Rich, 2010] n'abordent pas du tout la question qui nous préoccupe : l'accès des hommes et des femmes à la direction d'école. Ce questionnement est en revanche central dans les recherches que Marlaine Cacouault a consacrées aux chefs d'établissement du second degré [1999]. Mais là aussi, il convient de s'interroger sur les possibilités de transposer ses analyses aux directeurs d'école. Les principaux de collège et les proviseurs de lycée sont recrutés par concours. Ils appartiennent au corps des personnels de direction avec un statut revalorisé depuis 2000 [Pélage, 2010]. Le directeur d'école est un enseignant qui exerce cette fonction après avoir été inscrit sur une liste d'aptitude[4]. Selon la taille de l'école, il bénéficie d'une décharge de service et d'une indemnité. Ces avantages ne sont cependant pas comparables à ceux dont peuvent bénéficier les chefs d'établissement du second degré (salaires, logement de fonction, perspectives d'évolution dans la carrière en passant de la direction d'un collège à celle d'un lycée). Les différences ne sont pas négligeables mais nous faisons l'hypothèse que les principales tendances mises au jour par Marlaine Cacouault pour le second degré méritent d'être prises en considération pour analyser la situation des directeurs d'école. Ses travaux montrent que les hommes accèdent plus souvent que les femmes aux postes de personnels de direction [Cacouault, 1999 ; Cacouault et Combaz, 2011]. Proportionnellement, les femmes sont moins nombreuses à se présenter aux concours de recrutement mais, lorsque c'est le cas, elles réussissent mieux que les hommes. Par ailleurs, leurs conceptions de la fonction diffèrent de celles des hommes. Les femmes se révèlent plus attachées aux valeurs du service public [Cacouault et Combaz, 2007]. Enfin, elles sont comparativement plus diplômées, issues de milieux sociaux plus élevés, plus souvent célibataires et sans enfant [Cacouault, 2008]. Il nous appartiendra de souligner les points

[3] Les analyses comparatives montrent qu'en Europe le statut du directeur d'école varie très sensiblement d'un pays à l'autre. Dans certains cas, le directeur bénéficie d'un véritable statut de chef d'établissement. Dans d'autres cas, il s'agit d'un professeur cumulant les charges d'enseignement et de direction. Pour davantage d'informations, le lecteur peut consulter le numéro 13 de la revue *Politiques d'éducation et de formation* (2005).

[4] Contrairement aux personnels de direction du second degré, le directeur d'école n'est pas recruté par concours. Après un entretien réalisé avec des responsables de l'administration scolaire, des inspecteurs de l'Éducation nationale et des directeurs d'école en activité, le candidat retenu est inscrit sur une liste d'aptitude pour une durée de trois ans. En fonction des postes vacants et après avis d'une commission paritaire, les candidats sont nommés par le directeur académique des services de l'Éducation nationale.

pour lesquels nous pouvons établir un parallèle entre le premier et le second degré.

L'accès à la fonction de direction dans le premier degré est caractérisé, entre autres, par le fait qu'il concerne une profession très fortement féminisée au sens quantitatif du terme : en 2013, 83,7 % des enseignants sont des femmes [MEN, 2013a]. Si nous avons choisi de centrer notre questionnement sur l'accès des femmes à cette fonction, nous ne pouvons ignorer l'attitude des hommes. Il importe effectivement d'analyser comment les hommes et les femmes se comportent lorsqu'ils exercent dans une profession où leur sexe est minoritaire [Guichard-Claudic, Kergoat et Vilbrod, 2008]. Il convient notamment d'étudier les incidences en termes de déroulement de carrière. Christine Guionnet et Erik Neveu mentionnent que si les femmes se heurtent au fameux plafond de verre lorsqu'elles souhaitent progresser dans leur carrière alors qu'elles exercent dans une profession masculine, les hommes, dans les emplois féminins, se retrouvent au contraire dans une situation privilégiée et ont une carrière accélérée [Guionnet et Neveu, 2009]. C'est notamment ce que montrent les travaux de Christine Williams [1992] qui a étudié la situation d'hommes exerçant des métiers traditionnellement féminins aux États-Unis (garderie d'enfants, bibliothécaires, travailleurs sociaux). Pour illustrer ce phénomène, elle a recours à la métaphore de l'escalator de verre. Des travaux français récents révèlent des tendances comparables à celles qui ont été observées aux États-Unis. Ils montrent que les hommes exerçant dans une profession fortement féminisée cherchent généralement à se distinguer en accédant à des postes de responsabilité ou en assumant des tâches requérant une haute technicité. C'est le cas notamment pour les éducateurs spécialisés [Bodin, 2011], les infirmiers libéraux [Douguet et Vilbrod, 2008], les hommes sages-femmes [Charrier, 2004], les enseignants à l'école maternelle [Jaboin, 2013] ou ceux qui interviennent dans le secteur de l'enseignement spécialisé [Jaboin, 2010]. Pour interpréter ce phénomène, ces auteurs soulignent le poids des représentations sociales et des modèles sexués traditionnels. Ils mettent en évidence l'importance des clichés et des attentes sociales des collègues de travail, des supérieurs hiérarchiques et des usagers qui tendent à pousser les hommes dans des emplois féminins à accéder à des postes de gestion, d'administration et de responsabilité. Dans cet article, nous tenterons de voir si la direction d'école dans le premier degré est assimilable aux situations qui viennent d'être évoquées.

Quelle que soit la profession considérée, l'accès à un poste de responsabilités nécessite généralement une grande disponibilité (notamment en termes de temps de présence). La direction d'école n'échappe pas à cette tendance et nous pouvons distinguer deux cas de figure. Pour les établissements de grande taille (quatorze classes et plus), le directeur bénéficie d'une décharge complète de son service d'enseignement. Il peut donc se consacrer entièrement à sa fonction. Cette dernière nécessite des compétences très diversifiées et une forte implication. Le temps de présence quotidienne au sein de l'école dépasse souvent la dizaine d'heures (cf. encadré n° 1). Lorsque l'établissement est de taille plus réduite (moins de quatorze classes), le responsable assume conjointement les tâches de direction (animation de l'équipe pédagogique, relations avec la municipalité, contacts avec les familles, travail administratif pour répondre aux enquêtes de la hiérarchie) et les activités de la classe (préparation des séquences d'apprentissage, correction des travaux des élèves, six heures d'enseignement quotidien). Dans les deux cas considérés, l'investissement est conséquent et la décision d'assumer la fonction de direction peut être mise en balance avec les engagements pris par ailleurs : implication dans la sphère familiale (éducation des enfants, tâches domestiques), choix opérés dans la vie personnelle (mariage, célibat, etc.), importance des activités extraprofessionnelles (syndicales, politiques, culturelles, etc.). Sans que cela relève nécessairement d'un calcul cherchant à optimiser le rapport coût-avantages, les hommes et les femmes sont amenés à réaliser un certain nombre d'arbitrages. Ces derniers se situent dans un processus dynamique qui intervient tout au long de la vie avec un certain nombre d'incidents ou d'opportunités émaillant le parcours biographique. À cet égard, nous rejoignons l'orientation proposée par Marlaine Cacouault lorsqu'elle écrit que « la prise en compte de la variable sexe et des relations sociales entre hommes et femmes dans plusieurs sphères est indispensable pour analyser le fonctionnement des institutions dans sa complexité et la manière dont les individus et les groupes répondent aux offres qui leur sont faites et contribuent à les définir » [Cacouault, 2003, p. 179].

Encadré n° 1 – Une directrice « multitâches »

Madame B., 53 ans, est diplômée de l'école polytechnique féminine. Elle a travaillé pendant seize années comme ingénieure informatique dans plusieurs sociétés privées. Suite à un licenciement, elle passe le concours de professeur des écoles. Après cinq ans d'expérience, elle accepte – en étant fortement incitée par son supérieur hiérarchique – de diriger l'école (sept classes) dans laquelle elle enseigne. Suite à une fusion, l'école classée en zone d'éducation prioritaire compte désormais dix-huit classes. Toujours directrice, Madame B. est complètement déchargée d'enseignement. Invitée à décrire ses activités, elle indique qu'elle est une personne « multitâches » jouant un rôle d'interface avec tous les acteurs impliqués dans le fonctionnement de l'école. Elle reçoit les élèves malades ou indisciplinés au gré des incidents qui émaillent le quotidien scolaire. Elle organise régulièrement des réunions d'information pour les parents d'élèves. Elle accueille ceux qui sont confrontés à de graves difficultés socio-économiques ou familiales. Pour cela, Madame B. est en relation avec les services sociaux. Elle travaille avec les services scolaires

> et techniques de la mairie pour les commandes de fournitures et les travaux à réaliser au sein de l'école. Elle assume un travail administratif conséquent (rapports et statistiques demandés par la hiérarchie). Elle anime son équipe d'enseignants (projet d'école, équipe éducative pour les élèves en grande difficulté). Madame B. gère également une équipe d'agents de service (ménage et cantine). Ne bénéficiant pas de secrétariat, elle joue aussi le rôle de standardiste et de portier. Travaillant douze heures par jour, confrontée à de multiples demandes provenant de personnes différentes, elle souligne l'importance d'être très « réactif » et adaptable.

MÉTHODOLOGIE

En vue d'apporter quelques éléments de réponse aux questions qui viennent d'être soulevées, trois types de matériaux ont été collectés. En premier lieu, il s'agit d'étudier la répartition par sexe des différentes fonctions pouvant être exercées dans le premier degré (dont les fonctions de direction). Ces dernières sont considérées comme des étapes qui permettent d'évoluer dans la carrière. En l'absence de données nationales, nous avons réalisé un échantillonnage pour l'ensemble du territoire français. Pour chacune des vingt-six académies métropolitaines, deux départements ont été tirés au sort. La Réunion et la Martinique ont été également retenus pour représenter les départements d'Outre-mer. Sur les cinquante-quatre départements contactés en 2013, vingt-deux ont accepté de nous transmettre les données. Cet échantillon reflète assez bien la diversité des situations (tableaux 1a et 1b en annexe).

En complément de ce premier apport, une enquête nationale par questionnaire a été réalisée, en 2010, dans le cadre d'une thèse de doctorat [Burgevin, 2012]. L'objectif était de recueillir des données plus précises permettant d'appréhender des caractéristiques qui peuvent s'avérer discriminantes en termes d'accès à la fonction : l'âge, la situation personnelle et familiale, le niveau de diplôme, l'origine sociale, etc. Des questions ont également été posées à propos des activités extraprofessionnelles (implication dans des associations culturelles, des organisations syndicales, etc.)

À partir d'un échantillonnage aléatoire, 2 639 directeurs et directrices ont été contactés pour remplir le questionnaire. Après une procédure de relance, un peu plus de 400 d'entre eux l'ont renvoyé, ce qui constitue un taux de retour acceptable compte tenu des nombreuses sollicitations dont les directeurs font l'objet. Eu égard aux critères utilisés, la représentativité de l'échantillon est relativement satisfaisante (*cf.* en annexe, la partie intitulée *Une enquête nationale par questionnaire*). Signalons toutefois que les femmes sont, en moyenne, plus jeunes que les hommes (tableau 3 en annexe). Cette caractéristique a été prise en considération dans les analyses car elle a des répercussions directes sur l'accès aux postes de direction par le biais des barèmes utilisés par l'administration pour les affectations. Les deux démarches quantitatives ont été complétées par une série de vingt-huit entretiens semi-directifs menés en région parisienne (dix-huit femmes et dix hommes). Les directrices interviewées sont en moyenne plus jeunes ; elles ont davantage d'ancienneté et les écoles qu'elles dirigent sont un peu plus souvent en zone d'éducation prioritaire.

Ces entretiens ont permis d'aborder les points suivants : le déroulement de la carrière, les aspects liés à la situation personnelle et aux aspects familiaux, l'implication dans la sphère associative en dehors des activités professionnelles.

RÉSULTATS

La direction d'école dans le premier degré : une « affaire d'hommes » ?

Si l'on tient compte du vivier potentiel de recrutement selon le sexe, nous observons que les chances d'accéder aux différentes fonctions proposées dans le premier degré ne sont pas identiques pour les hommes et les femmes. Tout se passe comme si la répartition des différents postes répondait aux critères traditionnels de la division sexuée du travail. Certaines fonctions sont comparativement plus investies par les hommes. Ce sont aussi les fonctions qui, du point de vue académique, sont considérées comme les plus prestigieuses. C'est le cas pour la direction d'écoles élémentaires ou d'écoles primaires[5] : proportionnellement, les hommes sont deux fois plus nombreux que les femmes (tableau 1). Dans l'enquête réalisée par questionnaire, sur l'ensemble des hommes, 51,6 % dirigent une école élémentaire (contre seulement 27,5 % des femmes, P < .001). Même si les effectifs sont beaucoup plus réduits – ce qui traduit indirectement la rareté et le prestige du poste – les hommes sont également deux fois plus représentés parmi les directeurs d'écoles d'application et les conseillers pédagogiques. Ils sont aussi plus souvent maîtres formateurs. En revanche, les femmes sont plus fréquemment directrices d'écoles maternelles. Sur l'ensemble des femmes interrogées, 45,1 % dirigent une école maternelle (contre seulement 18,8 % des hommes). Ce résultat peut conforter l'idée reçue selon laquelle les femmes seraient « naturellement » tournées vers l'éducation des jeunes enfants. Cette représentation stéréotypée est non seulement véhiculée par l'opinion commune mais aussi par les formateurs [Ferrière, 2013].

Tous les résultats présentés jusqu'ici corroborent pleinement ce qui a été observé pour d'autres emplois féminisés : lorsqu'ils exercent dans ce type de professions, une partie des hommes accède plus souvent à des postes de responsabilités. Aussi nécessaires soient-elles, ces premières analyses demeu-

[5] Selon le vocable institutionnel, l'école élémentaire scolarise des élèves du cours préparatoire (CP) jusqu'au cours moyen deuxième année (CM2). En revanche, l'école primaire accueille l'ensemble des élèves du premier degré (école maternelle et école élémentaire).

rent cependant incomplètes. Elles laissent dans l'ombre les enjeux liés à l'accès aux différents types de direction. Nous l'avons déjà suggéré plus haut : tous les postes de direction ne se « valent » pas. Certains sont plus « attractifs » que d'autres notamment du point de vue des avantages financiers et symboliques qu'ils procurent.

Tableau 1 – Répartition des fonctions exercées dans le premier degré selon le sexe en 2013 (effectifs et %)

Fonctions exercées	Hommes	Femmes	Ensemble
Direction d'écoles élémentaires ou primaires	2 687 (17,06 %)	5 279 (7,40 %)	7 966 (9,14 %)
Direction d'écoles maternelles	456 (2,90 %)	3 428 (4,81 %)	3 884 (4,46 %)
Direction d'écoles d'application	43 (0,27)	85 (0,12 %)	128 (0,15 %)
Conseillers pédagogiques de circonscription	349 (2,22 %)	527 (0,74 %)	876 (1,01 %)
Maîtres formateurs	211 (1,34 %)	592 (0,83 %)	803 (0,92 %)
Ensemble des enseignants du premier degré	15 751 (100 %)	71 311 (100 %)	87 062 (100 %)

Khi deux = 1 757,19, DDL = 4, P < .001
Sources : statistiques exhaustives transmises par les directeurs académiques des services départementaux de l'Éducation nationale des vingt-deux départements de l'échantillon.
Exemple de lecture : sur les 15 751 enseignants hommes de l'échantillon, 2 687 sont directeurs d'écoles élémentaires ou primaires, soit 17,06 %.

Les enjeux financiers et symboliques associés à la fonction de direction

Les enjeux financiers et symboliques sont directement liés à la taille de l'école dirigée (nombre de classes). Cette dernière détermine le montant des indemnités versées et l'importance de la décharge de service. En ce qui concerne la rémunération, les bonifications indiciaires mensuelles varient du simple à plus du double entre la direction d'une école comprenant de une à quatre classes et la direction d'une grosse école (dix classes et plus (tableau 4 en annexe)[6]. Aux bonifications indiciaires s'ajoutent des indemnités annuelles. Les différences observées ici sont beaucoup moins marquées (tableau 5 en annexe).

En fonction de la taille de l'école, le directeur peut bénéficier d'une décharge par rapport à son service d'enseignant. Là aussi, les différences sont loin d'être négligeables : une à quatre classes ne donnent droit à aucune décharge ; cinq à neuf classes donnent droit à une journée hebdomadaire ; dix à treize classes, à deux journées ; quatorze classes et plus, à une décharge complète. Certes, la direction d'une grosse école

[6] Les résultats présentés concernent la période choisie comme année de référence par rapport à nos enquêtes empiriques (2012). En 2014, les écarts de rémunération ont diminué. Les indemnités mensuelles sont les suivantes : une à trois classes, 149,63 euros ; quatre à neuf classes, 166,30 euros ; dix classes et plus, 182,97 euros.

suppose un investissement lourd. Mais, dans le cas d'une école de taille réduite, le cumul des tâches de nature très différente (enseignement et direction) se révèle souvent difficile. La décharge complète permet de ne plus être en contact avec les élèves en classe. Ceci peut être apprécié différemment selon le sexe. Une partie des femmes interrogées ne souhaite pas être déchargée totalement. Elles veulent conserver une activité d'enseignement. Certaines directrices ne supportent même pas le fait de bénéficier d'une décharge partielle comme en témoigne l'extrait d'entretien suivant.

> « Mon travail principal ce n'est pas la direction, c'est la classe. Quand mes filles sont nées, j'ai fait trois ans de mi-temps, j'ai très mal vécu cette période. J'avais besoin de temps pour m'occuper de mes filles. Mais pour l'école, je l'ai très mal vécu, ça n'était plus ma classe, elle était partagée avec quelqu'un, ça n'allait pas du tout et j'étais très contente de reprendre à plein-temps. Quand on m'a annoncé que j'allais avoir une remplaçante une journée par semaine, j'étais en panique complète. » (Directrice d'école primaire, 48 ans)

Outre ce qui a été mentionné, il y a également des enjeux plus symboliques. Diriger une grosse école n'a pas la même signification qu'être à la tête d'une petite structure. Même si elle n'est pas mesurable directement, la reconnaissance sociale de la part des parents d'élèves, des responsables des collectivités territoriales et de la hiérarchie administrative n'est pas identique.

Tableau 2 – Accès à la direction en fonction du sexe, de l'âge et de la taille de l'école (effectifs et %)

Âge	Taille de l'école	Hommes	Femmes	Ensemble
45 – 54 ans (1)	Une à trois classes	4 (6,1 %)	17 (17,7 %)	21 (13 %)
	Quatre à neuf classes	40 (60,6 %)	62 (64,6 %)	102 (63 %)
	Dix à treize classes	14 (21,2 %)	14 (14,6 %)	28 (17,3 %)
	Quatorze classes et plus	8 (12,1 %)	3 (3,1 %)	11 (6,8 %)
	Ensemble	66 (100 %)	96 (100 %)	162 (100 %)
55 ans et plus (2)	Une à trois classes	5 (22,7 %)	5 (15,2 %)	10 (18,2 %)
	Quatre à neuf classes	8 (36,4 %)	18 (54,5 %)	26 (47,3 %)
	Dix à treize classes	5 (22,7 %)	10 (30,3 %)	15 (27,3 %)
	Quatorze classes et plus	4 (**18,2 %**)	0	4 (7,3 %)
	Ensemble	22 (100 %)	33 (100 %)	55 (100 %)

Source : enquête nationale par questionnaire, 2010
(1) Khi deux = 9,85, DDL = 3, P < .05
(2) Khi deux = 7,2, DDL = 3, P = .05

Par rapport aux dimensions qui viennent d'être évoquées, observe-t-on des variations selon le sexe ? Rappelons que dans notre enquête par questionnaire, les femmes sont, en moyenne, plus jeunes que les hommes. Or, l'âge est lié à l'ancienneté et c'est l'une des données prises en considération pour l'accès aux postes. Il convient donc de croiser le sexe, la taille de l'école et l'âge. À cet égard, nous remarquons qu'à partir de 45 ans, les hommes dirigent plus souvent de grosses écoles, tous types de direction confondus (maternelle, élémentaire et primaire (tableau 2). Pour les plus jeunes (34 ans et moins, 35-44 ans), les différences ne sont pas significatives[7].

Non seulement, les hommes ont davantage de chances d'accéder aux fonctions de direction mais, à partir d'un certain âge, lorsqu'ils sont directeurs, ils occupent les postes les plus intéressants du point de vue des rémunérations, de la décharge de service et de la reconnaissance sociale[8].

D'autres enjeux ?

Aussi importants soient-ils, les avantages financiers et symboliques ne résument pas l'ensemble des enjeux. Au cours de leurs premières années d'exercice, les enseignants sont contraints à une grande mobilité. Ils occupent des postes « provisoires ». Dans un contexte caractérisé par une pénurie de candidats pour les postes de direction [Duchauffour, 2011], l'accès à cette fonction permet à de jeunes enseignants d'obtenir rapidement un poste fixe. Pour d'autres, cela représente une occasion de se rapprocher de leur domicile ou d'être plus disponibles pour leurs propres enfants (*cf.* encadré n° 2). Ces raisons sont plus fréquemment évoquées par les femmes.

[7] Lorsque les différences ne sont pas significatives statistiquement, les parties de tableaux correspondantes n'ont pas été insérées dans le texte pour éviter de le surcharger. Les lecteurs souhaitant disposer de l'ensemble des résultats sont priés de s'adresser aux auteurs.

[8] Sans que l'on puisse comparer avec la situation d'un chef d'entreprise, le directeur d'une école de grande taille bénéficie d'une reconnaissance des acteurs locaux avec lesquels il est fréquemment en relation : parents d'élèves, élus, personnels municipaux, responsables d'associations, etc.

Encadré n° 2 – L'opportunité d'obtenir un poste fixe rapidement

Madame L., 41 ans, titulaire d'un DEA de neurobiologie se destinait à l'enseignement supérieur. Pour diverses raisons (notamment familiales), elle a renoncé à cette orientation et elle a opté pour le professorat des écoles. Elle demande très rapidement la direction d'une école avec une seule classe pour avoir un poste fixe et pour se rapprocher de son domicile. Très sensible à l'ascension sociale dont elle a pu bénéficier (ses grands-parents étaient ouvriers), elle suit attentivement la scolarité de ses deux filles. Son mari, ingénieur hospitalier, est peu disponible pour prendre en charge ce type de tâches.

La situation personnelle et les aspects familiaux

Marlaine Cacouault [2008] a montré que les femmes chefs d'établissement du second degré sont plus souvent célibataires, divorcées séparées ou veuves que leurs collègues masculins. Nous observons la même tendance pour les directrices d'école, mais seulement à partir de 45 ans (tableau 3).

Tableau 3 – Situation personnelle en fonction du sexe et de l'âge (effectifs et %)

Âge	Situation personnelle	Hommes	Femmes	Ensemble
45 – 54 ans (1)	Célibataire	4 (6,1 %)	12 (12,6 %)	16 (9,9 %)
	Marié ou en couple	60 (90,9 %)	64 (67,4 %)	124 (77,0 %)
	Séparé ou divorcé	2 (3,0)	19 (20,0 %)	21 (13,1 %)
	Ensemble	66 (100 %)	95 (100 %)	161 (100 %)
55 ans et plus (2)	Célibataire	1 (4,5 %)	4 (**12,1 %**)	5 (9,1 %)
	Marié ou en couple	20 (**91,0 %**)	21 (63,6 %)	41 (74,5%)
	Séparé ou divorcé	1 (4,5 %)	8 (**24,2 %**)	9 (16,4 %)
	Ensemble	22 (100 %)	33 (100 %)	55 (100 %)

Source : enquête nationale par questionnaire, 2010
(1) Khi deux = 13,15, DDL = 2, P < .05
(2) Khi deux = 5,28, DDL = 2, P < .10

Tout se passe comme si une partie des directrices accédait à la fonction lorsqu'elles considèrent que certaines conditions sont réunies. Dans cette perspective, l'absence de contraintes liées à la vie en couple peut être appréhendée comme une opportunité de s'investir pleinement dans les tâches de direction. Pour ceux et celles qui sont mariés, la situation n'est pas comparable. Les difficultés pour assumer dans le même temps la vie familiale et l'engagement professionnel sont fréquemment mentionnées par les personnes interviewées. Ce sont surtout les hommes qui abordent cette question en évoquant le partage des tâches domestiques.

> « J'ai toujours participé mais je pense que les hommes n'en font pas assez. C'est que, probablement, comme tous les hommes, je ne vois pas toujours ce qu'il y a à faire. Donc, j'insiste toujours auprès de mon épouse en disant : "Dis-moi, si tu as besoin, s'il faut passer l'aspirateur ou laver le sol, dis-moi si tu as besoin d'un coup de main pour étendre le linge." Parce que sinon, c'est vrai que, quand je suis en train de lire, il y a des choses que je ne vois pas forcément. » (Directeur d'école primaire, 61 ans)

D'autres soulignent qu'ils ont pu s'investir pleinement dans leur mission de direction grâce à l'appui sans faille de leurs épouses.

> « J'ai eu la chance d'avoir cette femme-là parce que c'est vrai qu'elle a assumé quasiment la totalité. Il m'arrivait de faire le ménage le samedi ou le mercredi, bon, nous faisions aussi les courses ensemble. Mais, tout ce qui est de la cuisine […] ce n'est pas mon truc. Sans mon épouse, je ne serais jamais arrivé à ce que je suis. » (Directeur d'école maternelle, 57 ans)

Outre ce qui vient d'être évoqué à propos des tâches domestiques, les charges familiales liées à l'éducation des enfants sont à prendre en considération. Pour les personnels de direction du second degré Marlaine Cacouault [2008] a montré que les femmes avaient moins d'enfants que les hommes. Ces derniers ont plus fréquemment des familles « nombreuses » (trois enfants et plus). Nous ne relevons pas exactement la même tendance pour le premier degré. Jusqu'à 54 ans, les hommes et les femmes ne se distinguent pas. À partir de 55 ans, les différences selon le sexe s'accentuent : 71 % des directrices n'ont plus d'enfants au foyer contre 50 % pour les hommes (tableau 4). Libérées des charges éducatives, ces femmes peuvent envisager d'accéder à une direction. Les matériaux recueillis par entretiens accréditent cette thèse. Plusieurs femmes insistent sur la difficulté à mener de front l'éducation de jeunes enfants et les fonctions de direction. Certaines d'entre elles semblent attendre que les enfants soient suffisamment âgés pour accéder à une direction d'école.

« À présent, mes enfants sont quand même grands. J'ai une fille qui fait des études supérieures, et l'autre, collégienne, qui est très indépendante, elle nécessite donc moins de présence. […] Cela me permet d'assumer la direction, je ne me verrais pas avec des enfants en bas âge avec cette direction parce que c'est vrai que ça prend du temps. […] Il faut quand même de la disponibilité horaire. Quand on a des enfants en bas âge, moi, je pense, qu'on ne l'a pas cette disponibilité. » (Directrice d'école maternelle, 46 ans)

Tableau 4 – Taille de la famille en fonction du sexe et de l'âge (effectifs et %)

Âge	Nombre d'enfants encore au foyer	Hommes	Femmes	Ensemble
55 ans et plus (1)	Aucun enfant	11 (50,0 %)	22 (71,0 %)	33 (62,3 %)
	Un enfant	9 (40,9 %)	4 (12,9 %)	13 (24,5 %)
	Deux enfants	2 (9,1 %)	3 (9,7 %)	5 (9,4 %)
	Trois enfants et plus	0	2 (6,5 %)	2 (3,8 %)
	Ensemble	22 (100 %)	31 (100 %)	53 (100 %)

Source : enquête nationale par questionnaire, 2010.
(1) Khi deux = 6,45, DDL = 3, P < .10

Les activités et les engagements extraprofessionnels

Marlaine Cacouault [2008] montre que l'engagement des chefs d'établissement du second degré dans la vie associative, en dehors de la sphère professionnelle, est aussi important pour les femmes que pour les hommes. Le degré d'implication varie néanmoins selon le sexe. Les femmes sont plus souvent simples adhérentes et les hommes occupent plus fréquemment des responsabilités. Nous observons des tendances similaires pour les directeurs d'école. Les hommes sont plus souvent membres actifs ou responsables dans des associations culturelles ou sportives mais aussi dans des organisations syndicales ou politiques (tableau 5). En revanche, il n'y a pas de variations significatives pour les associations humanitaires ou caritatives ni pour l'investissement dans la gestion d'une commune (conseiller municipal, adjoint au maire, etc.).

Tableau 5 – Engagement dans des activités extraprofessionnelles. Variations selon le sexe (effectifs et %)

Types d'activités	Degré d'implication	Hommes	Femmes	Ensemble
Activités culturelles (1)	Simple adhérent	14 (15,1 %)	31 (14,7 %)	45 (14,8 %)
	Membre actif	8 (8,6 %)	40 (**19,0 %**)	48 (15,8 %)
	Responsable	21 (**22,6 %**)	19 (9,0 %)	40 (13,2 %)
	Pas d'activités de ce type	50 (53,8 %)	121 (57,3 %)	171 (56,3 %)
	Ensemble	93 (100 %)	211 (100 %)	304 (100 %)
Activités sportives (2)	Simple adhérent	19 (21,1 %)	64 (**30,9 %**)	83 (27,9 %)
	Membre actif	12 (13,3 %)	18 (8,7 %)	30 (10,1 %)
	Responsable	18 (**20,0 %**)	13 (6,3 %)	31 (10,4 %)
	Pas d'activités de ce type	41 (45,6 %)	112 (54,1 %)	153 (51,5 %)
	Ensemble	90 (100 %)	207 (100 %)	297 (100 %)
Activités syndicales (3)	Simple adhérent	17 (18,7 %)	51 (25,6 %)	68 (23,4 %)
	Membre actif	10 (**11,0 %**)	7 (3,5 %)	17 (5,9 %)
	Responsable	8 (**8,8 %**)	2 (1,0 %)	10 (3,4 %)
	Pas d'activités de ce type	56 (61,5 %)	139 (69,8 %)	195 (67,2 %)
	Ensemble	91 (100 %)	199 (100 %)	290 (100 %)
Activités politiques (4)	Simple adhérent	5 (5,7 %)	6 (2,9 %)	11 (3,8 %)
	Membre actif	7 (**8,0 %**)	3 (1,5 %)	10 (3,4 %)
	Responsable	3 (**3,4 %**)	3 (1,5 %)	6 (2,1 %)

Source : enquête nationale par questionnaire, 2010.
(1) Khi deux = 13,57, DDL = 3, P < .01
(2) Khi deux = 15,69, DDL = 3, P < .01
(3) Khi deux = 18,85, DDL = 3, P < .01
(4) Khi deux = 10,74, DDL = 3, P < .05

Nous pouvons supposer que la plus grande implication des hommes dans les activités extraprofessionnelles, en tant que responsables, leur permet d'acquérir des compétences qu'ils sont susceptibles de réinvestir dans leur fonction de directeur. Par ailleurs, elle leur offre l'opportunité de constituer des réseaux qu'ils peuvent mobiliser lors de négociations avec les interlocuteurs locaux. Ceci est sans doute déterminant dans les relations que le directeur est amené à tisser avec les collectivités territoriales (*cf.* encadré n° 3).

Notons qu'une douzaine de directrices mentionnent qu'elles n'ont pas d'activités extraprofessionnelles. Elles réservent le peu de temps dont elles disposent en dehors de leur travail pour se consacrer à leurs enfants et à leurs maris. Aucun directeur n'apporte ce type de réponse.

Encadré n° 3 – Un directeur bien implanté localement

Monsieur C., fils d'ouvrier, 61 ans, dirige une école de dix classes dans laquelle il est enseignant depuis 38 ans. Il bénéficie d'une demi-décharge d'enseignement. Outre ses activités professionnelles, il est militant politique et syndical. Il est également conseiller municipal depuis 25 ans. Il est ainsi dans une position favorable pour défendre les projets que l'école présente à la mairie en vue d'obtenir des subventions. Son implication dans le tissu local lui permet d'être écouté : « Quand on est déjà bien enraciné, c'est vrai que c'est plus facile pour être le bon interlocuteur à la mairie, être le bon interlocuteur à la DASS, aux services sociaux et on est écouté ». Il souligne que sans le soutien de son épouse, cet engagement n'aurait pas été possible.

---

* *
*

La principale question abordée au cours de ce travail a été de savoir si la direction d'école dans le premier degré représente une réelle opportunité pour les femmes d'accéder à un poste de responsabilités. *A priori*, on peut être tenté de répondre de manière très affirmative puisque les statistiques disponibles révèlent que près des trois quarts des directeurs sont des femmes. Ce résultat masque néanmoins le fait que l'enseignement du premier degré est très féminisé. Et lorsqu'on évalue les chances de devenir directeur en tenant compte des possibilités de recrutement selon le sexe, les tendances ne sont plus du tout les mêmes. Proportionnellement, les hommes accèdent plus souvent à la direction d'école et, pour une partie d'entre eux, aux postes les plus intéressants du point de vue de la rémunération et de la décharge de service. Ils occupent aussi plus fréquemment d'autres fonctions leur permettant une évolution de carrière (maître formateur ou conseiller pédagogique). La prise en compte des activités menées dans différentes sphères (professionnelle, personnelle, familiale, etc.) se révèle pertinente pour interpréter les différences qui affectent le déroulement de carrière des hommes et des femmes.

Cette première contribution centrée sur la direction d'école n'a pas la prétention d'épuiser le sujet. Parmi les pistes qui restent à explorer, il conviendrait d'interroger les enseignants qui n'envisagent pas de devenir directeurs. Cette perspective permettrait de comparer les caractéristiques sociologiques des directeurs en poste et de ceux qui n'ont pas projeté d'accéder à une telle fonction. Déjà entrepris pour le second degré

[Cacouault, 1999], ce type d'investigation permet d'analyser et de comprendre les raisons qui poussent certaines femmes (et certains hommes) à rester en retrait par rapport aux opportunités de diriger un établissement scolaire. Cela peut aussi s'avérer très utile pour l'institution confrontée à une grave crise du recrutement.

Les résultats présentés dans le cadre de cet article concernent la période contemporaine. Il n'est pas certain que les tendances mises au jour n'aient pas évolué historiquement, notamment par rapport au contexte plus large de l'évolution de l'accès des femmes à des postes d'encadrement de proximité. L'enquête menée auprès de quatre mille instituteurs pour la période 1871-1914, par Jacques et Mona Ozouf [1992], montre qu'en fin de carrière, 31 % des hommes et 24 % des femmes ont accédé à un poste de direction. Mais nous ne disposons d'aucune donnée pour les périodes suivantes.

Notre travail renvoie à des enjeux sociaux associés à la recherche d'une meilleure égalité des hommes et des femmes dans la sphère professionnelle. À ce titre, elle pourrait éventuellement nourrir la réflexion de ceux qui définissent les politiques centrées sur ces questions. Dans cette perspective, les mesures pouvant être prises pour encourager les femmes à diriger les établissements scolaires auraient tout leur sens dans le cadre de la convention interministérielle signée en 2013 pour améliorer l'égalité entre les hommes et les femmes au sein du système éducatif [MEN, 2013b].

BIBLIOGRAPHIE

BERGER Ida, 1960, « Hommes et femmes dans une même profession. Instituteurs et institutrices (premiers résultats d'une enquête dans le département de la Seine) », *Revue française de sociologie*, vol. 1, n° 2, pp. 173-185.

BODIN Romuald, 2011, « De la division sexuée des postes dans l'éducation spécialisée » in Marlaine Cacouault et Frédéric Charles (dir.), *Quelle mixité dans les formations et les groupes professionnels ?* Paris, L'Harmattan, pp. 75-86.

BURGEVIN Christine, 2012, *Enseignante, c'est bien pour une femme...Directeur, c'est mieux pour un homme ? Contribution à une sociologie des personnels de direction d'établissements scolaires*. Thèse pour le doctorat en sciences de l'éducation, Université Lumière Lyon 2.

CACOUAULT Marlaine, 1999, *Différenciation des carrières entre les hommes et les femmes dans l'enseignement du second degré*, Rapport à la FEN-UNSA, IREDU-Université de Bourgogne, 1996, publié dans *Les Cahiers du Centre Fédéral* n° 25 en 1999, Centre Henri Aigueperse.

CACOUAULT Marlaine, 2003, « Les sociologues de l'éducation et les enseignants : cherchez la femme... » in Jacqueline Laufer, Catherine Marry et Margaret Maruani (dir.), *Le travail du genre à l'épreuve des différences de sexe*, Paris, La Découverte, pp. 163-180.

CACOUAULT Marlaine, 2008, *La direction des collèges et des lycées : une « affaire d'hommes » ?* Paris, L'Harmattan.

CACOUAULT Marlaine et COMBAZ Gilles, 2007, « Hommes et femmes dans les postes de direction des établissements secondaires : quels enjeux institutionnels et sociaux ? », *Revue française de pédagogie*, n° 158, pp. 5-20.

CACOUAULT Marlaine et COMBAZ Gilles, 2011, *Les personnels de direction du second degré : perception du changement, revendications et aspirations des femmes et des hommes chefs d'établissement et adjoints dans les années 2000*. Rapport établi pour le Centre Henri Aigueperse – UNSA Education.

CHARRIER Philippe, 2004, « Comment envisage-t-on d'être sage-femme quand on est un homme ? » *Travail, genre et sociétés*, n° 12, pp. 105-124.

DOUGUET Florence et VILBROD Alain, 2008, « Les infirmiers libéraux : singularité des trajectoires professionnelles et des pratiques de soin », *in* Yvonne GUICHARD-CLAUDIC, Danièle KERGOAT et Alain VILBROD (dir.), *L'inversion du genre. Quand les métiers masculins se conjuguent au féminin…et réciproquement*, Rennes, PUR, pp. 273-282.

DUCHAUFFOUR Hervé, 2011, « Les directeurs d'école primaire en France : acteurs en quête de pouvoirs acquis », communication au colloque doctoral international de l'éducation et de la formation, Nantes, 25-26 novembre 2011.

EVETTS Julia, 1987, « Becoming Career Ambitious: the Career Strategies of Married Women who Became Primary Headteachers in the 1960s and 1970s », *Educationnal review*, vol. 3, n° 1, pp. 15-29.

EVETTS Julia, 1988a, « Returning to Teaching: the Career Breaks and Returns of Married Women Primary Headteachers », *British journal of sociology of education*, vol. 9, n° 1, pp. 81-96.

EVETTS Julia, 1988b, « Managing Childcare and Work Responsabilities: the Strategies of Married Women Primary and Infant Headteachers », *The sociological review*, vol. n° 3, pp. 503-531.

FERRIERE Séverine, 2013, « Transmission de représentations genrées chez les formateurs et les formatrices de l'enseignement du premier degré », *in* MORIN-MESSABEL Christine et SALLE Muriel (dir.), *À l'école des stéréotypes. Comprendre et déconstruire*, Paris, L'Harmattan, pp. 203-230.

GUEGOT Françoise, 2011, *L'égalité professionnelle hommes – femmes dans la fonction publique*, Paris, La Documentation française.

GUICHARD-CLAUDIC Yvonne, KERGOAT Danièle et VILBROD Alain (dir.), 2008, *L'inversion du genre. Quand les métiers masculins se conjuguent au féminin…et réciproquement*, Rennes, PUR.

GUIONNET Christine et NEVEU Erik, 2009, *Féminins, masculins. Sociologie du genre*, Paris, Armand Colin.

JABOIN Yveline, 2010, « Enseigner dans les enseignements adaptés du second degré : étape ou finalité professionnelle ? », *Carrefours de l'éducation*, n° 29, pp. 145-160.

JABOIN Yveline, 2013, « Les hommes et les femmes à l'école maternelle font-ils le même métier ? *in* Christine MORIN-MESSABEL (dir.), *Filles – garçons. Question de genre : de la formation à l'enseignement*, Lyon, PUL, pp. 325-344.

MEN - ministère de l'Éducation, 2013a, *Repères et références statistiques sur les enseignements, la formation et la recherche*, Paris, DEPP.

MEN - ministère de l'Éducation, 2013b, « Convention interministérielle pour l'égalité entre les filles et les garçons, les femmes et les hommes dans le système éducatif », *Bulletin officiel de l'éducation nationale*, n° 6, pp. 16-23.

OZOUF Jacques et Mona, 1992, *La République des instituteurs*, Paris, Le Seuil.

PELAGE Agnès, 2010, « Les chefs d'établissement scolaire : autonomie professionnelle et autonomie au travail » *in* Didier Demazière et Charles Gadéa (dir.), *Sociologie des groupes professionnels*, Paris, La Découverte, pp. 40-50.

RICH Joël, 2010, *Les nouveaux directeurs d'école*, Bruxelles, De Boeck.

WILLIAMS Christine, 1992, « The Glass Escalator: Hidden Advantages for Men in the Female Professions », *Social problems*, vol. 39, n° 3, pp. 253-267.

ANNEXES

Tableau 1a – Répartition des fonctions de direction selon le sexe et le département pour l'année 2013 (en %)

Départements	Direction d'écoles élémentaires ou d'écoles primaires		Direction d'écoles maternelles		Direction d'écoles d'application	
	Hommes	Femmes	Hommes	Femmes	Hommes	Femmes
Aisne	19,72	11,21	2,17	4,03	0,16	0,12
Aveyron	20,73	**20,66**	1,63	3,18	0,0	0,21
Bas-Rhin	16,59	7,38	2,25	5,55	0,09	0,08
Calvados	18,62	9,14	3,97	5,30	0,52	0,15
Cantal	20,62	17,10	1,55	1,45	0,52	0,16
Essonne	12,79	4,79	1,73	6,14	0,20	0,08
Gers	22,94	17,57	2,35	**8,37**	0,59	0,0
Haute-Marne	14,10	13,73	0,85	3,91	0,43	0,11
Hérault	14,37	4,72	4,10	4,06	0,19	0,16
Ille-et-Vilaine	14,81	5,92	1,22	3,21	0,0	0,03
Jura	22,89	12,67	0,60	5,56	0,0	0,26
Lot	23,27	**18,91**	3,14	**9,46**	**0,63**	0,32
Lozère	15,52	**15,76**	4,31	0,82	0,0	**0,27**
Maine-et-Loire	**24,41**	11,00	2,38	5,16	0,22	0,10
Meuse	9,75	11,48	0,85	4,28	0,0	0,31
Nord	**23,34**	7,10	3,58	5,85	0,33	0,16
Paris	10,44	2,59	5,49	3,41	**1,00**	0,22
La Réunion	9,66	3,27	2,37	2,36	0,0	0,06
Rhône	19,51	4,99	2,26	4,25	0,42	0,11
Saône-et-Loire	**24,61**	13,18	2,97	6,18	0,0	0,04
Seine-Maritime	16,86	9,03	3,27	6,35	0,0	0,02
Somme	21,29	12,08	3,96	4,48	**0,83**	0,12
Ensemble	17,06	7,40	2,90	4,81	0,27	0,12

Sources : statistiques exhaustives transmises par les directeurs académiques des services départementaux de l'Éducation nationale des vingt-deux départements de l'échantillon. Les pourcentages les plus élevés ont été soulignés en caractères gras.

Sur les vingt-six académies contactées (avec une relance), neuf n'ont pas répondu (Aix-Marseille, Bordeaux, Corse, Créteil, Grenoble, Limoges, Nice, Orléans-Tours, Poitiers). En l'absence de données nationales, il est difficile d'apprécier la représentativité de notre échantillon. Nous observons qu'au niveau des départements ruraux, la répartition selon le sexe pour la direction d'écoles élémentaires ou primaires est plus équilibrée que dans les départements comportant de grosses agglomérations. Dans ces dernières, il y davantage de grosses écoles. Les avantages matériels et financiers ne sont pas comparables. Par ailleurs, nous ne disposons d'aucune information relative aux dispositions qui peuvent être appliquées localement pour améliorer l'accès des femmes aux postes de responsabilités.

Tableau 1b – Répartition des conseillers pédagogiques et maîtres formateurs selon le sexe et le département pour l'année 2013 (en %)

	Conseillers pédagogiques de circonscription		Maîtres formateurs	
Départements	Hommes	Femmes	Hommes	Femmes
Aisne	2,48	0,52	0,93	0,97
Aveyron	3,66	1,06	0,41	0,74
Bas-Rhin	2,72	0,71	0,47	0,79
Calvados	2,24	0,75	1,03	0,60
Cantal	**4,64**	0,81	2,58	0,48
Essonne	1,32	0,88	1,12	1,26
Gers	4,71	0,42	0,59	0,56
Haute-Marne	3,42	0,67	1,71	1,67
Hérault	1,87	0,47	1,40	1,13
Ille-et-Vilaine	1,63	0,91	0,68	0,62
Jura	2,41	1,04	1,20	0,95
Lot	**6,29**	0,64	**15,09**	**5,13**
Lozère	**6,03**	1,63	1,72	1,90
Maine-et-Loire	**4,75**	0,83	1,51	0,88
Meuse	**4,24**	0,63	**9,32**	3,24
Nord	3,19	0,94	0,94	1,30
Paris	1,39	0,68	1,93	1,11
La Réunion	1,38	0,64	0,55	0,64
Rhône	1,84	0,80	1,17	0,63
Saône-et-Loire	1,75	0,72	1,05	1,11
Seine-Maritime	0,65	0,35	0,57	0,33
Somme	2,31	0,96	2,31	0,56
Ensemble	2,22	0,74	1,34	0,83

Sources : statistiques exhaustives transmises par les directeurs académiques des services départementaux de l'Éducation nationale des vingt-deux départements de l'échantillon. Les pourcentages les plus élevés ont été soulignés en caractères gras.

Enquête nationale par questionnaire, 2010

Dans le cadre d'une thèse de doctorat en sciences de l'éducation soutenue en 2012, une enquête nationale par questionnaire a été réalisée. La direction de l'évaluation, de la prospective et de la performance a élaboré, à notre demande, un échantillon aléatoire de 2 639 écoles maternelles, primaires et élémentaires. Trois critères d'échantillonnage ont été retenus : la taille des écoles, le type d'école (maternelle, élémentaire ou primaire) et le fait qu'elles soient ou non classées en éducation prioritaire. Les 2 639 directeurs et directrices ont été invités à remplir le questionnaire en ligne. Après une relance, 418 questionnaires ont été renvoyés, soit un taux de retour de 15,8 %.

Par rapport aux données nationales, l'échantillon présente quelques spécificités : il comporte moins d'écoles de petite taille, davantage d'écoles composées de six à dix classes ; la proportion d'écoles classées en éducation prioritaire est plus élevée (tableau 2). En revanche, la répartition par types d'écoles et le pourcentage de femmes parmi les directeurs (68,1 %) ne sont pas trop éloignés des moyennes nationales. L'échantillon est aussi caractérisé par le fait que les femmes jeunes y sont surreprésentées (tableau 3).

Tableau 2 – Caractéristiques des écoles de l'échantillon

Taille des écoles	Échantillon (enquête 2010)	France entière*
1 à 2 classes	10,4 %	22,5 %
3 à 5 classes	38,5 %	41,1 %
6 à 10 classes	38,7 %	28,4 %
11 classes et plus	12,4 %	8,0 %
Ensemble	100 %	100 %
Types d'écoles	Échantillon (enquête 2010)	France entière*
Maternelle	36,4 %	32,4 %
Elémentaire et primaire	63,6 %	67,6 %
Ensemble	100 %	100 %
Education prioritaire	Échantillon (enquête 2010)	France entière*
ECLAIR et RRS	18,9 %	13,8 %

* Source : Ministère de l'Éducation nationale, 2011, *Repères et références statistiques sur les enseignements, la formation et la recherche.*

Tableau 3 – Répartition selon l'âge et le sexe (enquête de 2010 en effectifs et %)

Âges	Hommes	Femmes	Ensemble
29 ans et moins	2 (1,6 %)	19 (7,0 %)	21 (5,2 %)
30 – 34 ans	12 (9,4 %)	34 (12,5 %)	46 (11,5 %)
35 – 39 ans	10 (7,8 %)	48 (17,6 %)	58 (14,5 %)
40 – 44 ans	15 (11,7 %)	43 (15,8 %)	58 (14,5 %)
45 – 49 ans	25 (19,5 %)	52 (19,0 %)	77 (19,2 %)
50 – 54 ans	42 (32,8)	44 (16,1 %)	86 (21,4 %)
55 ans et plus	22 (17,2 %)	33 (12,1 %)	55 (31,7 %)
Ensemble	128 (100 %)	273 (100 %)	401 (100 %)

Khi deux = 25,3, DDL = 6, P < .001
Les non-réponses n'ont pas été intégrées au calcul.

Tableau 4 – Indemnités mensuelles versées aux directeurs d'écoles*

Nombre de classes	Points d'indice	Rémunération
Classe unique	3 points	13,89 €
De 2 à 4 classes	16 points	74,08 €
De 5 à 9 classes	30 points	138,90 €
10 classes et plus	40 points	185,21 €

* Décret n° 83-644 du 8 juillet 1983 portant attribution d'une indemnité de sujétions spéciales aux directeurs d'écoles maternelles et élémentaires, aux maîtres directeurs et aux directeurs d'établissements spécialisés. Version consolidée au 18 décembre 2012.

Tableau 5 – Indemnités annuelles versées aux directeurs d'écoles*

Nombre de classes	Rémunération
De 1 à 4 classes	1 495,62 €
De 5 à 9 classes	1 695,62 €
10 classes et plus	1 895,62 €

* Décret n° 83-644 du 8 juillet 1983 portant attribution d'une indemnité de sujétions spéciales aux directeurs d'écoles maternelles et élémentaires, aux maîtres directeurs et aux directeurs d'établissements spécialisés. Version consolidée au 18 décembre 2012.

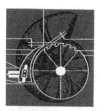

CONTROVERSE

QUOTAS EN TOUT GENRE ?

Au cours des années 1990, la parité a suscité une vive controverse sur la « démocratie exclusive » [Fraisse, 1997] et sur la légitimité de mesures coercitives pour imposer l'élection de femmes dans les assemblées représentatives. Mobilisant les milieux associatifs, universitaires, journalistiques [Bereni, 2009], ces débats passionnés ont vu s'exprimer des oppositions tranchées au sein d'un féminisme confronté au républicanisme hexagonal [Sintomer, 2007].

L'enjeu du débat inaugural a consisté à concilier l'universalisme républicain avec celui de la différence des sexes [Lepinard, 2007]. Les « pro-parité » ont alors mis un soin particulier à récuser l'assimilation d'un objectif de parité à l'instauration de quotas, terme mobilisé comme un épouvantail par les « anti-parité » au nom de leur refus d'une logique de discrimination positive.

Cette « révolution tranquille », qui a vu se généraliser la logique d'une présence obligatoire et quantifiée de femmes aux postes de responsabilités dans un ensemble de secteurs, ne semble plus susciter d'oppositions aussi vives que lors du débat inaugural des années 1990. Comment comprendre l'avènement de ce qui semble faire consensus ? Peut-on dire qu'aujourd'hui il n'y a plus d'opposition à ce qui relève de la discrimination positive en faveur des femmes ? Ce consensus n'est-il qu'apparent et cache-t-il des résistances susceptibles de se révéler au fur et à mesure de la mise en œuvre de telles démarches ? Et vaut-il pour tous les secteurs concernés ? Nous avons rassemblé ici des contributions qui touchent à des univers aussi divers que la représentation politique, la fonction publique, l'entreprise, l'université, le sport, la culture, les syndicats et pour lesquelles nous remercions leur-e-s auteur-e-s. Nous avons cherché à la fois à comprendre l'émergence de ce – relatif – consensus transversal en matière de parité et de quotas, mais aussi à mieux situer les enjeux propres aux différents contextes organisationnels ainsi que les divers types de résistance qui demeurent face aux progrès d'une logique de discrimination positive à l'égard des femmes.

Une représentation équilibrée

La loi du 27 janvier 2011 traite de la « représentation équilibrée des femmes et des hommes au sein des conseils d'administration et de surveillance et à l'égalité professionnelle » en instaurant un quota de 40 % au sein des conseils d'administration des entreprises d'ici à 2017. S'agissant de la fonction publique, la loi du 12 mars 2012 introduit des objectifs chiffrés de représentation équilibrée dans l'encadrement supérieur des trois versants de la fonction publique, mais aussi parmi les personnalités qualifiées des conseils d'administration des établissements publics et dans les jurys et comités de sélection. La loi du 22 juillet 2013 sur l'Enseignement Supérieur et la Recherche institue le principe d'une présence obligatoire et quantifiée des femmes dans les instances universitaires. La loi pour l'égalité réelle entre les femmes et les hommes, adoptée le 4 août 2014, organise une extension des quotas de 40 % aux entreprises de plus de deux cent cinquante salariés ou au chiffre d'affaires supérieur à cinquante millions d'euros. Cette loi établit également une obligation de représentation équilibrée pour les fédérations sportives dont plus d'un quart des licenciés sont de sexes différents. Ce principe est étendu à tous les établissements publics – ce qui inclut notamment les établissements culturels.

Comprendre l'émergence de ce consensus, c'est d'abord souligner que les oppositions à l'encontre de mesures contraignantes, telles que les quotas, pour faire progresser l'égalité entre les femmes et les hommes, ont dû céder face à la conviction croissante (et souvent désabusée), que seules des mesures coercitives pouvaient venir à bout des résistances à cette égalité, en particulier dans les sphères de pouvoir. Les données prospectives jouent un rôle notable dans la justification d'une telle politique. Ainsi, c'est en 2068 que la parité du corps des professeurs d'université serait atteinte en cas de non-recours aux quotas ! Sur quels arguments se fonde l'opposition aux quotas et quelles sont les évolutions qui, sauf exception, en sont venues à bout ? Le premier argument est celui des compétences et du mérite qui, seuls, doivent se voir récompensés quand il s'agit d'accéder à des positions de pouvoir. Mais, précisément, de nombreuses voix se sont élevées pour souligner que, désormais, les femmes étaient en suffisamment grand nombre à être dotées de telles compétences et de tels mérites dans les différents champs d'activité concernés. Le mérite est souvent postulé quand il s'agit de promouvoir des hommes et mis en doute quand il s'agit des femmes. De surcroît, plusieurs recherches aux États-Unis puis en France, menées dans l'entreprise, dans les organismes scientifiques et à l'université, ont largement entamé cette conviction que seul le mérite (ou plutôt l'absence de mérite) est en cause dans les obstacles à la promotion des femmes à des postes de pouvoir. Ces recherches mettent l'accent sur le « plafond de verre », lequel désigne l'ensemble des obstacles que rencontrent ces femmes pourtant méritantes dans leur accès aux sphères de direction [Laufer, 2013]. Ainsi, à l'argument de la non-représentativité de structures de pouvoir où les femmes demeurent en minorité alors qu'elles sont « la moitié du genre humain » – et nombreuses aux niveaux inférieurs et intermédiaires des organisations – est venue s'ajouter la conviction qu'il fallait en finir avec la thèse du soi disant non-mérite des femmes. Enfin, l'argument de la contribution des femmes à la performance des entreprises et des organisations a contribué à renforcer la légitimité des quotas dans les organes de direction [Laufer et Paoletti, 2010].

Mais c'est aussi la dimension ambiguë de ce consensus qui est révélée par les contributions rassemblées ici. Tout d'abord, la légitimité perçue des quotas peut être nuancée.

Dans la sphère politique, la question de la parité fait-elle l'unanimité ? Si la majorité des électeur-trice-s approuvent le fait que les listes aux élections municipales comportent « autant de femmes que d'hommes », les auteur-e-s soulignent que certaines variables influent sur l'évaluation de la parité en politique. Dans la fonction publique, c'est la rareté des femmes au ministère de l'Économie qui légitime le recours aux quotas, tandis que ceux-ci apparaissent, en particulier aux yeux des femmes, moins légitimes dans les ministères sociaux plus féminisés. Dans les conseils d'administration des entreprises, l'instauration de quotas – pourtant critiquée par certains juristes – semble avoir bénéficié d'un mouvement législatif soumettant la composition des conseils d'administration à des règles impératives qui ont rendu d'autant plus acceptable cette nouvelle contrainte. À ces évolutions, est venu s'ajouter le souci des critères de bonne gouvernance d'entreprises internationales qui exigent désormais de tenir compte de leur niveau de « diversité ». À l'université, le principe d'un égal accès des femmes et des hommes aux fonctions électives (ou aux nominations) fait l'objet d'un consensus à condition d'euphémiser la dimension préférentielle des quotas à l'égard des femmes. En ce qui concerne la culture, la logique paritaire se confronte à la logique méritocratique qui se double ici de la question de la singularité du talent artistique et de la subjectivité inhérente à son évaluation. Du coté des syndicats, si certains d'entre eux ont été pionniers quant à l'adoption de démarches volontaristes de quotas, la contrainte en la matière cadre mal avec le fonctionnement démocratique et fédéraliste qui veut que chaque structure conserve une autonomie politique et statutaire. Enfin, dans plusieurs des situations considérées – par exemple le monde du sport –, c'est bien la menace du recours à des sanctions ou à la nullité des nominations qui garantit l'application d'une logique de quotas en l'absence de consensus chez certains acteurs quant à leur légitimité et/ou à leur urgence.

C'est aussi la question des conditions de réalisation d'une politique de quotas qui est posée ici. Quelles femmes, dotées de quels profils, de quelles compétences et de quelles caractéristiques, sont susceptibles d'être désignées ? Si, dans certains cas, les femmes peuvent être largement présentes aux niveaux intermédiaires d'une organisation, dans d'autres cas – par exemple certaines fédérations sportives ou certains syndicats –, l'absence de mixité des structures se traduit par un manque de femmes dans les viviers. De surcroît, se pose la question de l'importance de parcours permettant aux femmes d'acquérir toutes les compétences nécessaires à l'exercice d'un poste de direction. Dans la fonction publique, la dimension formatrice des parcours est bien évoquée ; dans les syndicats, ce sont les risques de « délégitimation » et d'isolement encourus par les « femmes quotas » qui sont mis en avant. Si les syndicats font leur chemin sur le plan des quotas de femmes dans leurs propres structures, ils y sont moins favorables dans le cas des mandats au sein des organisations représentatives du personnel, précisément en raison des risques encourus par les femmes concernées. Devenir déléguée du personnel ou élue au comité d'entreprise ne comporte pas les mêmes risques – ni les mêmes perspectives de carrière – que de devenir administratrice dans une grande entreprise.

L'une des critiques classiques des quotas résulte du conflit potentiel entre le respect des contraintes relatives à l'égalité et le principe du choix au mérite. Une façon de résoudre cette difficulté consiste à traiter différemment la sélection des candidatures et les nominations. La première étant soumise au respect des quotas, tandis que la seconde est laissée à la libre appréciation des mérites par les décideurs. Dans les fédérations sportives, les quotas de candidature combinent une logique de contrainte et une logique de choix de la ou des candidat-e-s les plus méritant-e-s sur une liste dont on contrôle qu'elle est paritaire. Cette même approche est évoquée pour les nominations dans le secteur de la culture où, comme il est souligné ici, « l'injonction paritaire s'arrête au seuil de la "présélection" pour qu'ensuite "le meilleur gagne". » De même, la notion de proportionnalité des nominations au regard de la part des femmes dans les effectifs – en l'occurrence d'une fédération sportive –, ou encore celle d'un seuil minimum de candidatures dans les cas où la non mixité de certaines fédérations rend inopérante la notion de proportionnalité, apparaissent comme autant de manières légitimes et équitables d'introduire un objectif chiffré et contraignant, tout en s'adaptant aux caractéristiques des différents contextes.

Enfin, la place des quotas comme outil d'une politique d'égal accès des femmes à des postes de direction est évoquée. Comme le soulignent ici certain-e-s acteur-trice-s de la fonction publique, on peut considérer que les quotas – si nécessaires soient-ils – agissent « en surface » et n'attaquent pas les racines profondes des inégalités de chances qui frappent les femmes, ce constat pouvant être étendu aux conseils d'administration des entreprises ou aux universités, à l'univers sportif comme aux univers syndical et culturel.

Ceci implique que des démarches plus globales de changement, concernant l'accès des femmes aux postes les plus élevés, soient développées. Cela conduit également à distinguer l'application de quotas au sommet et pour les catégories privilégiées – une féminisation par le haut – de démarches d'égalité professionnelle visant l'ensemble des femmes et l'ensemble des inégalités qui les caractérise et en particulier les moins favorisées d'entre elles.

Jacqueline Laufer et Marion Paoletti

Références bibliographiques

BERENI Laure, 2009, « Quand la mise à l'agenda ravive les mobilisations féministes. L'espace de la cause des femmes et la parité politique (1997-2000) », *Revue française de science politique*, vol. 59, n° 2, pp. 301-323.

FRAISSE Geneviève, 1997, « La démocratie exclusive : un paradigme français », *Pouvoirs, Revue française d'études constitutionnelles et politiques*, n° 82,
pp. 5-16.

LAUFER Jacqueline, 2013, « Le plafond de verre : un regard franco-américain » *in* Margaret Maruani (dir.) *Travail et genre dans le monde, l'état des savoirs*, Paris, La Découverte, pp. 298-308.

LAUFER Jacqueline et PAOLETTI Marion (dir.), 2010, « Controverse - Spéculations sur les performances économiques des femmes », *Travail, genre et sociétés*, n° 23, pp. 167-170.

LEPINARD Élénore, 2007, *L'égalité introuvable : la parité, les féministes et la République*, Paris, Presses de Sciences Po.

SINTOMER Yves, 2007, « Le paysage idéologique de la parité », *Travail, genre et sociétés*, n° 18, pp. 147-152.

Victor Marneur et Frédéric Neyrat

Du côté des électeurs : la banalisation du principe de parité

C'est dans le domaine de la représentation politique que la parité a commencé à être mise en œuvre avec l'adoption, en 1982, d'un amendement, formulé par la députée Gisèle Halimi, imposant un quota d'au moins 25 % de femmes sur les listes municipales des communes de plus de 3 500 habitants. Cette disposition ayant été censurée par le Conseil constitutionnel[1] c'est par la voie de la réforme constitutionnelle préalable qu'en juin 1997 le premier ministre Lionel Jospin[2] reprendra l'objectif de parité. Depuis le 28 juin 1999, l'article 3 de la Constitution affirme que « La loi favorise l'égal accès des femmes et des hommes aux mandats électoraux et fonctions électives », ce qui a permis que la loi du 6 juin 2000 et les textes ultérieurs, en dépit de leur caractère contraignant, ne soient pas censurés.

Entre les années 1980 et les années 2000, les partis politiques et les parlementaires ont donc évolué sur la question de la parité[3]. En témoignent : l'isolement de ses détracteurs les plus farouches lors de la discussion au Parlement du texte de la réforme constitutionnelle (à l'instar de Didier Julia qui déploiera tous les arguments possibles à l'appui de son exception d'irrecevabilité, finalement votée par... personne, lui-même étant absent au moment du vote[4]), l'ampleur du résultat du vote de la réforme constitutionnelle (741 voix pour et seulement 42 contre) comme l'acceptation par la suite d'un « quota » paritaire, puisque de 50 %. L'égale représentation des femmes et des hommes dans les élections est devenue un objectif partagé, ou plutôt difficilement contestable, par la classe politique, même lorsqu'elle contraint fortement les stratégies électorales. Ainsi, pour le Front national (FN) : la parité l'empêche de constituer autant de listes qu'il l'aurait souhaité là où les élections européennes ont pourtant confirmé son audience auprès des électeurs. Si les femmes votent moins pour le FN que les hommes, elles semblent plus encore réticentes à s'engager publiquement sur ses listes[5]. Certes Marine Le Pen s'était exprimée pendant la campagne présidentielle de 2012 « contre la parité [...] contraire à la méritocratie républicaine »[6] mais son parti est l'un des plus vertueux dans l'application de l'injonction à présenter autant de femmes que d'hommes aux législatives : il faut dire que la réduction de la dotation publique pouvait exercer un effet dissuasif. À l'inverse, en 2012 encore, sa situation financière

[1] La décision 82-146 DC du 18 novembre 1982 affirme que des « principes de valeur constitutionnelle s'opposent à toute division par catégories des électeurs ou des éligibles ».

[2] La création par Jacques Chirac, en 1995, de l'Observatoire de la parité, co-animé par Roselyne Bachelot et Gisèle Halimi, est aussi un moment essentiel dans cette mise à l'agenda [Bereni, 1999].

[3] Même si le terme lui-même n'est jamais entré dans la loi, comme l'a déploré, parmi d'autres, Gisèle Halimi, 1999, « Parité, je n'écris pas ton nom... », *Le Monde Diplomatique*, septembre.

[4] Assemblée nationale, Compte rendu intégral des 2e (pp. 10505 à 10510) et 3e séances (pp. 10513 à 10515) du 15 décembre 1998.

[5] Ce que nous a indiqué le responsable départemental du FN en Gironde. Dans le Nord-Médoc par exemple, où le FN réalise ses scores les plus importants, il n'a pas pu présenter de listes dans ses deux communes principales, Lesparre (où il a obtenu 37,61 % des voix aux Européennes) et Pauillac (34,63 % des voix aux Européennes).

[6] Sciences Po Paris, « Forum PrésidentiELLE », le 5 avril 2012.

[7] Contrat de l'Agence nationale de la recherche « GENEREL » sur « Les territoires de l'élection, genre, religion et politiques locales », porté par Magali Della Sudda.

[8] *Cf.* Frédéric Neyrat et Christiane Restier [1997] et Christiane Restier-Melleray [2002].

[9] Institut national de la statistique et des études économiques.

[10] Il y a à notre sens deux explications à cette sur-représentation : au-delà de la sociologie de la ville et de ce quartier (assez proche des universités et du centre hospitalier), on peut faire l'hypothèse (sans pouvoir la vérifier cependant) qu'il traduit l'abstention massive des classes populaires lors des élections de 2014.

[11] Auto-administré dans le réfectoire de l'école qui sert de centre de vote.

n'étant alors pas dégradée, l'UMP – Union pour un mouvement populaire –, pourtant apparemment favorable en paroles et en votes à la parité, pouvait s'en affranchir avec seulement 28 % de candidates. C'est là la limite de l'acceptation par certains partis politiques de la parité, lorsque celle-ci n'est contraignante que financièrement : les mesures incitatives consistant à réduire les dotations publiques ne sont effectives que sur les partis dont la situation financière ne permet pas de déroger à la règle.

Mais qu'en est-il des électrices et électeurs ? Dans le cadre d'une recherche sur « genre et élections locales »[7], un sondage sortie des urnes a été réalisé dans un centre de vote bordelais lors du premier et unique tour des municipales 2014. Ce centre de vote – Alphonse Dupeux – avait déjà été choisi en 1995 à l'occasion d'une recherche sur les campagnes municipales[8] en ce qu'il semblait proche socialement (par rapport aux variables sociodémographiques de l'Insee[9]) et qu'il votait régulièrement comme Bordeaux dans son ensemble. Près de 20 ans plus tard, la même proximité en termes de choix électoraux a conduit à retenir de nouveau ce centre pour un sondage sortie des urnes finalement administré à 1 067 électeurs, soit près d'un tiers des votants et un peu moins d'un quart des inscrits. Si peu de refus de réponse a été enregistré, l'échantillon d'électeurs qui s'est ainsi auto-constitué paraît biaisé sous les rapports de la catégorie socioprofessionnelle et du niveau de diplôme. Ainsi, près d'un tiers des électeurs interrogés ont un diplôme de niveau bac + 5 ou au-delà et plus de 50 % des répondants ont un diplôme supérieur ou égal à bac + 3[10]. Sous cette réserve, ce court questionnaire[11], qui comportait des questions fermées et ouvertes sur la parité et le genre, montre que la parité s'est largement banalisée même si son degré d'acceptation reste encore différencié socialement.

C'est d'abord le caractère consensuel de la parité qui est remarquable. Près des deux tiers de ces électeurs considèrent qu'il s'agit d'« une bonne chose ». À l'opposé, seulement 11,2 % des enquêtés cochent la case « mauvaise chose ». 11,2 % seulement ? Davantage en réalité. Nous proposions un item « autre » (en leur demandant de préciser) : 20 % s'en sont saisis et lorsque l'on regarde leur justification, elle est négative dans les deux tiers des cas. En tenant compte de cette correction, cela conduirait à presque un quart d'électeurs critiquant la parité dont une partie, et c'est là un résultat supplémentaire quant à la banalisation de cette obligation, le ferait *mezzo voce*. Alors que, depuis trois scrutins, les listes municipales sont tenues de respecter l'équilibre entre hommes et femmes, il devient plus difficile de contester frontalement ce principe. Quant aux registres de justification de la parité ou de sa critique, ils ne renouvellent pas le « paysage idéologique de la parité » tel que le décrit typologiquement Yves Sintomer [2007]. Peut-être, simplement, peut-on observer la polarisation des défenseurs de la parité sur le thème de la concrétisation de l'égalité et de ses détracteurs sur le risque de défaut de compétence des bénéficiaires des quotas.

La parité fait l'objet d'un assentiment assez général des électeurs sans doute lié au fait que, la réforme ayant presque quinze ans (indépendamment de ses élargissements successifs), le principe en est désormais plus facilement admis. Mais il nous semble aussi que la récente controverse autour du genre a eu pour effet de rendre plus acceptable la parité auprès de ceux qui auraient pu, idéologiquement, la contester. Tout se passerait alors comme si l'opposition à la remise en cause de l'« ordre naturel » fondé « naturellement » sur la différenciation des sexes (comme l'évoquent ces électeurs très opposés au genre[12]) se déplaçait de la « parité » au « genre », nouveau cheval de bataille d'une droite remobilisée à l'occasion des manifestations de « la famille pour tous ».

Il reste que certaines variables lourdes continuent de peser sur l'opinion relative à la parité en politique. De manière spontanée, on pourrait penser que le sexe conditionne l'approbation ou non des mesures visant à promouvoir l'égal accès des femmes et des hommes aux mandats politiques. En effet : 68 % des femmes sont d'accord avec l'idée que la parité est une « bonne chose » contre 63 % des hommes. À l'inverse, 9 % des femmes pensent que c'est une « mauvaise chose » contre 14 % des hommes. Si les femmes semblent donc approuver, dans des proportions plus importantes que les hommes, ces mesures paritaires, les différences observées restent toutefois limitées. D'autres variables font apparaître des différences beaucoup plus significatives.

En premier lieu, la variable religieuse, comme souvent en matière électorale, reste la plus discriminante. La proportion d'enquêtés, répondant que les listes comportant autant d'hommes que de femmes aux élections municipales est une « bonne chose », augmente à mesure que l'intensité de la pratique religieuse diminue. À l'inverse, plus la pratique religieuse est intense, plus la parité est perçue comme une « mauvaise chose ».

[12] Une question ouverte leur demandant ce qu'était, selon eux, la « théorie du genre » leur a permis de développer ce type de représentations.

Parité \ Religion	Pratique régulière	Pratique occasionnelle	Non pratiquant-e	Sans religion	Sans reponse	Total
Sans réponse	2,7 %	0,8 %	3,4 %	1,7 %	7,7 %	2,6 %
Une bonne chose	51,3 %	63,2 %	64,1 %	70,3 %	84,6 %	65,8 %
Une mauvaise chose	19,8 %	14,5 %	10,3 %	9,6 %	2,6 %	11,2 %
Autre	26,1 %	21,4 %	22,1 %	18,1 %	5,1 %	20,3 %
Total	100 %	100 %	100 %	100 %	100 %	100 %

Les « sans réponse » à la question de la pratique religieuse répondent à 84,6 % que la parité est « une bonne chose » et seulement à 2,5 % que c'est une mauvaise chose. Si l'on suppose que les « sans réponse » à la question religieuse sont vraisemblablement les moins concernés par la religion, cela corrobore l'interprétation précédente.

Le fait que les enquêtés répondant le plus souvent « autre » pratiquent régulièrement leur religion n'est pas étonnant si l'on prend en compte le fait que la réponse « autre » est une manière dissimulée d'exprimer son désaccord avec la parité. Le dépouillement des *verbatims* indique que la majorité des répondants « autre » désapprouve la contrainte paritaire, avec pour argument principal le classique : « la compétence doit primer sur le sexe ».

[13] Les répondants devaient s'auto-positionner sur une échelle gauche-droite numérotée de 1 à 7, le 1 étant le plus à gauche et le 7 le plus à droite. Nous avons classé dans « gauche » les répondants de 1 à 3, dans « centre » les répondants 4 et dans « droite » les répondants de 5 à 7.

Mis à part la religion, le positionnement politique semble également affecter le soutien à la parité en politique. Les répondants qui se positionnent à gauche[13] sont plus souvent favorables à la parité que ceux qui se positionnent à droite. On observe une tendance exactement inverse concernant les opposants aux réformes paritaires, plus les répondants se déclarent à droite, plus ils sont opposés à la parité. Enfin, les répondants « autre », le plus souvent opposés à la parité, se placent surtout à droite.

Parité \ Tendance politique	Gauche	Centre	Droite	Sans réponse	Total
Sans réponse	2 %	1,9 %	1,8 %	11,9 %	2,6 %
Une bonne chose	76,8 %	63,7 %	55 %	66,1 %	65,8 %
Une mauvaise chose	5,2 %	12,5 %	18 %	5,1 %	11,2 %
Autre	15,6 %	21,9 %	25,1 %	16,9 %	20,3 %
Total	100 %	100 %	100 %	100 %	100 %

Malgré ces écarts observés, on peut dire que les réformes paritaires en politique semblent avoir été acceptées par les électeurs qui sont, rappelons-le, une majorité à les approuver (67,5 %). Le taux d'approbation de la parité femme/homme en politique reste toujours supérieur à 50 % dans toutes les catégories appréhendées, même chez les croyants les plus pratiquants et chez les électeurs se positionnant le plus à droite.

Cependant, on peut s'interroger sur l'effet proprement lié à la formulation de la question qui ne fait jamais explicitement état de la « parité ». La question était formulée comme telle : « depuis 2001, les listes aux municipales doivent comporter autant de femmes que d'hommes. Selon vous, est-ce : une bonne chose, une mauvaise chose, autre ». Sachant que le terme de « parité » est polémique et polarise encore l'opinion, une question incluant le terme « parité » aurait-elle fait l'objet d'un aussi large assentiment ?

Références bibliographiques

BERENI Laure, 2009 « Quand la mise à l'agenda ravive les mobilisations féministes. L'espace de la cause des femmes et la parité politique (1997-2000) », *Revue française de science politique*, vol. 59, n° 2, pp. 301-323.

NEYRAT Frédéric et RESTIER Christiane, 1997, « Rationalités de l'électeur, rationalisations du vote » *in* Nonna Mayer (dir.), *Les modèles explicatifs du vote*, Paris, L'Harmattan, pp. 223-244 ;

RESTIER-MELLERAY Christiane, 2002, *Que sont devenues nos campagnes électorales ? L'éclairage par la succession de Jacques Chaban-Delmas en 1995*, Bordeaux, Presses Universitaires de Bordeaux

SINTOMER Yves, 2007, « Le paysage idéologique de la parité », *Travail, genre et sociétés*, n° 18, pp. 147-152.

Laure Bereni et Anne Revillard

Un « mal nécessaire » ? Les hauts fonctionnaires et les quotas

La loi du 12 mars 2012, dite « Sauvadet », a introduit des quotas progressifs dans les nominations aux emplois supérieurs des trois fonctions publiques : à compter de 2017, ces nominations devront inclure chaque année au moins 40 % de personnes de chaque sexe. Le périmètre des emplois concernés[1] et l'ampleur des sanctions prévues en font un dispositif particulièrement contraignant, notamment par rapport à celui mis en œuvre dans le secteur privé un an plus tôt (loi « Copé-Zimmermann »)[2]. Cette réforme fait suite à un ensemble de rapports gouvernementaux qui, depuis le début des années 2000, ont mis à l'agenda la question des inégalités de genre dans la haute fonction publique, dans la continuité des lois sur la parité politique [Bereni et al., 2011]. Elle s'inscrit également dans le contexte d'un nombre croissant d'initiatives en faveur de la « diversité » et de « l'égalité professionnelle » dans la haute administration[3].

Nous proposons ici de fournir quelques éléments sur la réception de ces dispositifs, à partir d'une enquête collective réalisée en 2011-2012 auprès de cadres supérieurs et dirigeants de l'administration [Marry et al., 2013 et 2015]. Parmi les quatre-vingt-quinze entretiens biographiques de l'enquête, quarante et un abordant la question des quotas ont été retenus pour cette contribution. Cet échantillon reflète les caractéristiques de l'échantillon général : les enquêté-e-s proviennent de quatre directions relevant de deux périmètres ministériels, Bercy (dix-sept) et les ministères sociaux (vingt-cinq), comptent un tiers d'hommes et deux tiers de femmes, seize « cadres dirigeants » et vingt-cinq « cadres supérieurs »[4]. Bien que limité, cet échantillon fait apparaître trois résultats saillants : les quotas font l'objet d'une adhésion majoritaire, mais réservée ; les « pro » et les « anti » quotas adhèrent globalement aux mêmes rhétoriques ; l'adhésion ou le rejet des quotas sont fortement corrélés au sexe et au contexte organisationnel.

Une timide conversion aux quotas

Il faut d'abord souligner que les quotas suscitent l'adhésion de la majorité de notre échantillon : sur les quarante et une personnes qui se prononcent explicitement sur ce dispositif, vingt-cinq se disent pour et seize contre. Alors que la légitimation de la réforme paritaire s'était appuyée, dans les

[1] Le décret du 30 avril 2012 en dresse la liste <http://www.legifrance.gouv.fr/affichTexte.do?cidTexte=JORFTEXT000025768161&dateTexte=&categorieLien=id>.

[2] La loi du 27 janvier 2011 impose des quotas sexués progressifs dans la composition des conseils d'administration et de surveillance des entreprises cotées en bourse et des entreprises publiques (pour atteindre 40 % en 2017).

[3] Depuis 2011 et 2012, le « label diversité » – qui récompense les « bonnes pratiques » en matière de prévention des discriminations –, a été délivré successivement aux administrations relevant du ministère de l'Économie et des Finances, puis à celles des ministères sociaux.

Note 4 page suivante

[4] Dans l'enquête, nous avons désigné comme « cadres dirigeants » les agents exerçant un emploi égal ou supérieur à celui de « sous-directeur » en administration centrale ou équivalent à celui de « directeur départemental » dans les services déconcentrés. Les « cadres supérieurs » exercent des fonctions d'encadrement au sein des services centraux ou déconcentrés mais à des postes moins élevés (ils constituent donc le vivier » des cadres dirigeants mais leurs emplois ne sont pas concernés par la loi sur les quotas).

années 1990, sur une mise à distance du terme « quota » [Bereni et Lépinard, 2004], celui-ci semble désormais s'être acclimaté dans le vocabulaire des politiques d'égalité. On peut faire l'hypothèse que cette adhésion majoritaire est étroitement liée à la « mise en loi » de ce dispositif peu avant la réalisation des entretiens (loi Copé-Zimmermann en 2011 puis loi Sauvadet en 2012). De fait, nombre de nos enquêté-e-s nous ont indiqué avoir « récemment » changé de position sur la question. Pour autant, cette adhésion est loin d'être enthousiaste. Les quotas sont presque toujours présentés comme un pis-aller plutôt que comme un choix pleinement assumé :

> « Au début je me disais "c'est quoi ce truc, c'est de la discrimination pure et simple", mais en fait, quand on voit comment les choses fonctionnent, je pense qu'il faut en passer par là. C'est peut-être une étape intermédiaire. » (Cadre supérieur des ministères sociaux).

De ce point de vue, le contraste est frappant avec les rhétoriques qui ont été mobilisées à l'appui de la parité politique, quinze ans auparavant. Les discours de légitimation de cette revendication la dépeignaient presque toujours dans des termes très positifs, et s'étaient très largement situés sur le plan des principes (« universalité de la différence », « égalité parfaite », « achèvement démocratique », etc.), ne convoquant presque jamais le registre du pragmatisme (soutien du dispositif en raison de son efficacité pratique). La frontière soigneusement tracée entre « parité » et « quotas » visait précisément à repousser toutes les connotations négatives attachées aux quotas [Bereni, 2015].

Pour ou contre : des rhétoriques convergentes

Ces connotations n'ont donc pas disparu. Mais ce qui est nouveau, au début de la décennie 2010, c'est qu'il devient possible d'adhérer aux « quotas » tout en partageant avec leurs adversaires une vision globalement négative de ce dispositif. Les arguments qui entachent les politiques de discrimination positive, déjà mis au jour, par exemple, dans le contexte étasunien [Sabbagh, 2003], se retrouvent dans les propos des enquêté-e-s, tant du côté des pro- que des anti- quotas.

La plupart des enquêté-e-s soulignent en premier lieu les effets pervers [Hirschman, 1991] du système des quotas, en tant qu'il perturbe les règles routinières de reconnaissance du « mérite » et de « compétence » dans les carrières professionnelles. Cette référence intervient de deux façons. La première est la crainte (souvent exprimée par les femmes elles-mêmes) d'une stigmatisation des bénéficiaires des quotas :

> « Les commentaires sexistes existent déjà, existeront toujours, mais si c'est pour s'entendre dire, en plus, "tu es là parce qu'il fallait une femme" c'est un peu usant… Donc honnêtement dans l'absolu, oui [aux quotas] mais, concrètement, à vivre tous les jours, je suis plus dubitative… » (Cadre supérieure des ministères sociaux).

D'autres enquêté-e-s expriment leur inquiétude que le dispositif conduise effectivement à la nomination de femmes incompétentes. Comme ce fut le cas lors de la controverse sur la parité, l'Amérique est alors convoquée en symbole des effets néfastes du système :

> « Il faut dire les choses, c'est que tout le problème des quotas, c'est que l'on risque de nommer des femmes qui sont moins bonnes que des hommes et ça, ce n'est pas bon pour la cause des femmes me semble-t-il ! C'est comme... c'est la même problématique que l'on a connue aux États-Unis ! » (Cadre supérieur de Bercy, hostile aux quotas).

Une variante originale de cet argument consiste à souligner le caractère formateur d'une compétition ardue pour le pouvoir, à travers laquelle se forge la compétence requise pour des fonctions managériales.

> « Si j'ai envie d'être directrice, je peux apprendre à être directrice. [...] Est-ce qu'il ne faut pas se battre un peu pour arriver aux hautes fonctions ? » (Cadre supérieure des ministères sociaux, hostile aux quotas).

Le deuxième registre discursif fréquemment invoqué est celui de l'inanité. Les quotas, que ce soit chez leurs promoteurs ou chez leurs détracteurs, n'auraient qu'une action de surface, ne permettant pas de déstabiliser les inégalités à leur racine. Dans cette perspective, il faudrait les compléter par – ou leur substituer, selon les opinions – d'autres leviers d'intervention :

> « La question, je pense qu'elle est plus en amont : [...] c'est comment on prépare des trajectoires ascendantes en faisant en sorte que, à des moments où effectivement il y a cette question de la conciliation, on ne perde pas en cours de route les personnes qui ont du potentiel. » (Cadre dirigeante des ministères sociaux, opposée aux quotas).

> « Peut-être que ça a une vertu, ça nous oblige... mais si on fait d'un côté les quotas et qu'on ne règle pas les autres sujets, vous allez avoir peut-être plus de femmes directrices, ça, c'est clair, mais elles vont faire des sacrés écarts aussi, si on ne règle pas nos façons de travailler. Il y aura plus de divorce encore, peut être... » (Cadre dirigeant des ministères sociaux, rallié aux quotas).

Effets de genre et d'organisation

La frontière entre les discours des pro- et anti- quotas apparaît donc très ténue. Mais, dès lors que l'on s'intéresse aux positions sociales des enquêté-e-s, un clivage apparaît bel et bien, combinant des effets de genre et d'organisation : les femmes adhèrent plus volontiers au dispositif que les hommes et l'adhésion est plus massive à Bercy que dans les ministères sociaux. Mais c'est surtout le croisement de ces deux dimensions (genre et organisation) qui s'avère explicatif : un contexte organisationnel polarise beaucoup plus nettement les positions selon le sexe que l'autre. À Bercy, dix femmes sur onze se prononcent pour les quotas et cinq hommes sur six se prononcent contre alors que, parmi les enquêtés des ministères sociaux, les proportions d'adhésion sont pratiquement identiques entre hommes (4 sur 7) et femmes (10 sur 17). Les femmes des ministères sociaux apparaissent ainsi plus réservées à l'égard de ce dispositif. Ce constat ne manque pas de surprendre, d'autant plus que ces femmes se déclarent plus souvent féministes qu'à Bercy.

Cet effet polarisant tient, selon nous, en grande partie à la structuration de genre des administrations concernées. Dans les deux périmètres ministériels, la loi sur les quotas a été précédée par une politique de féminisation volontariste aux plus hauts étages de la hiérarchie administrative. Mais cette politique n'a pas eu la même ampleur et les mêmes effets dans les deux contextes : dans les ministères sociaux, traditionnellement associés au féminin et relativement dévalorisés par rapport aux ministères régaliens, la mixité des emplois d'encadrement supérieur s'est progressivement imposée ; en revanche, dans les prestigieuses directions de Bercy, où les femmes ont longtemps été totalement exclues des emplois de direction, les résistances ont été fortes ; les femmes n'ont accédé que très récemment, et en très faible nombre, aux positions de pouvoir.

Une cadre dirigeante des ministères sociaux associe ainsi sa réserve à l'égard des quotas au fait qu'elle-même n'a « pas eu le sentiment que le fait d'être femme [l]'a empêchée d'exercer des responsabilités et d'être reconnue ». À l'inverse, un cadre supérieur ayant fait sa carrière dans le même périmètre ministériel affirme s'être heurté, dans sa carrière, à l'argument du « respect de l'équilibre hommes femmes » et a ressenti que « le fait d'être un homme était plutôt pénalisant ».

Dans ce contexte, plusieurs enquêtées des ministères sociaux manifestent, en entretien, leurs craintes d'un *backlash* lié à une féminisation trop visible et rapide des positions d'encadrement. Une cadre dirigeante des ministères sociaux avoue ainsi son « envie d'être reconnue pour ses mérites et non pas parce qu'on appartient à une minorité visible ». Une autre enquêtée nous fait part d'une anecdote significative de ces craintes :

> « [Mon voisin de bureau] cherche sa mobilité et il m'a dit que l'un de ses copains lui a dit : "Fais gaffe dans ce ministère-là, ils ne prennent que des femmes. Ils n'ont pas les bons quotas, ils ne sont pas équilibrés donc ils ne prennent que des femmes, c'est vraiment dégueulasse !" [...] Et lui, il [me] disait : "Tu comprends ce n'est pas juste, et tout !" » (Cadre supérieure des ministères sociaux, très réservée à l'égard des quotas).

À l'inverse, à Bercy, dans un contexte où les carrières des femmes se heurtent de manière plus brutale au plafond de verre, les cadres supérieures et dirigeantes voient sans doute plus directement l'utilité du dispositif pour elles. C'est le cas de cette cadre dirigeante dont le poste prestigieux la place en position de pionnière dans son administration, et qui a, sans doute, bénéficié directement de la politique de féminisation des cadres supérieurs : après avoir expliqué qu'elle « n'est pas très quota », et s'être tenue à distance de tout discours trop explicitement féministe, elle admet la nécessité « d'une impulsion et d'une prise de conscience qui viennent d'en haut » :

> « Il y a quand même plus d'hommes qui sont prompts à dire qu'ils sont candidats, qu'ils savent tout faire, que de femmes qui disent qu'elles sont candidates et qu'elles savent tout faire. Donc si on n'a pas cette volonté d'aller chercher des femmes, si on n'attend que des candidatures spontanées, c'est sûr qu'on a un miroir un peu déformé » (Cadre dirigeante à Bercy).

Une autre enquêtée affirme sans « aucun complexe » sa conversion aux quotas, qu'elle perçoit comme une juste compensation à des règles qui favorisent les carrières des hommes :

> « Nous, les femmes, on est plutôt contentes. Franchement je pense que l'on n'a aucun scrupule et aucun complexe à se dire que c'est bien, parce que ça va obliger les choses à changer. Parce que mine de rien, une femme doit toujours être trois fois plus crédible qu'un homme si elle veut être écoutée […] Et quand on regarde les organigrammes il y a quand même beaucoup d'hommes et pas beaucoup de femmes. […] Moi, je n'ai aucun complexe à me dire "on nous réserve des places en plus". » (Cadre supérieure à Bercy).

Réciproquement, les hommes cadres supérieurs et dirigeants de Bercy nous ont indiqué, plus souvent que leurs homologues des ministères sociaux, leur opposition farouche à la mise en place des quotas, en particulier les plus jeunes d'entre eux, qui se sentent directement menacés par cette politique de féminisation.

Si elle mériterait d'être prolongée et systématisée par une étude centrée sur la réception des dispositifs d'égalité, l'enquête présentée ici met ainsi en lumière les déterminants indissociablement sexués et organisationnels des prises de position des hauts fonctionnaires en faveur ou à l'encontre des quotas, au-delà de leur adhésion à des rhétoriques partagées. Là où le plafond de verre est le plus tenace, et où les incursions des femmes restent les plus limitées, les femmes sont bien plus promptes à soutenir le dispositif des quotas que dans les contextes organisationnels où elles ont déjà atteint une masse critique et craignent les effets de *backlash* d'une féminisation trop rapide et ouvertement liée à une action volontariste.

Références bibliographiques

Bereni Laure, 2015, *La bataille de la parité. Mobilisations pour la féminisation du pouvoir*, Paris, Economica.

Bereni Laure et Lepinard Éléonore, 2004, « "Les femmes ne sont pas une catégorie". Les stratégies de légitimation de la parité en France », *Revue française de science politique*, vol. 54, n° 1, pp. 71-98.

Bereni Laure, Marry Catherine, Pochic Sophie et Revillard Anne, 2011, « Le plafond de verre dans les ministères : regards croisés de la sociologie du travail et de la science politique », *Politique et Management Public*, vol. 28, n° 2, pp. 139-155.

HIRSCHMAN Albert O., 1991, *Deux siècles de rhétorique réactionnaire*, Paris, Gallimard.

MARRY Catherine, BERENI Laure, JACQUEMART Alban, LE MANCQ Fanny, POCHIC Sophie et REVILLARD Anne, 2013, *Le plafond de verre dans les ministères. Une analyse de la fabrication organisationnelle des dirigeant.e.s*, Paris, Rapport de recherche pour la Direction Générale de l'Administration et de la Fonction Publique. Synthèse parue en 2014 dans la collection *Études, recherches et débats* DGAFP
<http://www.fonction-publique.gouv.fr/files/files/statistiques/etudes/Plafond-de-verre.pdf>

MARRY Catherine, BERENI Laure, JACQUEMART Alban, LE MANCQ Fanny, POCHIC Sophie, REVILLARD Anne, 2015, « Le genre des administrations. La fabrication des inégalités de carrière entre hommes et femmes dans la haute fonction publique », *Revue française d'administration publique*, n° 153, pp. 45-68.

SABBAGH Daniel, 2003, *L'égalité par le droit. Les paradoxes de la discrimination positive aux États-Unis*, Paris, Economica.

Anne-Françoise Bender, Isabelle Berrebi-Hoffmann et Philippe Reigné

Les quotas de femmes dans les conseils d'administration

La loi relative à la représentation équilibrée des femmes et des hommes au sein des conseils d'administration et de surveillance et à l'égalité professionnelle a été publiée au *Journal Officiel* du 27 janvier 2011. Curieusement, cette loi, qui contraint fortement les grandes entreprises, n'a pas fait l'objet d'oppositions fortes de la part du patronat (notamment le MEDEF) ni des organisations professionnelles, alors qu'elle a entraîné d'assez vives controverses parmi les universitaires juristes. Nos recherches[1] montrent que, dans l'espace public et économique, il y a eu sinon consensus du moins acceptation de la nécessité d'une loi. Nous en proposons ici quelques éléments d'interprétation.

Cette loi rend obligatoire une proportion de femmes et d'hommes de 20 % en 2014 puis de 40 % pour 2017, dans les conseils d'administration et les conseils de surveillance des sociétés anonymes et sociétés en commandite par actions. Ces quotas sont assortis de sanctions civiles à défaut de respect du calendrier imposé. Sont soumises à cette obligation d'une part les sociétés dont les actions sont admises aux négociations sur un marché réglementé, d'autre part celles qui emploient un nombre moyen d'au moins 500 salariés permanents et présentent un montant net de chiffre d'affaires ou un total de bilan d'au moins 50 millions d'euros. Une loi du 4 août 2014 a abaissé le seuil du nombre moyen de salariés à 250.

La controverse dans les mondes du droit a porté sur les difficultés, relevant de la technique juridique, suscitées par la loi, mais elle a aussi été émaillée de considérations portant sur l'amélioration de la gouvernance des sociétés.

Ce sont d'abord les sanctions prévues par la proposition de loi en cas de violation des proportions sexuées obligatoires qui ont été critiquées. Étaient frappées de nullité non seulement les nominations décidées en méconnaissance de ces proportions mais aussi, dans certains cas, les décisions prises par les conseils irrégulièrement composés. La nullité entraînant l'anéantissement rétroactif de l'acte qui en est frappé, l'inadéquation de cette sanction a été dénoncée et le texte définitif a été corrigé. Un auteur a également souligné, pour la déplorer, l'atteinte portée par l'instauration de proportions sexuées obligatoires à la liberté des actionnaires de choisir les administrateurs et les membres du conseil de surveillance [Lucas,

[1] Anne-Françoise Bender, Isabelle Berrebi-Hoffmann et Philippe Reigné, « Entre logique de discrimination et égalité républicaine - La controverse française sur la loi de 2011 instaurant un quota de femmes dans les conseils d'administration des entreprises (2006 - 2013) », *Cahiers du LISE*, n° 15. Cette recherche fait partie d'un projet ANR « Les métamorphoses de l'égalité II : Les représentations du genre dans le domaine du travail (1945-2010). Le cas des classifications professionnelles, des négociations collectives et des politiques d'égalité en France et en Allemagne » (sous la responsabilité de Isabelle Berrebi-Hoffmann, Olivier Giraud et Theresa Wobbe).

2009]. Cette restriction s'inscrit pourtant dans un mouvement législatif de réduction progressive des prérogatives des assemblées d'actionnaires. Avec la crise de 1929, la liberté d'organisation des sociétés anonymes, affirmée au XIXe siècle et reposant sur une conception contractualiste des sociétés par actions, a été remise en cause et un fort courant dirigiste, dans un souci de protection des épargnants et des petits actionnaires, a soumis la composition des conseils d'administration à des règles impératives. La loi du 16 novembre 1940, qui a institué légalement les conseils d'administration, est aussi celle qui a posé les premières limitations au cumul des mandats d'administrateurs par une même personne physique, les premières limites d'âge pour les administrateurs et les premières restrictions au cumul de la qualité d'administrateur et de celle de salarié de la même société. Ces restrictions ont été durcies et perfectionnées en 1966, 1970 et 2001. La loi du 27 janvier 2011 n'aurait peut-être pas été votée sans ces précédents historiques.

Les arguments des juristes ont aussi porté sur les avantages que les sociétés pourraient tirer de la présence de femmes au sein de leur conseil d'administration. Deux commentatrices ont relevé qu'il serait inacceptable de se priver des compétences des femmes candidates [Redenius-Hoevermann et Weber-Rey, 2011]. D'autres auteurs ont estimé que les deux sexes présenteraient des apports complémentaires à la performance des entreprises, aux motifs que les hommes auraient une plus grande propension à prendre des risques que les femmes [Germain, 2010]. Une partie de la doctrine s'est cependant élevée contre de tels arguments, dénonçant l'idée selon laquelle les femmes apporteraient une « vision du monde » et des « valeurs » différentes de celles des hommes qui permettraient d'améliorer la performance des entreprises, et soutenant que les proportions sexuées obligatoires s'inscrivent en violation du principe d'égalité [Le Pourhiet, 2010 ; Mortier, 2011].

Notre analyse est que, dans cette controverse, l'instauration de proportions sexuées obligatoires n'est pas présentée comme un instrument de lutte contre les effets du système de genre, mais comme un moyen de « partage du gâteau » selon l'idée qu'« il faudrait ainsi répartir les places et dignités entre les différentes catégories d'individus (femmes, handicapés, homosexuels, noirs, musulmans, obèses, etc.) » [Le Pourhiet, 2010]. Les débats suscités au sein du mouvement féministe par l'institution de la parité dans les assemblées politiques ne sont rapportés par aucun des auteurs précités. En filigrane de ce débat se lit une sévère (et classique) critique de la « discrimination positive », jugée contraire au « principe d'égalité républicaine » [Le Pourhiet, 2010 ; Mortier 2011].

Ces débats n'ont pas été relayés publiquement dans le monde politique ni économique. Il y eut certes l'expression de désaccords individuels sur le principe de quotas mais les acteurs institutionnels se sont progressivement ralliés à la loi.

On assiste en effet, au cours des années 2000, dans l'espace public européen et français, à la prise de conscience de l'inefficacité des seules incitations pour améliorer la représentation des femmes dans les sphères dirigeantes des entreprises. La Norvège est le premier pays à voter une loi, fin 2003, qui instaure un quota de 40 % et dont la date limite d'application est janvier 2006. En 2006, alors que l'Espagne prépare une loi, le Parlement français vote une loi sur l'égalité des salaires qui impose un quota de 20 % de femmes dans les conseils d'administration mais cette disposition est censurée par le Conseil constitutionnel. Grâce à l'action de Marie-Jo Zimmerman, soutenue par les deux chambres, le principe de mise en œuvre d'une parité professionnelle sera inscrit dans la Constitution en 2008. En 2010, la direction de l'Union pour un mouvement populaire (UMP), en la personne de Jean-François Copé, soutient la nouvelle proposition de 40 % et la loi est votée avec les voix de l'UMP et du Parti socialiste.

La très faible progression de la féminisation a été un argument majeur dans le débat. En 2005, on comptait 6 % de femmes dans les conseils d'administration des entreprises du CAC 40, ce qui plaçait la France en queue de peloton de l'OCDE. En 2009, dans un contexte pourtant sensibilisé au sujet, le chiffre est de 9 %. Cette situation a été dénoncée par les réseaux de femmes cadres et dirigeantes, très actifs depuis les années 2000 [Blanchard, Boni-Le Goff et Rabier, 2013] et par des acteurs du monde économique. Dès 2006, l'Institut Français des Administrateurs (IFA)[2] recommande d'atteindre 20 % de femmes dans les conseils [Lebègue et Picard, 2006] afin d'inciter les entreprises à se fixer des objectifs volontaires. Face au constat d'immobilisme, en septembre 2009, Daniel Lebègue, président de l'IFA, se dit favorable à une loi imposant un nombre de représentants de chacun des deux sexes au moins égal à 40 %[3]. Certains dirigeants d'entreprise se sont exprimés en faveur d'objectifs volontaires et plusieurs dirigeantes constatent qu'une loi est un « mal nécessaire » en l'absence de progression. Tout en déclarant préférer des objectifs volontaires, Laurence Parisot, présidente du Mouvement des entreprises de France (MEDEF), ne s'est pas opposée à la loi (*ibid.*).

Ces positions convergentes de représentants des milieux dirigeants doivent être analysées à la lumière des contextes de gouvernance des grandes entreprises internationales. En France, depuis les années 1990, on assiste à un retrait de l'État de la plupart des très grandes entreprises, joint à ce que les économistes nomment la « désintermédiation bancaire »[4] et à l'arrivée des fonds institutionnels anglo-saxons dans l'actionnariat et les conseils d'administration des entreprises françaises. Les administrateurs sont plus internationaux, souvent anglo-saxons. Les rapports d'activité sont désormais égale-

[2] L'Institut Français des Administrateurs est l'association professionnelle de référence des administrateurs en France avec plus de trois mille deux cents membres.

[3] *L'Express*, « Conseils d'administration : où sont les femmes ? », par Valérie Lion, publié le 13/01/2010 à 12:17.

[4] À partir de 1995, les entreprises peuvent intervenir directement sur un marché de financement mondial (bourse de Londres, de New York, de Paris, etc.) sans passer par un intermédiaire financier. Le cours de l'action devient un actif stratégique.

ment publiés en anglais et la notion de diversité y fait son apparition au début des années 2000. Aux États-Unis, la loi Sarbanes-Oxley de juillet 2002, qui a une portée pratique extraterritoriale à partir de 2005, incite les grandes entreprises françaises cotées à mettre en place des politiques anti-discrimination et à construire des indicateurs de mesure de la diversité interne, dont la présence de femmes parmi les dirigeants. Les marchés boursiers, en particulier Londres et New York, créent des indices sociaux[5] et les analystes financiers intègrent des mesures de « risque social » fondées en partie sur un niveau de diversité dans les sphères dirigeantes. Ces analyses et notes ont un impact sur le cours de l'action, dans des marchés financiers rendus sensibles aux risques sociaux depuis les faillites d'Enron et de Worldcom et les crises de 2008-2009. La diversité, sa mesure et sa visibilité deviennent un des éléments ayant un impact sur les marchés financiers, de nature à préoccuper les conseils d'administration en France.

[5] Les plus célèbres sont l'indice de Londres, le FTSE KLD 400 *Social Index* (ex *Domini Social Index* 400, apparu en 1990) et celui de New York, le *Dow Jones Sustainability Global Index*, créé en 1999.

Aujourd'hui, alors que la loi a trois années d'existence, une étude montre une proportion, à fin juin 2014, de 26,6 % de femmes dans les conseils des quatre cent dix huit sociétés cotées sur Euronext Paris, dont 30 % pour les sociétés du CAC 40 [Le Péchon, 2014]. Cette progression envoie un signal positif, à l'échelle internationale, sur l'effet d'une loi en la matière. D'autres pays européens ont légiféré durant cette période : l'Espagne en 2007, l'Islande en 2010, l'Italie et la Belgique en 2011. Le Danemark, la Finlande, la Grèce, l'Autriche et la Slovénie ont réglementé l'équilibre entre hommes et femmes dans les conseils d'administration des entreprises publiques[6].

[6] « Davantage de femmes dans les conseils d'administration: comment y parvenir ? » 05/03/2012, Commission européenne, site <http://ec.europa.eu/news/justice/120305_fr.htm>.

Pour conclure, nous souhaitons souligner quelques points de vigilance quant à la portée réelle de cette loi en France. En premier lieu, l'argument d'un nombre insuffisant de femmes dirigeantes d'entreprise est avancé, comme en 2009, pour annoncer qu'il sera difficile d'atteindre les 40 % d'ici à 2017. Surtout, on observe depuis 1999 un mouvement de transformation des sociétés anonymes (SA) en sociétés par actions simplifiées (SAS). Or la loi ne s'applique pas à ces dernières, dépourvues d'organe d'administration ou de surveillance obligatoire. La société par actions simplifiée, instituée par une loi du 3 janvier 1994, est devenue une forme sociale concurrente de la société anonyme, comme le montre le tableau suivant [Merle, 2011, p. 2] :

Type de société	janvier 1999	janvier 2007	Septembre 2009
SA	168 900	133 158	113 492
SAS	-	110 276	138 953

La tendance paraît se poursuivre depuis 2009. Ceci est dû à la souplesse de la société par actions simplifiée, qui contraste avec la rigidité de la société anonyme. La première ne pouvant être cotée en bourse, le domaine de la loi du 27 janvier 2011 risque de se réduire progressivement aux seules sociétés cotées et aux entreprises publiques. Son effet quant à la disparition des « plafonds de verre » des carrières féminines en France risque d'être plus limité.

Références bibliographiques

BLANCHARD Soline, BONI-LE GOFF Isabelle et RABIER Marion, 2013, « Une cause de riches ? L'accès des femmes au pouvoir économique », *Sociétés contemporaines*, vol. 89, n° 1, pp. 101-130.

GERMAIN Michel, 2010, « Les femmes au conseil d'administration », *Revue de droit d'Assas*, p. 42.

LEBEGUE Daniel et PICARD Jean-Paul, 2006, « La révolution discrète des conseils d'administration », *Le journal de l'école de Paris du management*, vol. 61, n° 5, pp. 8-15.

LE PECHON Guy, 2014, « La place des administratrices dans les sociétés françaises cotées sur Euronext Paris », *Étude annuelle de Gouvernance et Structures*.

LE POURHIET Anne-Marie, 2010, « Sexe, constitution et sociétés », *Bulletin Joly Sociétés*, mai, p. 510.

LUCAS François-Xavier, 2009, « La "modernitude" s'invite dans les conseils d'administration », *Bulletin Joly Sociétés*, novembre, p. 945.

MERLE Philippe, 2011, *Sociétés commerciales*, 15ᵉ édition, Paris, Dalloz.

MORTIER Renaud, 2011, « La féminisation forcée des conseils d'administration », *Droit des sociétés*, n° 4, commentaire n° 75.

REDENIUS-HOEVERMANN Julia et WEBER-REY Daniela, 2011, « La représentation des femmes dans les conseils d'administration et de surveillance », *Revue des sociétés*, p. 203.

Élise Lemercier[*]
À l'université : les dessous d'un consensus apparent

Treize ans après la première loi introduisant la parité dans les élections politiques, la loi du 22 juillet 2013 relative à l'enseignement supérieur et la recherche (ESR) élargit cette mesure aux instances où sont administrées les universités[1]. Le 28 janvier 2013, lors de son discours, Najat Vallaud-Belkacem, alors ministre des Droits des femmes, qualifiait le projet de loi ESR d'« historique et symbolique », participant d'une « révolution culturelle » en matière d'égalité entre femmes et hommes. Qu'en est-il de cette « révolution culturelle » à l'université ? Moins de deux ans après la promulgation de cette loi, il serait bien sûr prématuré d'en dresser un bilan. Il s'agira bien plus d'examiner les changements institutionnels introduits et leur réception dans le monde académique.

Une prise de conscience progressive des inégalités entre femmes et hommes dans le monde académique

L'idée selon laquelle les universités françaises ne sont pas productrices d'inégalités de genre a longtemps prévalu, protégées en cela par leur fonctionnement institutionnel (recrutement par concours, procédures d'avancement de carrière, etc.). Depuis les années 1980[2], le secteur privé a été incité à comparer la situation salariale des femmes et des hommes mais il faudra attendre 2013 pour rendre la procédure obligatoire dans la fonction publique. Or, la faiblesse des données sexuées sur les personnels a contribué à la difficulté de reconnaissance des inégalités entre femmes et hommes à l'université.

C'est au cours des années 2000 que le contexte va se transformer par la mobilisation de catégories d'acteurs et d'actrices différentes pour documenter les inégalités de genre à l'université : rapports publics[3], recherches académiques sur le plafond de verre dans le privé [Laufer, 2004] et les inégalités de carrières dans l'enseignement supérieur et la recherche [Boukhobza, Delavault et Hermann, 2000 ; Marry, 2005], incitations de l'Union européenne à la création de missions égalité entre les femmes et les hommes dans les universités, création d'une mission parité en sciences et technologies au ministère de la Recherche, création d'une mission pour la place des femmes au CNRS, mobilisations d'actrices de l'exécutif de l'État, d'associations (en particulier l'Association Nationale des Études Féministes [ANEF, 2014], le collectif CLASHES[4] et la Conférence Permanente des chargé-e-s de mission Égalité Diversité[5]) et de la Conférence des Présidents d'Université[6].

---

[*] Tous mes remerciements vont à la CPED – Conférence permanente Égalité Diversité – pour ses débats stimulants et formateurs et, en particulier, à Isabelle Kraus et Colette Guillopé dont les regards et les conseils furent précieux pour la rédaction de cet article.

[1] <http://www.legifrance.gouv.fr/affichTexte.do?cidTexte=JORFTEXT000027735009>

[2] Voir la loi Roudy de 1983 qui introduit les rapports de situations comparées pour les entreprises de plus de cinquante salariés ayant un contrat avec l'État.

[3] Voir Anicet Le Pors et Françoise Milewski [2001, 2003 et 2005] et, plus récemment, Françoise Guégot [2011].

[4] Le collectif CLASHES œuvre contre le harcèlement sexuel dans l'enseignement supérieur : <http://clasches.fr/>

[5] La CPED regroupe actuellement les chargé-e-s de mission de cinquante-huit universités et huit grandes écoles. Voir <http://www.unistra.fr/index.php?id=cped>

[6] <http://www.cpu.fr/actualite/charte-egalite-femmes-hommes-dans-les-etablissements-de-lenseignement-superieur-et-la-recherche/>

Le constat est sans appel : les choix d'orientation sont encore fortement sexués et la ségrégation verticale reste élevée : les femmes représentent 57,6 % des inscrit-e-s en licence et master pour 48 % des inscrit-e-s en doctorat[7]. La ségrégation horizontale et verticale est également forte parmi les personnels non enseignants, pourtant très féminisés. Quant aux enseignant-e-s, la part des femmes diminue nettement entre le corps des maître-sse-s de conférences et celui des professeur-e-s : de 43,5 % à 24,4 % en 2013[8]. Et en 2012, seulement 27 % des élu-e-s des conseils centraux des universités étaient des femmes et il n'y avait que huit femmes présidentes parmi les quatre-vingt universités françaises.

Ces statistiques éloquentes ont participé à légitimer une politique en faveur d'une meilleure représentation des femmes dans les instances et les postes à responsabilité des universités. Apparaîtront d'abord des incitations à une « représentation équilibrée entre les femmes et les hommes »[9] puis les premiers objectifs chiffrés[10]. Les données prospectives ont joué un rôle notable dans la justification d'une réglementation plus contraignante : notamment, 2068 qui est la date estimée de la parité du corps des professeurs d'université[11]. Comme lors des débats dans le champ politique, la démonstration par le chiffre est au cœur du processus de légitimation de la parité [Fraisse, 2002], tant pour convaincre de l'existence des inégalités que pour fixer des objectifs précis.

Un apparent consensus autour de la parité

Associée à des décrets d'application, la loi du 22 juillet 2013 introduit ainsi la parité femmes/hommes dans la constitution des listes de candidats aux élections universitaires, la nomination de personnalités extérieures membres de ces conseils, les sections disciplinaires, les conseils académiques en formation restreinte au rang B[12], mais aussi au niveau national, dans le Conseil national de l'enseignement supérieur et de la recherche (CNESER), le conseil chargé d'administrer le Haut conseil de l'évaluation de la recherche et de l'enseignement supérieur (HCERES) et dans le Conseil stratégique de la recherche placé auprès du Premier ministre. Comme le souligne le rapport du Haut conseil à l'égalité entre les femmes et les hommes[13], cette loi marque une nouvelle étape de la reconnaissance juridique de la parité : le terme de « parité » y apparaît pour la première fois dans le cœur des dispositions, et non uniquement dans l'exposé de ses motifs.

Une ambiguïté persiste néanmoins quant à la mise en œuvre de ce principe : entre, d'un côté, la constitution de listes de candidats alternant chaque sexe (pour les élections aux conseils centraux) et, de l'autre, l'obligation d'une composition paritaire à 50 % de chaque sexe (pour les conseils académiques en formation restreinte au rang B, par exemple). La loi

---

[7] Sources MESR, en 2011 : <http://cache.media.enseignementsup-recherche.gouv.fr/file/Charte_egalite_femmes_hommes/90/6/Chiffres_parite_couv_vdef_239906.pdf>

[8] Sources : <http://www.enseignementsup-recherche.gouv.fr/cid22708/bilans-et-statistiques.html>

[9] Voir la loi Génisson de 2011 et le décret de 2009 sur le statut des enseignants-chercheurs.

[10] Voir la loi Sauvadet de 2012 et le décret sur le statut des enseignants-chercheurs de mars 2014. Ce derniers comprend toutefois la possibilité de dérogation pour certaines disciplines peu féminisées.

[11] Estimation produite à partir du taux de croissance actuel du nombre de femmes professeures.

[12] Elle statue sur les situations individuelles des maître-sse-s de conférences et assimilé-e-s. La formation restreinte pour les professeur-e-s n'est pas soumise à l'obligation paritaire.

[13] Voir l'avis n°2013-0514-PAR-002 du Haut conseil à l'égalité entre les femmes et les hommes, publié le 14 mai 2013 : <http://www.haut-conseil-egalite.gouv.fr/IMG/pdf/avis_hce-2013-0514-par-002_esr.pdf>

ESR constitue toutefois une avancée majeure en matière de promotion de l'égalité entre femmes et hommes. Elle renforce ainsi le principe de présence obligatoire et quantifiée des femmes dans les instances universitaires, en complément d'une réglementation récente sur les jurys aux concours de recrutement.

Par contraste avec le débat des années 1990, l'introduction de la parité à l'université semble susciter peu de réactions publiques. C'est tout particulièrement le cas des listes alternées de candidats de chaque sexe pour les élections aux conseils centraux. De nombreuses organisations syndicales les pratiquaient déjà pour les catégories de personnels les plus féminisées. Les rares oppositions viennent d'organisations étudiantes ayant essayé, en vain, d'introduire un amendement à la loi au nom des difficultés opérationnelles de constitution de telles listes.

L'instauration de quotas sexués, quant à elle, déclenche de plus nombreuses réactions dans le monde académique. La parité dans les conseils académiques restreints fait ainsi l'objet d'un recours de la Conférence des présidents d'université auprès du Conseil constitutionnel[14]. Si le principe de l'amélioration de la place des femmes à l'université est rarement remis en question publiquement, les quotas de femmes font débats dans les coulisses des instances universitaires, souvent sous forme de commentaires ironiques ou d'agacements. Les arguments opposés insistent sur l'insuffisance d'un « vivier de femmes », la complexification – parfois indiscutable – d'une double voire triple parité[15] et les résistances s'intensifient pour les espaces de pouvoir les plus importants (conseils académiques restreints et comités de sélection pour les recrutements de professeur-e-s). Comment expliquer alors cette acceptation en demi-teinte de la parité à l'université ?

Des résistances à l'introduction de quotas sexués à l'université

L'expérience de l'université de Strasbourg est éclairante à cet égard. En 2009, avant l'introduction d'obligation réglementaire, Isabelle Kraus, chargée de mission égalité/diversité, alertait le conseil d'administration sur le fait que la moitié des comités de sélection comportait 90 à 100 % d'hommes. Après l'interdiction des comités exclusivement masculins, décision fut prise d'atteindre l'objectif d'une représentation semblable à la proportion de femmes et d'hommes dans la section CNU concernée. Trois ans après, les femmes représentaient en moyenne 40 % des comités de sélection grâce à la définition d'objectifs chiffrés par le conseil d'administration et à un travail rigoureux de production et de diffusion des statistiques sexuées. Pourtant, même dans cet établissement volontariste, des voix s'élèvent contre l'introduction de quotas sexués.

[14] <http://www.conseil-constitutionnel.fr/conseil-constitutionnel/root/bank_mm/decisions/2015465qpc/2015465qpc_saisinece.pdf>.

[15] Dans les comités de sélection des rangs B, une triple parité est exigée : rang A/rang B ; femmes/hommes et au moins autant de membres externes qu'internes à l'université.

Pour le comprendre, il faut revenir sur les rhétoriques de légitimation de la parité à l'université. L'un des arguments les plus répandus est celui de la représentativité, comme l'illustre le choix de l'université de Strasbourg de définir comme objectif le pourcentage femmes/hommes de la section CNU. Cette logique argumentative trouve son origine dans le débat sur la parité en politique des années 1990. Pour contrer les arguments des tenants de l'universalisme républicain, se développent alors les discours présentant la parité comme un instrument de perfectionnement de la représentation démocratique : la société étant constituée pour moitié de femmes, ses représentants doivent être pour moitié des femmes. Cette stratégie argumentative conduit ainsi à euphémiser l'introduction de discrimination positive en faveur des femmes [Bereni et Lépinard, 2004] : c'est au nom de l'universalité de la différence des sexes que la parité ne signifierait pas l'introduction de quotas de femmes. Les femmes étant associées au renouvellement de la démocratie, elles doivent « performer leurs différences » : elles risquent ainsi de n'être reconnues que comme complémentaires, renforçant par là même la bi-catégorisation sexuée [Sénac, 2012] et le rappel à l'ordre genré [Paoletti, 2007].

Cette « grammaire paritaire » s'est progressivement diffusée du champ politique vers le champ professionnel, notamment sous l'influence du féminisme d'État [Bereni et Revillard, 2007]. La loi ESR 2013 en est une parfaite illustration : la parité dans les instances universitaires est perçue comme un outil contribuant à réduire les inégalités de carrière. Pourtant, la parité n'est pas assimilable à l'égalité professionnelle [Gardey et Laufer, 2002]. Les mécanismes du « plafond de verre » produisent précisément une sous-représentation des femmes dans les postes à responsabilité. Imposer la parité pour les représentant-e-s de ces catégories implique donc nécessairement d'y surreprésenter les femmes. L'argument de la représentativité perd alors de son efficacité et la discrimination positive se dévoile. L'acceptation, en demi-teinte, de la parité à l'université s'éclaire alors. Produire l'égal accès des femmes et des hommes aux fonctions électives (ou aux nominations) est largement consensuel, à condition d'euphémiser sa dimension préférentielle à l'égard des femmes, en particulier les quotas visant à accroître la proportion de femmes dans les postes à responsabilité.

En conclusion, la loi ESR 2013 introduit des changements institutionnels notables : des objectifs chiffrés et coercitifs au nom d'une présence obligatoire et quantifiée des femmes dans les lieux de pouvoirs. Mais ces nouvelles mesures relèvent-elles pour autant d'une « révolution culturelle » ? Il s'agit bien plus d'une continuité produite par la diffusion de la « grammaire paritaire » du champ politique vers celui de l'égalité professionnelle [Bereni et Revillard, 2007] : notamment ses stratégies de légitimation et ses procédures de mise en œuvre. Le consensus autour de l'introduction de la parité à l'université n'est qu'apparent et au prix d'une euphémisation de sa dimension préférentielle.

De nombreux espaces de pouvoir, parmi les plus déterminants, ne sont pas concernés par ces mesures coercitives (conseil académique restreint en formation de rang A, postes exécutifs des universités, gouvernance des laboratoires et des programmes de recherche, etc.). À la lumière de cette hiérarchisation des espaces de pouvoir au sein des universités, on peut s'interroger sur les effets concrets que produiront ces mesures en matière d'égalité entre femmes et hommes. Des femmes professeures très minoritaires dans leur discipline en dénoncent déjà un effet pervers : l'accroissement de leurs tâches d'évaluation des dossiers scientifiques au détriment de leurs activités de publication. De même, à focaliser notre regard sur le pourcentage de femmes professeures, ne risque-t-on pas d'oublier les inégalités vécues par les autres catégories de personnel ? Pour que la parité ne reste pas inachevée, ces mesures ne devraient-elles pas alors être associées à des politiques d'égalité professionnelle[16], en particulier concernant l'articulation des temps de vie ?

[16] Voir notamment la contribution de la CPED au livre blanc de l'ANEF : <http://www.unistra.fr/fileadmin/upload/unistra/universite/fonctionnement/mission_egalites_diversite/CPED/article_ANEF_final_distribution.pdf>

Références bibliographiques

ANEF, 2014, *Le genre dans l'enseignement supérieur et la recherche*, Paris, La Dispute.

BERENI Laure et LEPINARD Éléonore, 2004, « "Les femmes ne sont pas une catégorie". Les stratégies de légitimation de la parité en France », *Revue française de science politique*, vol. 54, n° 1, pp. 71-98.

BERENI Laure et REVILLARD Anne, 2007, « Des quotas à la parité : "féminisme d'État" et représentation politique (1974-2007) », *Genèses*, n° 67, pp. 5-23.

BOUKHOBZA Noria, DELAVAULT Huguette et HERMANN Claudine, 2000, *Les enseignants-chercheurs à l'université : la place des femmes*, Paris, La Documentation française, coll. « Rapports officiels ».

GARDEY Delphine et LAUFER Jacqueline, 2002, « Égalité, parité, discrimination : l'histoire continue », *Travail, genre et sociétés*, n° 7, pp. 39-40.

GUEGOT Françoise, 2011, *L'égalité professionnelle entre les femmes et les hommes dans la fonction publique*, Paris, La Documentation française, coll. « Rapports officiels ».

LAUFER Jacqueline, 2004, « Femmes et carrières : la question du plafond de verre », *Revue française de gestion*, n° 151, pp. 117-127.

LE PORS Anicet et MILEWSKI Françoise, 2001, *Piloter l'égalité. Rapport du Comité de pilotage pour l'égal accès des femmes et des hommes aux emplois supérieurs des fonctions publiques*, Paris, La Documentation française, coll. « Rapports officiels ».

LE PORS Anicet et MILEWSKI Françoise, 2003, *Promouvoir la logique paritaire. Rapport du Comité de pilotage pour l'égal accès des femmes et des hommes aux emplois supérieurs des fonctions publiques*, Paris, La Documentation française, coll. « Rapports officiels ».

LE PORS Anicet et MILEWSKI Françoise, 2005, *Vouloir l'égalité. Rapport du Comité de pilotage pour l'égal accès des femmes et des hommes aux emplois supérieurs des fonctions publiques*, Paris, La Documentation française, coll. « Rapports officiels ».

MARRY Catherine, 2005, « Enquête sur les promotions CR-DR dans une section des sciences de la vie du CNRS », Rapport de recherche pour la Direction générale du CNRS et la Mission pour la place des femmes au CNRS.

PAOLETTI Marion, 2007, « La parité dés-enchantée. », *Travail, genre et sociétés*, n° 18, pp. 153-156.

SENAC Réjane, 2012, « Partage du pouvoir : du sexisme constituant à la parité inachevée », *in* DAUPHIN Sandrine et SENAC Réjane (dir.), *Femmes-hommes : penser l'égalité*, Paris, Études de La Documentation française, pp. 121-133.

Catherine Louveau
Dans le sport, des principes aux faits...

« Une date historique pour le sport français » : ainsi est saluée, en avril 2013, l'élection d'Isabelle Lamour « douce main de fer de l'escrime française »[1] au poste de présidente d'une fédération olympique. Elle est actuellement la seule femme à ce niveau de responsabilités[2].

Un an plus tard, la loi « pour l'égalité réelle des femmes et des hommes » déposée par Najat Vallaud-Belkacem crée une véritable rupture s'agissant du fonctionnement du monde sportif, notamment parce que cette loi impose des quotas pour la composition des comités directeurs des fédérations sportives. Que prévoit cette loi ?[3]

> « 1. Lorsque la proportion de licenciés de chacun des deux sexes est supérieure ou égale à 25 %, les statuts prévoient [...] une proportion minimale de 40 % des sièges pour les personnes de chaque sexe. »
>
> « 2. Lorsque la proportion de licenciés d'un des deux sexes est inférieure à 25 %, les statuts prévoient [...] une proportion minimale de sièges pour les personnes de chaque sexe pouvant prendre en compte la répartition par sexe des licenciés, sans pouvoir être inférieure à 25 %. »

[1] La Croix, 26/4/2013.

[2] Le mouvement sportif compte 32 fédérations olympiques (et aussi des fédérations non olympiques, multisports, affinitaires ; en tout plus de 110 fédérations).

[3] Loi n° 2014-873 du 4 août 2014 pour l'égalité *réelle* entre les femmes et les hommes

Ces dispositions obligatoires et ces objectifs chiffrés constituent une rupture pour le monde sportif car ils s'inscrivent dans une loi valant pour tous les secteurs de la société et non dans une loi spécifique pour le sport comme ce fut toujours le cas auparavant. Ce faisant, le sport est – enfin – considéré comme un champ doté d'enjeux forts s'agissant de l'égalité entre les femmes et les hommes, au même titre que les entreprises, les administrations, le monde du travail, le monde politique.

À l'instar de toutes les pratiques sociales (relevant de l'éducation, de la culture, du travail, etc.), les pratiques et l'institution sportives sont caractérisées par une hiérarchisation entre les sexes. On compte, en 2013, 23 % de femmes dans les bureaux directeurs des fédérations sportives mais seulement 12 % de femmes parmi les président-e-s (élu-e-s) de ces fédérations et 11 % parmi les cadres techniques du plus haut niveau (nommé-e-s). La Cour des Comptes, dans son rapport intitulé « Sport pour tous et sport de haut niveau », publié en janvier 2013, note que « la féminisation des instances dirigeantes est encore trop lente ».

Quand la question de la place des femmes dans l'institution sportive a-t-elle émergé ?

Le projet de la « féminisation » du monde sportif, et en particulier des fonctions dirigeantes, se pose dès les années

1980 alors que le Conseil de l'Europe mène une réflexion approfondie sur la question de l'égalité entre hommes et femmes dans la prise de décision. En France, la loi de 1984[4], voulue par Edwige Avice, ministre des Sports, énonce que pour obtenir l'agrément de l'État, l'association sportive doit notamment « assurer l'égal accès des femmes et des hommes aux instances dirigeantes ».

En 1989, dix-huit pays d'Europe se rencontrent sous l'égide du Conseil de l'Europe sur le thème « Femmes et sport, l'accès aux responsabilités » et produisent des recommandations à l'intention des ministres européens. En 1994, le *British Sport Council* organise avec le soutien du Comite international olympique-CIO, une conférence mondiale sur les femmes et le sport. La France n'est pas officiellement représentée, Nicole Dechavanne est présente mais « à titre personnel »[5]. La cause « n'intéresse personne » dit-elle, ayant entendu dire à son retour que « ce n'était pas dans les priorités » du ministère. La conférence se conclut sur la « Déclaration de Brighton » adoptée par quelque trois cents délégués venus de quatre-vingt-deux pays représentant des gouvernements, des organisations non gouvernementales-ONG, des comités nationaux olympiques et des fédérations sportives. Une des premières résolutions indique : « Augmentation du nombre des femmes à des postes d'entraîneurs, de conseillers et de responsabilité dans le sport. »[6]. En 1996, le Comité international olympique propose des engagements chiffrés : « réserver d'ici l'an 2000 au moins 10 % des postes pour les femmes au sein des structures ayant pouvoir de décision ». La résolution de la conférence mondiale suivante, en 2000, demande au CIO, aux gouvernements et aux organisations internationales, de prendre un certain nombre de mesures, dont celle-ci : « Atteindre l'objectif de 20 % de représentation féminine aux postes de responsabilité d'ici 2005. »[7]. Toutes ces résolutions, même chiffrées, ont une fonction incitative car elles ne sont pas accompagnées de menaces de sanctions. En 2011, seuls 30 % des Comités olympiques nationaux ont atteint l'objectif fixé pour 2005. En 2013, le Comité international olympique comporte 102 membres actifs dont 18,6 % de femmes ; et, pour son mandat 2013-2017, le conseil d'administration du Comité national olympique et sportif français-CNOSF affiche 14 % de femmes...

Le tournant des années 2000 : une politique volontariste

La nomination de Marie-George Buffet à la tête du ministère de la Jeunesse et des Sports, de 1997 à 2002, va constituer un moment clé. Outre favoriser l'accès de toutes les femmes à tous les sports, le ministère mène une politique voulant faire progresser la féminisation des instances dirigeantes. Suite à la circulaire Jospin du 6 mars 2000, demandant à chaque minis-

[4] Loi n°84-610 du 16 juillet 1984 relative à l'organisation et à la promotion des activités physiques et sportives.

[5] Présidente puis directrice technique nationale/DTN de la fédération de gymnastique volontaire/FFEPGV, seule femme au bureau du comité olympique français de 1982 à 1986 et militante pour la participation des femmes à tous les niveaux de l'organisation du sport.

[6] 1994, *Déclaration de Brighton sur les femmes et le sport*, disponible sur <http://www.iwg-gti.org>.

[7] <http://www.olympic.org/common/asp/download_report.asp?file=en_report_757.pdf&id=757>.

tère de mettre en place un plan pluriannuel d'amélioration de l'accès des femmes aux postes d'encadrement supérieur, une chargée de mission est nommée au ministère des Sports qui propose un objectif quantitatif : « Situer, d'ici cinq ans, la place des femmes entre 30 et 50 % dans ces postes »[8] ; cette intention est demeurée lettre morte. La loi du 6 juillet 2000 complète l'article 8 de la loi du 16 juillet 1984 : « L'agrément de l'État aux fédérations est fondé sur l'existence de dispositions statutaires garantissant le fonctionnement démocratique de l'association, la transparence de sa gestion et l'égal accès des femmes et des hommes à ses instances dirigeantes. » En 2002, le décret d'application[9] indique que ces statuts « doivent prévoir que la composition du conseil d'administration doit refléter la composition de l'assemblée générale ». Énoncé ici de manière elliptique, c'est donc le principe d'une proportionnalité de fait entre le pourcentage de femmes parmi les licenciés et leur représentation au comité directeur qui est indiqué. La majorité des fédérations ont accepté ce principe ; Nicole Dechavanne s'y est opposée indiquant que cette règle maintiendrait le *statu quo*[10]. À ce moment, il n'est toujours pas envisagé de fixer des quotas pour ces comités directeurs fédéraux.

Pourtant, dans le cadre de la préparation à la loi dite « Buffet » de 2000, le rapporteur proposait des quotas très précis pour cette représentation effective des femmes aux postes de responsabilités du mouvement sportif. Le rapport du député Asensi d'avril 2000[11] indiquait ainsi :

> « Les quotas de candidatures féminines semblent le moyen le plus sûr de tendre vers un rééquilibrage. Leur efficacité est conditionnée par la pratique des investitures mise en œuvre par les fédérations […] Votre rapporteur propose donc l'instauration de *minima* en faveur des femmes sur des listes constituées et d'un scrutin à la proportionnelle. Ainsi, il semble nécessaire d'avoir un minimum de cinq femmes dans un Comité directeur de trente personnes pour un sport comptant moins de 10 % de femmes licenciées. Dans un tel cas, parmi les douze premiers candidats d'une liste, il faudra retrouver un minimum de trois femmes. La parité devra être effective à partir de 40 % de licenciées, avec trois candidates parmi les six premières de chaque liste et ainsi de suite par tranche de six (six femmes dans les douze premières, neuf dans les dix-huit) […] ».

Dès sa nomination, en 2002, le nouveau ministre des Sports indique la suppression de toutes les actions volontaristes envers les femmes mises en place antérieurement. Mais, suite à des protestations de dirigeantes et à la pression d'associations militantes, il installe un groupe de travail sur ces questions et instaure explicitement le principe de proportionnalité. Le décret n° 2004-22 du 7 janvier 2004 indique : « La représentation des femmes est garantie au sein de la ou des instances dirigeantes en leur attribuant un nombre de sièges en proportion de licenciées éligibles » ; cet objectif devant être atteint au plus tard lors du renouvellement des instances dirigeantes suivant les Jeux olympiques de 2008. En 2009, les

---

[8] Doc. ronéo communiqué par Nicole Dechavanne.

[9] Décret n° 2002-488 du 9 avril 2002, relatif à l'agrément des groupements sportifs.

[10] Sa fédération (Gymnastique volontaire) rassemble plus de 500 000 licenciés dont 94 % de femmes ; le principe ne permet que très peu d'hommes au comité directeur ; même problème mais, à l'inverse, pour le rugby comportant moins de 5 % de femmes parmi ses licenciés.

[11] « Rapport et propositions pour une réforme des statuts des fédérations sportives » de François Asensi, remis à Lionel Jospin et Marie-George Buffet, avril 2000.

élections des instances dirigeantes des fédérations agréées se réfèrent pour la première fois à ces dispositions, permettant une progression de la féminisation. Tout en reconnaissant « avoir rencontré quelques réticences de la part de certaines fédérations »[12], Bertrand Jarrige, directeur des sports à l'administration centrale en 2011[13] considère que « ce mouvement devrait se poursuivre » même si, selon lui, « la règle de proportionnalité ne présente que très peu d'efficacité dans le cas des fédérations très masculinisées ou très féminisées. En effet, la règle ne serait efficace que si la mixité était une réalité dans l'ensemble des fédérations ». Or, une quarantaine de fédérations sportives présentent à ce jour une proportion de femmes en deçà de 20 %. Et dans les fédérations très féminisées, l'application littérale de la loi aboutit à la constitution d'instances dirigeantes exclusivement féminines. Françoise Sauvageot, présidente d'une fédération comportant 94 % de femmes, témoigne qu'« une application stricte de la loi du 6 juillet 2000 sur le sport et du décret du 7 janvier 2004 [...] aurait abouti à ce que nous n'ayons qu'un homme au comité directeur ». Elle a négocié avec le ministère une adaptation de la règle afin d'obtenir que, conformément aux recommandations du Comité international olympique, 20 % du genre le moins représenté siège au conseil d'administration, soit cinq hommes sur vingt-trois.

De la proportionnalité aux quotas... résistances et possibles sanctions

La proportionnalité constitue donc le droit existant, depuis près de quinze ans, s'agissant de l'accès des femmes aux postes de dirigeantes dans les institutions sportives. Mais, en 2011, le rapport du Sénat recommande que l'obligation de refléter la répartition des licenciés entre les deux sexes ne conduise pas à attribuer moins de 20 % des sièges au sexe le moins représenté ». Ce seuil plancher de représentation du sexe minoritaire, Nicole Dechavanne l'avait proposé et demandé depuis les années 1990...

L'obligation de proportionnalité est loin d'être respectée dans les instances dirigeantes : en 2013, on compte 26,5 % de femmes dans les comités directeurs des fédérations et 22,8 % parmi les élus aux bureaux des fédérations ; seules trente-huit fédérations assurent une représentativité des femmes à ces deux niveaux d'instances dirigeantes, soit 36 % des fédérations contre 23 % en 2009. Pour l'olympiade 2013-2016, les femmes représentent 12,5 % des présidents (soit quatorze femmes pour dix en 2009 !)[14]. Alors que les lois et décrets ont de longue date « conditionné » les subventions, voire les agréments de l'État à cette « garantie » réglementée de « l'égal accès des femmes et des hommes aux instances dirigeantes », on ne connaît pas de sanction infligée à une fédération spor-

---

[12] S'étant vu refuser sa demande d'abrogation de la règle de proportionnalité, la Fédération française de gymnastique a saisi le Conseil d'État d'un recours ; celui-ci lui a rendu raison, considérant que le principe d'égalité, constitutionnel, « interdit de faire prévaloir la considération du sexe sur celle des capacités et de l'utilité commune » Conseil d'État, 2e/7e SSR, 10/10/2013, 359219, publié au recueil Lebon.

[13] Sénat - Rapport d'activité 2011, au nom de la Délégation aux droits des femmes et à l'égalité des chances entre les hommes et les femmes, et compte rendu des travaux sur le thème « Femmes et sports » déposé par Michèle André, sénatrice.

[14] Chiffres clés de la féminisation du sport en France, 2012-2013, ministère de la Ville, de la Jeunesse et des Sports.

tive, encore moins aux structures sportives nationales et internationales.

L'attention tardive et politiquement peu soutenue donnée à cette question, la rareté des données chiffrées/sexuées et des travaux d'enquête, sont autant d'indices des résistances durables du monde sportif à la participation plus égalitaire des femmes aux postes de responsabilités et de pouvoir. Ce pourrait être paradoxal dans un secteur qui se prétend égalitaire (sur la ligne de départ) ; mais le sport moderne sélectionne et hiérarchise tout en étant rétif aux questionnements sur la différenciation, la hiérarchisation, *a fortiori* les discriminations [Louveau, 2013]. S'agissant des femmes, les politiques publiques et le monde associatif se sont intéressés à la massification de la pratique du sport donné comme « émancipateur » pour elles. En revanche, leur place au sein des institutions a été peu questionnée. Alors que le sport est historiquement confronté à l'antiféminisme, les sportives n'aiment pas être dites féministes et se démarquent de cette posture, doutant encore pour beaucoup d'entre elles de leur légitimité et/ou de leur capacité à y exercer des positions de cadres et de dirigeantes. Faisant advenir des vainqueurs, le monde du sport accorde une grande valeur à l'exception. S'agissant des femmes dirigeantes, les références à Alice Milliat, à Marie-Thérèse Eyquem et aux nombreuses femmes ministres des Sports depuis les années 1980[15] suffisent, pour beaucoup, à « prouver » l'importance donnée aux femmes dans l'institution sportive ; dans le monde sportif, on se satisfait encore de l'arrivée de pionnières et de premières... Si le sport est encore aujourd'hui un des secteurs les plus résistants à la venue des femmes (pratiques de sports dits masculins, médiatisation, encadrement, responsabilités), c'est aussi que ce monde est par excellence celui de la construction du masculin et des épreuves de la virilité. Travailler et œuvrer à l'accès des femmes aux responsabilités c'est produire un désordre encore malvenu [Chimot, 2004 et 2005].

L'étude d'impact de la loi du 4 août 2014 prévoit une parité des comités directeurs qui pourrait être atteinte, selon les fédérations, en 2016 ou 2020. Le seuil minimal de 25 % du sexe minoritaire est un premier palier pouvant mettre « sous tension » environ 40 % des fédérations par rapport à leur situation actuelle. Pour être mené à bien, ce projet s'appuie sur les plans de féminisations demandés dès mars 2013 par la ministre des Sports à toutes les fédérations sportives, dans le cadre des conventions négociées pour la période 2014-2017. Il leur a été précisé qu'« en cas d'absence de plan de féminisation, aucune subvention ne pourra être envisagée pour le développement de la pratique du sport féminin »[16]. « L'égalité ne doit plus être une option » indique Najat Vallaud-Belkacem, le 3 juillet 2013, alors qu'elle présente en Conseil des ministres son projet de loi-cadre sur l'égalité entre hommes et femmes.

[15] La première est nommée en 1946 ; neuf femmes ont dirigé ce ministère depuis Edwige Avice en 1981.

[16] Les fédérations doivent énoncer comment elles comptent tenir leurs objectifs avec des éléments chiffrés. Chacune doit détailler les progrès qu'elle compte accomplir autour de cinq axes, dont « promouvoir des femmes à la tête des instances dirigeantes » et « augmenter le nombre de cadres techniques féminins ».

« Les subventions aux fédérations votées en 2012 ont été de 85,5 millions d'euros, soit 37 % du budget du ministère des Sports. La suppression de l'agrément [qui permet notamment aux fédérations d'obtenir des financements] pour des fédérations qui ne remplissent pas leurs obligations légales serait une sanction très lourde puisqu'elle leur retirerait le droit d'organiser des compétitions nationales et d'engager des équipes de France ».

Références bibliographiques

Chimot Caroline, 2004, « Répartition sexuée des dirigeant(e)s au sein des organisations sportives françaises », *Staps*, 25, n° 66, pp. 161-177.

Chimot Caroline, 2005, *Les dirigeantes dans les organisations sportives : le genre et le sport*, thèse pour le doctorat de sociologie, Université Paris 8.

Louveau Catherine, 2013, « Les femmes dans le sport : inégalités et discriminations » in Bernard Andrieu (dir.), *L'éthique du sport*, Lausanne, L'Age d'homme, pp. 475-489.

Reine Prat
Arts et culture
... Et que rien ne change !

C'est en 2005 que le ministère de la Culture et de la Communication lance une première mission visant à « assurer dans [ses] domaines d'intervention, une plus grande et une meilleure visibilité des diverses composantes de la population française, notamment des femmes. »[1].

[1] Note du directeur de la musique, de la danse, du théâtre et des spectacles.

Le sujet est vaste et l'imbrication des systèmes d'exclusion complexe. Les deux rapports, publiés en 2006 et 2009, ne porteront que sur les disparités que la loi française permet de comptabiliser, celles entre les hommes et les femmes, les statistiques ethniques étant interdites.

Le rapport de 2006 [Prat, 2006] fait « l'effet d'une bombe » : les hommes occupent de 80 % à 100 % des postes de responsabilité ; le coût moyen de production d'un spectacle peut varier du simple au double, selon qu'il est mis en scène par une femme ou par un homme. Parmi les préconisations destinées à réduire ces inégalités, il est proposé de définir, dans tous les domaines et à tous les niveaux, des « objectifs quantifiés de progression » avec un palier intermédiaire fixé à 1/3 - 2/3.

L'écho médiatique exceptionnel donné à ce travail favorise la poursuite de la mission.

En 2009 [Prat, 2009], on constate que l'action du ministère a déclenché de nombreuses initiatives associatives, institutionnelles, politiques, allant dans le même sens. Mais on relève surtout des résistances au changement qui obèrent toute perspective d'évolution concertée vers la parité, toute notion de progrès.

Puis, plus rien ne se passe jusqu'à la publication, en 2013, d'une feuille de route pour l'égalité dans les arts et la culture dans le cadre de la politique gouvernementale en faveur de l'égalité entre hommes et femmes :

> « Le rôle du ministère de la Culture et de la Communication pour faire progresser l'égalité entre les hommes et les femmes est déterminant en raison de son domaine spécifique : le champ de la création et celui des représentations collectives véhiculées par les différents moyens d'expression artistique ou culturelle, [...] leur puissance peut constituer un frein aux évolutions nécessaires vers une société plus juste et respectueuse de chacun, femme ou homme, tout comme elle peut les favoriser. »

S'ensuit un éventail de mesures destinées à réduire les situations inégalitaires.

Objectifs, résistances, que peuvent les quotas ?

Pourquoi, dans le domaine des arts, vouloir la parité ? Qu'est-ce qui s'y oppose ? Où s'articulent les résistances ? Veut-on des quotas ? Et que peuvent-ils ?

L'objectif de justice sociale et de respect des individuEs est insuffisant à justifier la mise en péril des intérêts supérieurs de la création artistique ; à quoi conduiraient des choix dictés par d'autres considérations que celles du seul talent ?

Il faut donc invoquer aussi la vitalité de la création. Claire Lasne[2] le dit fort bien, dans une lettre du 14 décembre 2005 :

> « Nous vivons dans un petit monde, construit selon des lois artificielles, et qui ne correspond en rien à la population à qui nous sommes censés nous adresser. Et d'ailleurs nous ne nous adressons pas à elle. Peu à peu, le public aussi s'est calibré : le niveau social, la couleur de la peau, l'absence de handicap. Le fait de refuser de faire entrer la féminité, les couches populaires, les cultures autres que françaises, la maladie, la fragilité physique et psychique dans le monde de ceux qui font et décident du théâtre me paraît le condamner à l'ennui. »

L'entre-soi dans lequel se complaît ce « petit monde » est alimenté par l'assignation faite à chacune et chacun en fonction de son sexe, de son âge, de sa couleur, etc. d'occuper certaines fonctions, de jouer certains rôles, d'étudier certains instruments. L'entre-soi favorise le mimétisme, stigmatise la différence et dispense d'inventer. Il consacre l'individu minoritaire dans sa fonction d'exception qui confirme la règle. Il scelle la norme.

La parité, en faisant cesser l'exception, introduit la mixité, fait surgir la diversité et permet de réanimer un monde de l'art au bord de l'asphyxie. Le jugement est sévère mais le vocabulaire utilisé quotidiennement confirme bien le conservatisme qui règne dans ce secteur : il s'organise en disciplines, les interprètes sont formés dans des conservatoires. On parle des règles de l'art, de convention théâtrale et les représentations obéissent à des codes.

Dès lors, l'usage systématique du terme de « création » pour désigner toute nouvelle production artistique doit être questionné, de même que la revendication à être reconnu comme artiste quand sa pratique relève d'abord de l'artisanat. C'est que la création artistique suppose un artiste créateur qui, s'il n'est Dieu, participe de sa substance. Dans nos représentations collectives héritées du XIXe siècle, Dieu n'est pas une femme...

C'est à un changement complet des paradigmes de la création, à un bouleversement des critères du jugement esthétique qu'aboutirait l'application stricte de quotas. Et cela ne va pas sans mal.

Accepter la mise en place de quotas suppose d'avoir admis l'existence de deux catégories différenciées (ce qui, en matière de sexe comme de couleur de peau, est un peu réducteur !) et la domination de l'une sur l'autre. Chaque individu est ainsi

[2] Metteuse en scène, alors directrice du Centre dramatique régional de Poitou-Charente, aujourd'hui directrice du Conservatoire national supérieur d'art dramatique.

tenu de se reconnaître dans l'une de ces deux catégories. C'est d'autant plus détestable quand il faut admettre appartenir à la catégorie dominée. Ceci explique assez que nombre de femmes refusent le principe des quotas, explique aussi le peu d'alliance entre celles qui ont été admises dans le cercle des dominants[3]. Or, la réticence à constituer et faire jouer les réseaux, à faire corps avec ses semblables, est particulièrement sensible parmi les artistes[4], puisque c'est justement la singularité qui paie.

Cependant, il faut bien se résoudre aux quotas comme à l'utilisation de réseaux quand on sait que les metteurs en scène, directeurs de compagnies d'art dramatique ont six fois plus de chances d'obtenir la direction d'un centre dramatique national que leurs consœurs ; que les musiciennes ont pu intégrer les orchestres symphoniques dès qu'on a organisé les auditions derrière des paravents. Assurer une cohérence entre les différents niveaux de la pyramide, faire fructifier les viviers, ne pas gaspiller les talents ni les investissements consentis en matière de formation, sont autant d'arguments en faveur des quotas. Aux objectifs de justice sociale et d'enrichissement de la création, s'ajoute ainsi un impératif économique.

[3] Les associations H/F regroupent surtout celles qui n'y ont pas accès.

[4] Dans notre système institutionnel français, l'artiste est aussi souvent chef d'entreprise et, pour accéder à ces postes de pouvoir, le « réseautage » est indispensable : les artistes hommes l'ont très vite admis, les femmes en conviennent encore trop peu.

Comment s'organise la résistance au changement dans les politiques publiques égalitaires affichées aujourd'hui pour l'art et la culture ?

Parmi les moyens mis en œuvre par le ministère de la Culture, une circulaire du 22 février 2013 avait demandé que l'on tendît vers la parité dans la composition des jurys et que les présélections fussent strictement paritaires grâce à la « mise en place d'une liste restreinte de quatre candidats au maximum, garantissant la parité ».

S'il est trop tôt pour analyser la manière dont s'applique cette toute nouvelle politique et prévoir l'incidence qu'elle aura, on peut déjà remarquer que :
- aucun échéancier n'est fixé qui aurait obligé à des résultats chiffrés,
- l'injonction paritaire s'arrête au seuil de la présélection,
- on admet volontiers que certains secteurs soient « dispensés » : le règlement paritaire ne pourrait s'appliquer aux orchestres puisqu'il n'y aurait pas de femme chef…

En outre, si l'on met en avant les récentes nominations de quelques directrices à la tête de Centres dramatiques nationaux, on ne dit rien du phénomène en dents de scie observé sur les années 2006-2013[5], on ne commente pas la dégringolade dans le réseau des Centres chorégraphiques nationaux[6] ni l'effet comète qu'a produit la présence simultanée et la disparition tout aussi rapide de trois directrices à la tête de notre petit mais prestigieux réseau de sept théâtres nationaux dont

[5] 7 % en 2006, 16 % en 2008, 8 % en 2012 et 15 % en 2013.

[6] 43 % en 2006 et 16% en 2013.

aucun, depuis la création de la Comédie française par Molière en 1680, n'avait été dirigé par une femme. En 2006, on est ainsi passé de 0 % à 43 % de directrices pour revenir, dès 2008, à la « norme » de 0 %.

Ce qui vaut pour les directions, se joue aussi dans les programmations, dans l'accès aux moyens de production ou le montant des rémunérations, le tout s'articulant autour de la seule question de la représentation, à la scène comme à la ville.

Car, si les femmes sont admises à gouverner, à l'intérieur des maisons (elles sont légèrement majoritaires dans les fonctions d'administration), à l'extérieur leur est dénié le pouvoir de représenter[7] l'institution, comme celui d'incarner, à la scène, l'imaginaire collectif.

Les comédiennes sont distribuées pour incarner le féminin, de même que les Noirs, les Arabes et les Asiatiques ne le sont que si le texte le spécifie. En France, un individu *lambda* est incarné par un homme blanc, seul apte à représenter l'universel, donner ce rôle à une femme ou à une personne de couleur fera signe. Le héros est un homme normal, qui fait modèle, l'héroïne une femme exceptionnelle, qui ne fait pas exemple. Il faut ici rappeler que, lorsque les femmes étaient interdites de plateau, les rôles féminins étaient incarnés par des hommes. On voit bien, dès lors, que le refus d'appliquer des quotas dans les distributions va de pair avec le refus de remettre en cause les codes de la représentation encore en vigueur mais issus d'un monde révolu.

[7] Nous devons à Geneviève Fraisse [1995] d'avoir théorisé la tension gouverner/représenter, qui reste à décliner plus amplement dans le domaine de l'art.

*   *
*

L'outil mis en place avec l'observatoire de l'égalité est précieux. Voudra-t-on s'en servir ? L'arsenal de mesures, y compris les quotas, proposé dans la feuille de route fonctionnera-t-il véritablement comme un levier pour transformer des situations inégalitaires jugées inadmissibles ? Ou ne serait-ce qu'un « masque », comme le suggère Geneviève Fraisse, après avoir noté que « le principe d'égalité affiché […] n'a pas toujours la force d'être réel ». [Fraisse, 1995, p. 352] ?

Veut-on passer du principe à la réalité ? Quelle cause le justifierait ? Quel lobby y aurait intérêt ?

> « La leçon politique à tirer de *Caliban et la sorcière* est que le capitalisme, comme système socio-économique, est nécessairement enclin au racisme et au sexisme […] dénigrant la nature de ceux qu'il exploite : les femmes, les colonisés, les descendants d'esclaves africains, les immigrants déplacés par la mondialisation ». [Federici, 2004, p. 31].

Tout ceci nous invite à sortir du débat entre nature et culture pour acter que la question est politique et… économique.

Les représentations proposées sur nos scènes et dans nos galeries, dans nos salles et dans nos maisons, contribuent au dénigrement. Le dénigrement est institué dans la représentation.

Pour les femmes, l'autodénigrement, avec pour contrepartie la jouissance des atouts de la féminité et l'ivresse de constituer l'exception, a jusqu'ici empêché la mise en place de réseaux capables de les porter au pouvoir, donc à la maîtrise de la représentation, en une masse critique qui puisse contrebalancer l'hégémonie masculine, faire exploser l'opposition entre les hommes et les femmes, et libérer en chacune et chacun la part de masculin et de féminin.

Pour accéder à cette égalité réelle, on ne proposera pas ici de prendre les armes mais on invitera fortement à ne pas attendre qu'elle soit octroyée, on exhortera à pratiquer l'impatience et la solidarité !

Références bibliographiques

FEDERICI Silvia, 2004, *Caliban and the Witch*, Brooklyn, Autonomedia.

FEDERICI Silvia, 2014, *Caliban et la Sorcière*, Genève, Entremonde ; pour la traduction française Montreuil, Senonevero.

FRAISSE Geneviève, 1995, *Muse de la raison*, Paris, Gallimard.

PRAT Reine, 2006, « Mission ÉgalitéS. Pour une plus grande et meilleure visibilité des diverses composantes de la population française dans le secteur du spectacle vivant »
<http://www.culture.gouv.fr/culture/actualites/rapports/prat/egalites.pdf>

PRAT Reine, 2009, « Arts du spectacle. Pour l'égal accès des femmes et des hommes aux postes responsabilité, aux lieux de décision, aux moyens de production, aux réseaux de diffusion, à la visibilité médiatique »
<http://www.culture.gouv.fr/culture/actualites/rapports/egalite_acces_resps09.pdf>

Cécile Guillaume, Sophie Pochic et Rachel Silvera

Dans les syndicats : du volontarisme à la contrainte légale

Par une soudaine volte-face, après des années d'opposition, les élites économiques, politiques et administratives françaises plébiscitent désormais les « quotas » et la parité pour féminiser le haut de leurs organigrammes, souvent au nom des qualités que ces dirigeantes apporteraient : pragmatisme et écoute dans la vie politique, ou encore prudence et performance dans les conduites économiques. Dans cet unanimisme ambiant, il serait facile de caricaturer encore une fois les syndicats de salariés comme « archaïques » car tous n'ont pas adopté des quotas pour leurs propres appareils exécutifs et certains s'opposent à leur extension pour les élus et désignés dans les lieux de travail ou en dehors (prud'hommes, paritarisme).

Pourtant, sur le versant de la féminisation des instances dirigeantes, certains syndicats français ont été des pionniers, bien avant les grandes entreprises, notamment sous la pression de leurs militantes féministes. La CFDT a adopté dès 1982 des quotas pour le sommet de son exécutif avec une visée de « mixité proportionnelle » (un tiers d'adhérentes à l'époque, 47 % en 2013) [Le Brouster, 2014] rarement dépassée, un tiers environ des membres des instances nationales CFDT étant des femmes[1]. La CGT a rattrapé son retard en instaurant directement la parité au sommet de son organisation en 1999, alors même qu'elle n'a que 37 % d'adhérentes en 2014 [Silvera, 2010]. La parité maintenue dans les instances dirigeantes a cependant encore peu d'incidence sur les autres structures de la CGT, féminisées entre 20 et 30 %. Par comparaison, les trois autres confédérations dites représentatives sur le plan national, refusent d'introduire de telles mesures, par pragmatisme ou par principe, par exemple pour ne pas fragiliser le front commun des travailleurs (FO). Si la féminisation des structures est souvent souhaitée par les dirigeants de ces organisations, parfois contre l'avis de leur exécutif, cette orientation passe par des discours volontaristes, des gestes incitatifs et rarement par des contraintes statutaires[2]. Dans les syndicats implantés principalement dans les services et entreprises publics et marqués à gauche, comme la FSU, la base fortement féminisée de leurs adhérents, l'attention à la mixité/parité dans les listes et les délégations, la présence de dirigeantes femmes font souvent penser que la question de l'égalité entre femmes et hommes est résolue, alors même que la présence des femmes dans les instances dirigeantes, notamment inter-

[1] A noter que depuis le congrès de 2014, suite à son nouveau Plan d'Action Mixité en 2012 pour la première fois, la Commission exécutive composée de 10 membres est paritaire. Mais la progression n'est pas linéaire, la place des femmes dans les exécutifs de la moitié des fédérations CFDT ayant régressé entre 2008 et 2011...

[2] La CFTC a modifié ses statuts en 2013 : chaque structure fédérale ou régionale devra faire figurer sur sa liste des candidatures au conseil confédéral au moins une personne de chaque sexe.

médiaires, reste fragile. Rares sont encore les grands syndicats français qui ont eu des secrétaires générales femmes[3].

Une des spécificités du champ syndical par rapport aux autres tient en effet à son fonctionnement démocratique et fédéraliste, qui veut que chaque structure conserve une autonomie politique et statutaire dans la définition de ses modes de fonctionnement. Les structures nationales n'ont pas d'autorité sur les structures intermédiaires (fédérations professionnelles, unions régionales ou départementales) pour les obliger à imposer des mesures de mixité/parité contre leur gré[4]. De même, les syndicats ou sections de base ont toute liberté pour désigner leurs candidats à telle ou telle élection. Les structures dirigeantes ne peuvent pas remettre en question cette décentralisation au cœur de leurs statuts et avoir des gestes d'imposition d'une décision si ce n'est pour leurs propres instances. Certains contextes (fusion entre syndicats, crises internes ou politiques) favorisent l'intégration de quotas obligatoires dans les statuts, à l'image du syndicat autrichien OGB qui les instaure en 2007 après un énorme scandale financier ayant entraîné des désadhésions massives [Kirsch et Blaschke, 2014], ou de l'Union générale tunisienne du travail – UGTT – qui envisage un petit quota de 20 % pour son bureau exécutif (en augmentant classiquement le nombre de sièges pour ne « léser » aucun homme), sous la forte pression de ses militantes et de sa Commission Femmes qui le réclament[5], dans la lignée de l'adoption de la parité en politique en Tunisie.

Par ailleurs, dans le syndicalisme comme dans les autres sphères de la vie politique ou économique, la question des quotas reste très controversée. Les arguments en faveur de ces mesures d'action positive insistent sur la possibilité qu'elles offrent de traiter la question des discriminations à l'échelle d'un groupe et pas seulement d'un individu. Elles favoriseraient par ailleurs l'inscription des questions femmes – inégalités – discriminations au centre de l'agenda syndical, mais également un changement d'image permettant de rendre les syndicats plus attractifs auprès des femmes et de syndiquer dans les secteurs tertiaires créateurs d'emplois. Surtout, la présence accrue de femmes parmi les instances dirigeantes et les négociatrices est considérée comme la condition nécessaire – mais non suffisante – pour que certains dossiers soient perçus comme légitimes ou prioritaires [Dickens, 1998]. En effet, si depuis 2001, sous l'impulsion du législateur, la plupart des organisations syndicales françaises se sont engagées dans la négociation de l'égalité professionnelle, sans la présence de femmes dans les délégations, ce dossier risque toujours d'être considéré comme secondaire par beaucoup de militant-e-s, particulièrement en période de récession et de restructurations [Cristofalo, 2014].

---

[3] À l'exception de Nicole Notat à la CFDT (1992-2002) et de Carole Couvert à la CFE-CGC depuis 2013, les autres confédérations ont toujours eu des dirigeants hommes. Les dirigeantes femmes se retrouvent plutôt à la tête de syndicats plus récents, comme Annie Coupé à Solidaires (1998-2014), remplacée par Cécile Gondard-Lalanne (en binôme avec Eric Beynel) ou Bernadette Groison à la FSU depuis 2010.

[4] Par exemple à FO, le dirigeant actuel (Jean-Claude Mailly) a pu appuyer la féminisation du Bureau confédéral (cinq femmes désignées sur 13, soit 38%), mais pas celle de la Commission exécutive confédérale, dont les membres sont élus par les délégués en congrès. Celle-ci n'est toujours composée que de 5% de femmes en 2014.

[5] Les adhérentes sont évaluées par l'UGTT à 48% de ses membres. Lors du congrès de 2011, n'ont été retenues aucune des cinq femmes syndicalistes ayant maintenu leur candidature au Bureau exécutif parmi les 17 dans la course au départ, les enjeux régionalistes et politiques ayant dominé sur la représentation des femmes. Cf. Hela Yousfi, [2015].

Si les quotas ont des effets visibles et mesurables rapidement, des études montrent que leur mise en place reste compliquée, notamment par manque de « viviers » de militantes dans les structures intermédiaires, avec le risque de ne pas réussir à pourvoir le nombre de postes/mandats réservés aux femmes. Cette « féminisation par le haut » peut aussi camoufler une sous-représentation des femmes au niveau intermédiaire des appareils (exécutifs régionaux ou fédéraux) et dans les lieux où s'élaborent les stratégies, les revendications ou négociations syndicales. De manière plus subtile, les quotas remettent peu en cause les règles du jeu et la culture genrée des organisations syndicales [Guillaume, 2007], et peuvent parfois induire des effets secondaires de délégitimation et d'isolement des « femmes-quotas » avec une suspicion d'incompétence ou de moindre mérite [Monney, Fillieule et Avanza, 2013]. Ces militantes ont souvent des carrières syndicales à la fois accélérées et plus fragiles, générant des tensions fortes autour de l'articulation des temps de vie et un taux plus élevé de *turn-over*. Selon les organisations syndicales, les femmes dirigeantes sont dans deux positions sociales extrêmes : certaines d'entre elles sont peu diplômées, issues de milieu ouvrier ou employées et peuvent parfois se retrouver en responsabilité avec très peu de formation syndicale, sans les codes et les outils pour exercer pleinement leurs mandats. D'autres dirigeantes sont sur-sélectionnées, majoritairement diplômées et représentant des métiers de cadres ou professions intellectuelles, ce qui peut poser des problèmes de légitimité dans des syndicats « ouvriéristes » (comme la CGT ou FO). La sous-représentation des travailleuses du bas de l'échelle à la tête des syndicats questionne le postulat implicite d'une « expérience commune » des femmes, sans prise en compte de l'intersectionnalité avec d'autres rapports sociaux de domination, facteurs de discrimination (race et classe notamment).

En outre, ces femmes responsables syndicales peuvent adopter des stratégies de neutralisation de leur genre voire de « virilitude » [Guillaume et Pochic, 2012], qui ne se traduit pas mécaniquement par une meilleure prise en charge des intérêts des femmes dans leurs pratiques, sauf pour celles qui ont une conscientisation féministe avérée. L'identification des responsables syndicales au féminisme et leur sentiment d'appartenir à une catégorie opprimée à défendre dépendent beaucoup de leur génération, de leur contexte syndical et professionnel et de leur profil socioculturel [Pochic, 2014]. Comme l'écrivait, dès le début des années 1980, Cynthia Cockburn [1989], toute exigence de parité doit en effet être accompagnée de changements structurels profonds pour que cette évolution ne soit pas uniquement de court terme ou cosmétique. La plupart des syndicats considèrent d'ailleurs les quotas comme un « outil » qui doit être accompagné d'autres mesures visant la transformation des représentations et de la culture syndicale : formations, commission femmes, conférence annuelle, chartes « égalité » ou « mixité », etc.

Si la question des quotas fait son chemin au niveau des instances dirigeantes des syndicats[6], les syndicats se révèlent beaucoup plus réticents à l'introduction de la parité dans d'autres types d'instances, malgré l'impulsion du législateur. Des représentant-e-s élu-e-s des salarié-e-s siègent en effet dans de nombreuses instances au sein ou en dehors de leur univers de travail, souvent avec un cumul de mandats : comités d'entreprise, comités d'hygiène, de sécurité et des conditions de travail (CHSCT), conseils de prud'hommes, organismes paritaires (dans le domaine des retraites, de la formation, du chômage ou des assurances), instances consultatives comme le conseil économique, social et environnemental (CESE). Rappelons que le principe de parité introduit par la loi en 2000 ne s'appliquait au départ qu'au champ politique et que le Conseil constitutionnel a bloqué à plusieurs reprises les tentatives d'expansion aux responsabilités professionnelles et sociales. Ainsi, dans la loi de 2006 sur l'égalité salariale, un article prévoyait ce principe de parité dans le champ social, retoqué par ce conseil. Il a donc fallu une nouvelle modification de la Constitution en 2008 pour que son premier article devienne : « La loi favorise l'égal accès des femmes et des hommes aux mandats électoraux et fonctions électives ainsi qu'aux responsabilités professionnelles et sociales. » (révision constitutionnelle du 23 juillet 2008). Mais depuis, ce principe n'est pas appliqué.

Cette résistance peut s'expliquer pour certains par une faible conscience ou même un déni de la réalité des inégalités sexuées. D'autres types de facteurs jouent dans ce blocage comme le fait de voir l'État s'immiscer dans les prérogatives des syndicats. La non-mixité de certaines fédérations professionnelles et/ou le faible taux de féminisation des adhérents (argument avancé par la CFE-CGC) sont également des arguments invoqués à l'encontre de la parité dans les délégations syndicales[7]. La tâche à accomplir pour atteindre un quota de 40 % dans une instance dirigeante n'est pas non plus de la même grandeur dans une entreprise ou dans une organisation syndicale. Il est sans doute plus simple de désigner cinq ou six administratrices pour une entreprise du CAC 40[8] – qui peuvent être salariées ailleurs et repérées par des chasseurs de tête –, que de trouver des dizaines de militantes pour siéger dans les instances représentatives du personnel (IRP) de cette même entreprise... Mais cette réticence à l'extension de la parité au monde syndical s'explique aussi par de fortes différences entre les parcours d'élu-e-s syndicaux et de responsables politiques ou économiques : devenir déléguée du personnel ou élue au comité d'entreprise face à son employeur ne représente ni les mêmes avantages, ni le même risque

---

[6] Y compris à Solidaires qui y pense pour le renouvellement de son prochain Bureau National.

[7] Cf. la Délégation aux droits des femmes et l'égalité des chances entre les hommes et les femmes, Séance du 6 décembre 2011, Table ronde sur la place des femmes au sein des organisations syndicales <http://www.assemblee-nationale.fr/13/cr-delf/11-12/c1112011.asp>.

[8] Les conseils d'administration des grandes entreprises étant composés en moyenne de dix à vingt personnes.

professionnel, ni les mêmes perspectives de « carrière » pour la personne qui l'exerce, que d'être administratrice d'une grande entreprise, maire ou députée. Quand on connaît en France, le faible taux de syndicalisation des secteurs tertiaires féminisés (moins de 5 %), la répression syndicale qui les caractérise et la précarité de l'emploi, on peut comprendre que les syndicats temporisent avant d'envoyer leurs rares militantes dans des situations trop risquées au nom de la « parité » que les mêmes employeurs prônent pour l'élite des femmes cadres supérieures siégeant dans les conseils d'administration, avec des jetons de présence.

Le projet de loi sur le dialogue social de ce début 2015 revient à la charge, mais prévoit une « représentation équilibrée des femmes et des hommes dans les candidatures aux comités d'entreprise et délégués du personnel » en fonction de leur présence dans chaque collège de salariés et non la parité. L'exigence de représentativité dans la représentation des salarié-e-s doit surtout, selon nous, être accompagnée de protections individuelles sur la durée : temps dégagé, accord de l'employeur, garantie sur l'emploi et valorisation de l'expérience acquise pour faciliter les passerelles entre carrière syndicale et professionnelle. Ces nouvelles élues doivent être équipées par leurs organisations, par des formations à la prise de mandat et aux inégalités entre les femmes et les hommes, et soutenues par des équipes syndicales et des réseaux ou groupes de femmes, afin qu'on n'ait pas uniquement des femmes isolées assises sur des sièges. C'est à ces seules conditions qu'elles pourront pleinement exercer leur rôle de représentantes et de négociatrices syndicales et pourront « produire une différence » dans le dialogue social en faveur de toutes les femmes.

Références bibliographiques

COCKBURN Cynthia, 1989, « Equal Opportunity: The Short and the Long Agenda » *Industrial Relations Journal*, vol. 20, n° 3, pp. 213-225.

CRISTOFALO Paola, 2014, « Négocier l'égalité professionnelle : de quelques obstacles à la prise en charge syndicale de la thématique », *Nouvelle Revue de Psychosociologie*, n°18, p. 133-146.

DICKENS Linda, 1998, *Equal Opportunities and Collective Bargaining in Europe: Illuminating the Process*, Dublin, European Foundation for the Improvement of Living and Working Conditions.

GUILLAUME Cécile, 2007, « Le syndicalisme à l'épreuve de la féminisation, la permanence "paradoxale" du plafond de verre à la CFDT », *Politix*, vol. 78, n° 2, p. 39-63.

GUILLAUME Cécile et POCHIC Sophie, 2012, « Breaking through the Union Glass Ceiling in France: between Organisational Opportunities and Individual Resources », *in* Sue LEDWITH et Lise Lotte HANSEN, *Gendering and Diversifying Trade Union Leadership*, London, Routledge, p. 245-263.

KIRSCH Anja et BLASCHKE Sabine, 2014, « Women's Quotas and their Effects: A Comparison of Austrian and German Trade Unions », *European Journal of Industrial Relations*, n°3, p. 201-217.

Le Brouster Pascale, 2014, « Quelle stratégie syndicale pour les femmes ? Regards sur la CFDT de 1960 à nos jours », *in* Cécile Guillaume (dir.), *La CFDT, sociologie d'une reconversion réformiste*, Rennes, PUR, p. 53-65.

Monney Vanessa, Fillieule Olivier et Avanza Martina, 2013, « Les souffrances de la femme-quota. Le cas du syndicat suisse UNIA », *Travail, genre et sociétés*, n° 30, pp. 33-51.

Pochic Sophie, 2014, « Femmes responsables syndicales en Angleterre et identification féministe : neutraliser leur genre pour mieux représenter leur classe ? », *Sociologie*, vol. 5, n° 4, pp. 369-386

Silvera Rachel, 2010, « Le nouveau défi de l'égalité pour le syndicalisme français : la Charte pour l'égalité », *Document de travail du Mage*, n° 14, pp. 35-42.

Yousfi Héla, 2015, *L'UGTT, une passion tunisienne*, Tunis, IRMC.

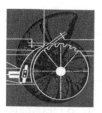

CRITIQUES

Sabine Fortino, Benjamin Tejerina, Beatriz Cavia et José Calderón (dir.)
Crise sociale et précarité. Travail, modes de vie et résistances en France et en Espagne
Éditions Champ social, Nîmes, 2012, 312 pages

La précarité sociale et celle de l'emploi nous envahissent : dans les faits, dans la conscience sociale et dans la recherche. Si on en parle, nous viennent tout de suite à la mémoire les excellents travaux publiés ces dernières années par Robert Castel et le *best-seller* de l'économiste Guy Standing, *The Precariat. The New Dangerous Class*, publié en 2011. Entre-temps, nombreuses sont les recherches et les rencontres scientifiques qui essaient d'approfondir la problématique de la précarité. Le livre dont on fait le compte rendu ici en est une preuve.

Il réunit les communications présentées dans un colloque franco-espagnol qui a eu lieu à l'Université Paris Ouest Nanterre La Défense, en novembre 2008, autour du sujet « Ce que la précarité nous apprend de la société. Regards croisés France-Espagne ». Le colloque a réuni des chercheurs des deux pays, treize Espagnols et six Français, sans qu'on sache très bien les critères qui ont présidé à leurs choix.

L'objectif du colloque était d'approfondir l'analyse du phénomène social de la précarité tel qu'il est subi par la population salariée la plus démunie mais, aussi et avant tout, de dépasser l'approche dominante de la précarité centrée sur la vulnérabilité des conditions de travail et d'emploi pour souligner les résistances et les luttes collectives contre la précarisation de l'emploi, et de faire un nouveau pari théorique en substituant au vieux concept celui de « précarité vitale ».

Plus concrètement et pour le dire avec les mots des coordinateurs de l'édition : « Ce livre se propose d'expliquer les différentes facettes de la précarisation sociale dans un contexte de transformation touchant à la fois le modèle économique, les mécanismes de solidarité sociale et les modalités prises par les actions collectives tentant de s'y opposer ». Ils ajoutent : « Notre regard va au-delà de la seule sphère socio-économique. La question du rapport aux enjeux temporels, aux modèles de consommation, à la culture et aux identités est aussi développée, car la précarité désormais influe sur toutes ces dimensions du social et du privé dans un contexte où le fait d'avoir un emploi n'est pas synonyme d'intégration sociale. » Ce contenu général est divisé et organisé en trois grands blocs thématiques : les catégories sociales les plus touchées par la précarité, comme les femmes, les jeunes, les pauvres et les immigrés ; les dimensions les plus qualitatives de la précarité comme son rapport à la santé, aux temps sociaux, son expérience subjective ; les stratégies et pratiques de contestation collective et l'ouverture vers d'autres approches. La question est de savoir si, et jusqu'à quel point, cet objectif a été atteint.

La qualité scientifique de toutes les contributions est d'un niveau bien plus qu'acceptable. Certaines d'entre elles n'apportent pas une grande nouveauté à un lecteur habitué à la littérature sociologique sur la précarité. Mais, dans chacun des trois blocs thématiques on décèle des travaux riches d'apports théoriques ou analytiques. On ne peut pas ici en faire la liste complète. Indiquons seulement certains d'entre eux. Le chapitre « Genre et précarité en France » n'assume pas une conception de la précarité « rupturiste », mais la finesse et la profondeur de son analyse sur les effets négatifs de la précarité de l'emploi sur la vie des femmes sont d'un niveau remarquable. Il faut aussi souligner l'originalité du chapitre sur « La régulation paradoxale du travail et la maîtrise des volontés » où la question est abordée du point de vue de la production politique de nouveaux sujets. Signalons aussi la qualité analytique du chapitre « Les suicides liés au travail : indice de précarisation ? » dans lequel l'auteure déploie son argumentation pour montrer comment l'importance accordée par la littérature des sciences sociales aux suicides des cadres a pour effet de mettre dans l'ombre et de « banaliser » la précarité généralisée subie par des travailleurs ou travailleuses « normaux ». Il vaut aussi la peine d'apprécier la construction et l'utilisation du concept de « précarité subjective » conçu par Danièle Linhart, pour « décrire le sentiment qu'ont beaucoup de travailleurs stables de ne pas maîtriser leur travail et de devoir sans cesse s'adapter, pour remplir les objectifs fixés, pour ne pas se mettre en danger ni physiquement ni moralement ». Le fait de souligner seulement ces quatre contributions ne doit pas, pourtant, faire croire qu'elles sont les seules qui valent la peine d'être lues. En tout cas, le livre en main, le lecteur peut commencer par lire soit l'« Introduction générale », soit la « Postface » et faire son choix à partir de la description du contenu de tous les chapitres.

Il y a deux chapitres qui ont une plus grande visée théorique que les autres du fait qu'ils posent expressément la question d'un renouvellement de la définition du concept de précarité. Le premier a pour titre « La construction de "l'objet précaire" » et le deuxième « Précarité et action collective dans la mobilisation altermondialiste. Réinterprétation et re-signification de la vie précaire ». Tous les deux critiquent la signification habituellement accordée au concept de précarité en montrant qu'ainsi entendu ce concept est incapable de rendre compte de toute son ampleur et de toute sa complexité. Ils en concluent qu'il faut faire le pari de remplacer ce concept par celui de « précarité vitale ». Le pari est bien fondé. Il devient une sorte de nécessité épistémologique, une fois qu'on a dévoilé toutes les dimensions dans lesquelles se déploie la condition précaire. « En effet, la précarité n'est pas uniquement un manque ponctuel et limité (de travail, de sécurité, d'institution), c'est une donnée structurelle et généralisée qui s'inscrit dans toutes les dimensions de la vie sociale. Elle n'apparaît plus comme une panne de système qu'il faut réparer […]. Les situations précaires sont en fait un mécanisme associé au fonctionnement social lui-même. […] et, à l'époque actuelle, il s'installe au centre même de la vie sociale. […]. C'est le sens du concept de "précarité vitale" » (p. 52). Sans doute le contenu habituellement donné au concept de précarité est-il trop limité pour exprimer toutes les dimensions décrites et le pari en faveur d'une nouvelle approche de cette problématique est bienvenu. Or, tel qu'il est présenté, le choix semble un peu précipité. La raison principale tient au fait qu'on a l'impression que toutes sortes de « précarités » sont « mises dans le même sac ». Si on entend la précarité (vitale) comme un « nouveau mécanisme associé au fonctionnement social », on court le risque de confondre la précarité qui touche les gens exclus de la « normalité sociale » par manque involontaire d'une ressource clé pour l'organisation d'une vie autonome décente (comme un emploi décent) avec celle des privilégiés dont l'instabilité est un choix de vie parfaitement inséré dans un ordre social néolibéral. La vie serait précaire, instable, dans les deux cas, mais dans le premier comme situation socialement injuste et dans le second comme situation parfaitement intégrée socialement. Or, si les concepts sociologiques – de même que les catégories sociales auxquelles ils correspondent – en plus d'être clairs et précis doivent être justifiés, l'utilisation du concept de « précarité vitale » remplaçant celui de précarité à l'emploi ou de précarité tout court devra être un peu plus travaillé. De même qu'il faudra tenir compte de la thèse de Guy Standing soutenant que « ce qui caractérise la précarité n'est pas le niveau salarial ou les revenus perçus dans un moment donné mais le manque d'appui communautaire ». Les chercheurs réfléchissent encore trop peu au rapport entre la centralité accordée dans nos sociétés – et surtout parmi les hommes – au travail et à la pénibilité subie par ceux qui, soit ne travaillent pas, soit travaillent dans des conditions qu'ils ne maîtrisent pas (et qui, comme le montrent beaucoup de chercheurs – Yves Clot dans ce livre – sont souvent conduits à éprouver une profonde souffrance). S'il était possible de construire un ordre social dans lequel les citoyens, hommes et femmes, disposeraient des ressources sociales adéquates pour « se conduire comme un sujet libre et responsable », comme disait Robert Castel, sans se voir obligés de travailler dans les conditions actuelles, ni le travail, ni l'emploi ne pourraient être vraiment précaires, ni leur pratique produire de la souffrance. La précarité de l'emploi a atteint aujourd'hui un niveau si élevé et une extension si grande dans nos sociétés que le moment est peut-être arrivé de penser non pas à de nouvelles réformes mais à des changements radicaux (et pas nécessairement plus difficiles à mener).

Il y a encore dans ce livre un point qu'on peut, sinon critiquer, du moins regretter. Il tient à la promesse « d'offrir des regards croisés entre la France et l'Espagne ». Malheureusement, en le lisant, on ne trouve nulle part de regards croisés, mais plutôt des regards qui s'ignorent. Il n'y a que la question de la précarité des femmes qui est traitée en parallèle : un chapitre sur la précarité des femmes en France et un autre sur l'Espagne. À part cela, chaque contribution, qu'elle soit sur l'Espagne ou sur la France, est centrée sur elle-même, sans qu'on fasse la moindre comparaison internationale qui puisse éclairer et rendre plus compréhensible la problématique abordée. Ceci dit, on trouvera dans le livre beaucoup d'analyses et de réflexions théoriques sur le phénomène de la précarité qui valent la peine de lire le livre pour mieux comprendre ce phénomène.

Carlos Prieto
Université Complutense de Madrid

Critiques

Asuncion Freznoza-Flot
Mères migrantes sans frontières. La dimension invisible de l'immigration philippine en France
L'Harmattan, Paris, 2013, 207 pages

L'ouvrage d'Asuncion Fresnoza-Flot propose une réflexion sociologique sur les dynamiques familiales dans les migrations, à partir d'un travail de terrain mené auprès des mères migrantes philippines en France travaillant dans l'économie mondialisée du *care* et du travail domestique. Cette enquête menée dans le cadre d'une thèse de doctorat interroge les facteurs influençant la migration des mères de famille philippines, mais également la manière dont la migration affecte le vécu des membres de la famille (nucléaire et élargie) ainsi que les recompositions du tissu social familial lorsque les mères quittent leurs familles. En plaçant au cœur de l'analyse l'entité familiale et la « maternité transnationale » dans le contexte migratoire, l'auteure décrit, de façon fine et détaillée, la reconfiguration des liens et des rôles sociaux familiaux afin d'expliquer les rouages des familles transnationales philippines au XXIe siècle.

Pour comprendre les logiques sociales des familles transnationales philippines, l'auteure s'appuie sur une solide enquête qualitative multisituée qui repose principalement sur les « récits de vie croisés » des migrantes philippines en France et de leurs familles restées au pays (au total quatre-vingt-dix personnes interviewées) afin de saisir les multiples liens tissés entre les membres des groupes familiaux malgré la distance spatiale. La première partie de l'ouvrage se penche sur la situation des mères migrantes philippines en France en revenant sur le contexte dans lequel elles vivaient au moment de leur départ (chapitre I) ; leur vie en France et les enjeux sociaux ayant trait au logement, à l'emploi, à la santé ou encore aux loisirs (chapitre II) ; enfin, le travail de maintien des liens transnationaux des mères avec leur famille (chapitre III). La seconde partie se concentre sur la famille des migrantes et pointe les renégociations des masculinités par les maris restés au pays (chapitre IV) ; l'entretien à distance du lien mère-enfant et les vécus de l'émigration des mères par les enfants (chapitre V) ; finalement, les enjeux autour des « chaînes du *care* » et des « mères temporaires ».

Pour saisir la fabrication des « familles transnationales » par les migrantes et les membres de la famille, l'auteure mobilise tout au long de l'ouvrage une approche de genre afin de montrer comment les normes patriarcales pèsent sur la recomposition des liens familiaux. Elle montre ainsi comment, dans le contexte migratoire, les situations d'épouse et de mère mènent à une renégociation de la division sexuée du travail de la part des acteurs, tant en France qu'aux Philippines. Au regard de la décision de partir, cette étude montre qu'au-delà des raisons économiques (scolarisation des enfants ; mobilité sociale) ou individuelles (relation conjugale conflictuelle, envie de voyager), la décision de migrer s'inscrit bien souvent dans des enjeux familiaux, des envies d'« émancipation » et « la quête du meilleur moyen de remplir leur rôle de mère » (p. 59). La France, à laquelle les migrantes accèdent de façon directe ou indirecte (par le passage d'un autre pays), constitue pour ces femmes une destination socialement (et économiquement) valorisée pour atteindre ces objectifs. Plus spécifiquement, en montrant le rôle central des réseaux sociaux (notamment familiaux) dans les parcours migratoires, l'auteure souligne en quoi les différentes routes migratoires mènent vers des statuts politico-juridiques différents (immigrée en situation régulière ou en situation irrégulière, « sans-papiers », visa échu) et, surtout, comment ces statuts plus ou moins précaires vont peser sur les relations familiales transnationales. L'auteure explique par la suite en quoi l'arrivée en France est sujette à diverses difficultés telles que la recherche d'un logement, la gestion d'une bonne santé en cas de précarité, les loisirs et les activités associatives (notamment religieuses) qui se retrouvent au cœur d'enjeux de (in) visibilité, d'autonomisation et de vulnérabilité. Ces enjeux traversent évidemment l'insertion professionnelle des mères migrantes qui se retrouvent bien souvent dans le secteur du travail domestique et du *care*, où leur réputation les propulse comme « élite du service domestique » (p. 65). Cette insertion n'est pas sans susciter des tensions entre perspective de mobilité sociale et déclassement social. L'auteure explique en effet que « la migration complique la logique de classement social : le statut social d'un migrant peut simultanément augmenter dans un pays et diminuer dans l'autre », ce qui produit une « mobilité contradictoire de classe »[1].

Outre la problématique de la mobilité sociale qui affecte les migrantes, la question de la maternité transnationale constitue l'une des préoccupations centrales des mères migrantes : « comment être "une bonne" mère malgré la distance » ? (p. 84). L'auteure décrit ici les diverses stratégies économiques (envoi d'argent et de cadeaux) et non-économiques (communication régulière, visites au pays et discours maternel) déployées par les mères migrantes pour entretenir l'unité familiale et négocier leur absence du foyer avec les souffrances morales que cela implique. L'auteure montre ainsi comment ce travail de « présence à distance » pour maintenir leur rôle de « bonne mère » implique une redéfinition de ces rôles sociaux. En effet, « l'immigration fait partie de leur devoir en tant que mère » (p. 95). Le « sacrifice » du départ devient une nouvelle norme sociale pour devenir une « bonne mère » aux Philippines et participe ainsi à la manière de forger cette maternité transnationale. Outre le poids de la distance qui pèse sur le rôle de mère, celui d'épouse est également soumis à des tensions. Les migrantes philippines et leur mari développent ainsi des stratégies pour maintenir une « intimité » malgré la distance qui passe par de nouvelles formes d'expression des sentiments et une redéfinition plus religieuse de l'abstinence, ce qui n'évite pas parfois les jalousies et les risques d'infidélité conjugale de part et d'autre. Plus largement, cette étude analyse le vécu masculin de la migration des mères migrantes en montrant les tensions naissantes autour de la reconfiguration du rôle de père, du rôle de « *breadwinner* » et plus

[1] Rhacel Salazar Parrenas, 2001, *Servants of Globalization: Women, Migration and DomesticWork*, Stanford, CA, Stanford University Press.

largement de la masculinité. Concrètement, les entretiens menés suggèrent que « les hommes en crise de masculinité suite à la migration de leur femme s'efforcent de maintenir le *statu quo* genré au sein de leur famille [...] raison pour laquelle la plupart d'entre eux n'intègrent pas le rôle reproductif de leur épouse et compte sur l'aide de femmes de leur famille étendue pour s'occuper des enfants » (p. 122). L'un des apports de cette recherche n'est pas seulement d'avoir mené des entretiens avec les pères restés au pays, mais également avec les enfants des migrantes, afin de saisir la réorganisation familiale et le travail continu d'entretien du lien mère-enfant. Asuncion Fresnoza-Flot montre ici la souffrance et les difficultés derrière l'ambiguïté de cette présence à distance des mères transnationales. Malgré les diverses formes de communication, l'auteure note que la migration provoque un « cloisonnement des problèmes : chacun semble affronter seul ses difficultés » (p. 133). La proximité émotionnelle est ainsi mise à l'épreuve des migrations, au point que, dans certains cas, les retrouvailles avec la mère après plusieurs années de séparation peuvent se traduire par de la timidité, voire du malaise. Finalement, l'auteure analyse la présence, provoquée par la migration, d'un « nouvel » acteur dans la famille : la « mère temporaire ». Sachant que la migration des mères n'entraîne pas une inversion des rôles dans la division sexuelle du travail entre les femmes et leurs époux, les familles procèdent à une « externalisation » du travail domestique qui implique le plus souvent une personne membre de la famille étendue de la mère migrante (sœur, mère, etc.). Là aussi, le tissu familial est mis à l'épreuve des migrations par l'arrangement de maternage entre la « mère partie » et la « mère temporaire ». Une relation asymétrique est structurée par des implications socio-économiques et émotionnelles différentielles. En effet, l'auteure souligne que « malgré leur proximité avec [les enfants], les mères "temporaires" se trouvent dans une situation délicate, car elles ont moins de pouvoir économique et plus de difficultés à faire entendre leur voix dans la prise de décision au sein du foyer qu'elles occupent » (p. 163). On saisit ici les implications directes pour ces mères migrantes et temporaires que produit cette « chaîne global du *care* ».

En définitive, l'apport central de cette monographie est de placer la « famille transnationale » au cœur de l'analyse des migrations. Entre Paris et Manille, l'auteure interroge ainsi les divers acteurs qui composent la famille et traduit la manière dont les acteurs négocient la distance qui les sépare, les implications dans leurs quotidiens, leurs constructions identitaires ou encore la négociation de leurs rôles sociaux genrés. Le souci empirique qui guide l'auteure tout au long du texte forge la pertinence de l'analyse. On comprend ici clairement comment se construisent les familles transnationales : la distance n'est pas nécessairement source d'éclatement des familles, mais peut également impliquer un travail de recomposition des liens sociaux, sans toutefois inverser la division sexuée du travail. En ce sens, l'ouvrage ne constitue pas uniquement un apport pour la sociologie des migrations, mais également pour la sociologie de la famille. Il ouvre en effet de nombreuses pistes de réflexion sur la définition de la famille dans une époque marquée par l'intensification des migrations et une injonction croissante à la mobilité.

Julien Debonneville
Institut des études genre, Université de Genève

Critiques

Lilian Mathieu
La fin du tapin.
Sociologie de la croisade pour l'abolition de la prostitution
Éditions François Bourin, Paris, 2014, 280 pages

Paru en 2014, quelques mois après le dépôt d'une nouvelle proposition de loi « renforçant la lutte contre le système prostitutionnel », l'ouvrage de Lilian Mathieu traite du mouvement abolitionniste français de sa naissance dans la seconde moitié du XIXe siècle à nos jours. À la croisée de la sociologie des mouvements sociaux et de l'approche constructiviste des problèmes publics, il ne peut manquer d'éclairer les enjeux et la controverse actuels autour de la pénalisation des clients. Pendant à une précédente publication de l'auteur, *Mobilisations de prostituées* (2001), il s'inscrit dans l'ensemble de ses travaux de recherche consacrés à la prostitution depuis plus de vingt ans.

Les abolitionnistes du XIXe siècle combattaient l'organisation légale de la prostitution et tout particulièrement les maisons closes, tandis que ceux d'aujourd'hui envisagent l'abolition de la prostitution elle-même. Redéfinition progressive du terme – et du combat à mener – en lien avec le démantèlement graduel du système réglementariste français au cours du XXe siècle et les différentes victoires remportées par le mouvement auprès des instances internationales et nationales. Ces différents temps de l'histoire de la prostitution ont pu faire l'objet de recherches en sciences sociales, mais l'ouvrage de Lilian Mathieu a ceci d'inédit qu'il en propose une lecture centrée sur le mouvement abolitionniste, privilégiant l'histoire telle qu'elle a pu être appréhendée, écrite, analysée et revisitée par les militants abolitionnistes.

Les deux premiers chapitres retracent l'avènement politique et législatif de l'abolitionnisme en revenant sur ses étapes importantes (Convention de la Société des nations en 1933, ratification par la France de la Convention pour la répression de la traite des êtres humains et de l'exploitation de la prostitution d'autrui en 1960), ses figures marquantes (Josephine Butler, Odette Philippon, Marie-Victoire Louis), ses associations cardinales (Mouvement du Nid, fondation Scelles) et ses influences idéologiques (christianisme, féminisme, altermondialisme). En moins d'un siècle et demi, l'abolitionnisme français est ainsi passé d'un mouvement marginal en butte à l'hostilité de la *quasi* totalité du corps médical, politique et militaire, à un mouvement influent, si ce n'est dominant, dans la définition des politiques de la prostitution.

En insistant sur l'évolution des revendications et des actions menées par les différentes parties du mouvement abolitionniste, Lilian Mathieu montre combien, derrière l'apparente communauté d'objectif, les références, les motivations et les conceptions de la prostitution sont diverses, pour ne pas dire ambiguës, voire contradictoires. Les positions adoptées, de même que les « solutions » proposées à l'égard de la prostitution sont en effet historiquement et socialement construites. Elles résultent de stratégies menées par le mouvement pour faire aboutir ses idées, mais aussi de sa capacité d'influence, de l'état de ses forces et de leur recrutement social, de celui de ses partenaires et de ses adversaires. Néanmoins, l'espace abolitionniste s'est considérablement unifié depuis les années 2000, consolidé par sa coalition avec les mouvements féministes et altermondialistes. Dans le même temps, le discours des partisans de l'abolition de la prostitution s'est lui aussi uniformisé, ou plutôt homogénéisé et fait désormais consensus de part et d'autre de l'échiquier politique.

Dans cet ouvrage, Lilian Mathieu considère l'abolitionnisme comme une croisade morale, c'est-à-dire comme une mobilisation visant non seulement la défense ou la promotion de certaines valeurs et normes, mais également leur diffusion au-delà du seul groupe d'adeptes et l'imposition générale de leur respect (p. 13). Dans cette perspective, le discours public des croisés abolitionnistes, en tant que démarche de publicisation et de communication, est analysé et déconstruit dans un troisième chapitre particulièrement convaincant. S'attaquant avec rigueur au « style abolitionniste », Lilian Mathieu déconstruit la légitimité et le statut d'expert que s'arrogent les auteurs abolitionnistes (Markovich, Louis), dévoile l'intertextualité des textes et leur très forte sélectivité en matière de sources et de références bibliographiques (Poulin, Legardinier), démonte également l'usage pseudo-scientifique et émotionnel des chiffres (*scarynumbers*, p. 135) et le recours à la figure du proxénète comme incarnation du mal (*folk devil*, p. 160). La rhétorique abolitionniste relève d'une démarche plus militante que scientifique, où l'information se combine sans cesse avec l'indignation, et l'objectivation avec l'émotion. Elle défend une conception essentialiste de la prostitution, en tant que violence intrinsèque, indépendamment de ses manifestations historiques et de son contexte de pratique de réalisation. Ces divers éléments concourant à dessiner le portrait de la prostituée en victime dénuée de toute agentivité, si ce n'est lorsqu'elle abandonne l'activité prostitutionnelle.

Cependant, les abolitionnistes se voient aujourd'hui disputer un monopole de la représentation des intérêts des prostituées alors que celui-ci était resté sans conteste depuis les années 1960. Balbutiant dans les années 1970 et 1980, le mouvement des « travailleurs du sexe », défenseur de positions diamétralement opposées, s'est construit en France dans les années 1990 avec l'appui des associations de santé communautaires. La politisation des questions prostitutionnelles dans les années 2000 amplifie ce contre-mouvement (p. 178) et de nouvelles organisations spécifiquement dédiées à la défense des intérêts des prostituées sont créées dont, en 2009 le STRASS (Syndicat du travail sexuel). Les abolitionnistes et leurs adversaires se redéploient autour d'une interdépendance conflictuelle qui leur offre notamment l'opportunité d'accéder à une visibilité publique appréciable et de mobiliser leurs militants et/ou sympathisants.

Le quatrième chapitre (« La force de l'antagonisme ») montre comment les deux mouvements se livrent une concurrence acharnée pour l'imposition de leur définition de la prostitution et des solutions qui en découlent. Cependant leur influence et leur accès aux médias ne sont pas les mêmes et, à la fin des années 2000, « les abolitionnistes et leurs alliées féministes sont parvenus à faire de la pénalisation de la demande prostitutionnelle l'antidote imparable à la sexualité vénale » (p. 214).

Cette pénalisation est en effet préconisée par les différents rapports parlementaires (Bousquet-Geoffroy, Olivier) et propositions de loi produits au début des années 2010. Fait d'autant plus marquant que le ralliement de la *quasi* totalité du champ politique aux positions abolitionnistes opéré à partir des années 2000 fait suite à une longue indifférence, voire à une réticence des parlementaires à se saisir des questions prostitutionnelles. Dans son dernier chapitre, Lilian Mathieu dévoile combien cette appropriation politique de la rhétorique abolitionniste est pétrie d'ambiguïté. En effet, c'est avant tout sous l'angle de la gestion urbaine et non de la lutte contre la criminalité ou de la promotion de l'égalité entre les hommes et les femmes que la prostitution s'impose dans l'agenda politique. La lutte contre le système prostitutionnel légitimant toute une série de mesures et de dispositifs qui tendent davantage à moraliser les territoires urbains et à expulser les prostituées sans papiers qu'à venir en aide aux victimes de la traite.

En retraçant l'histoire du mouvement abolitionniste français, l'étude, dense et très documentée, de Lilian Mathieu interroge la représentation politique des groupes dominés et le processus de transformation d'un phénomène social, en l'occurrence la prostitution, en problème public. Dans cette perspective, une attention plus grande aurait pu être donnée à la très forte pérennité de la rhétorique abolitionniste du XIXe siècle sur au moins trois points : la focalisation sur les formes les plus dramatiques et minoritaires de l'activité prostitutionnelle (les maisons closes, la traite des blanches, la prostitution de mineures) ; l'amalgame permanent et non dénué de mépris de classe entre prostituée et femme de milieu populaire ; la diffusion de ce discours et sa récupération par les médias de masse – presse à grand tirage notamment.

Lola Gonzalez-Quijano
EHESS - **LaDéHis**

Joël Lebeaume
L'enseignement ménager en France. Sciences et techniques au féminin
Presses universitaires de Rennes, Rennes, 2014, 263 pages

« Naissance et mort de l'enseignement ménager en France », tel pourrait être le titre de cet ouvrage qui traite de l'histoire d'un enseignement né pendant la Troisième République, avec la scolarisation obligatoire, et qui a disparu avec l'avènement de la mixité dans l'institution scolaire. À travers une perspective « didactique et curriculaire » (p. 18), mais aussi réglementaire, en utilisant des textes officiels et manuels scolaires, mais aussi des témoignages de personnes qui ont œuvré pour cet enseignement, Joël Lebeaume, spécialiste de l'enseignement technique, nous retrace la scolarisation progressive de cette « éducation ménagère » des filles, avec toutes les étapes de son évolution et les nuances de sa conception selon les ordres d'enseignement. Il s'intéresse « aux éléments structurants que sont notamment l'organisation administrative et pédagogique, la formation et la qualification des personnels, ainsi que les équipements scolaires » (p. 18).

L'auteur distingue sept périodes correspondant aux « évolutions des fondements, de l'organisation et de la structuration » (p. 183) de cet enseignement. Les deux premières correspondent à la Troisième République avant la Grande Guerre. Vers 1880, apparaissent les « ébauches » (p. 36) de cet enseignement ménager. Les manuels scolaires de l'école primaire se chargent de promouvoir des modèles, d'énoncer les « proverbes du ménage » et de raconter l'histoire de la future ménagère (p. 43). Il s'agit de moraliser les filles de milieux populaires en leur transmettant « des valeurs d'ordre, d'épargne, de prévoyance et d'hygiène », de retenir les filles à la campagne « en mettant l'accent sur leurs responsabilités et les moyens d'améliorer leur qualité de vie » et, pour les bourgeoises, de « promouvoir les pratiques de la maîtresse de maison » (p. 27), épouse et mère éclairée ; on parle plutôt alors d'économie domestique.

La deuxième période correspond au tournant du nouveau siècle, où l'on assiste, à travers « deux processus complémentaires de légitimation et de scolarisation », à une « cristallisation des contenus et des méthodes » (p. 60), ainsi qu'à la formation de professeures qualifiées (p. 55). L'initiative de la construction de cet « enseignement ménager »revient à la Ville de Paris. Il doit être « direct, progressif, enrichi de notions de sciences physiques et naturelles » (p. 53), tout en étant en même temps « pratique » : par exemple, « la géométrie du patronage, la physique des cuissons, la physiologie de l'alimentation, la chimie du détachage, la physique de l'amidonnage… » (pp. 55-56), ainsi que des approches médicales de l'hygiène (p. 57). Il doit s'enseigner dans les écoles primaires et primaires supérieures de filles et surtout dans les cours complémentaires manuels et ménagers créés en 1899.

La troisième période court jusque vers 1925. L'éducation ménagère, à la fois scientifique et pratique (cuisine, blanchissage, nettoyage, repassage, jardinage, etc.) achève de se définir avec ses horaires et ses progressions, aux différents niveaux du cursus scolaire. Le souci nataliste y ajoute la puériculture. L'enseignement ménager est soutenu par l'enseignement technique et se développe avec l'appui des « arts ménagers » et de leurs salons où s'exhibent les nouveaux outillages domestiques. On voit apparaître, avec Paulette Bernège, une tentative, sans grand succès, d'importer des États-Unis une application du taylorisme à l'économie domestique.

Dans la quatrième période, des années 1930 au début des années 1940, on assiste à l'échec d'une tentative de créer sur le modèle américain un institut d'université des sciences domestiques. Les textes officiels du Front populaire renforcent l'enseignement ménager des filles à l'école pour les préparer au « métier » de ménagère et à la maternité. Cette préparation concerne toutes les écoles primaires mais aussi l'enseignement agricole ménager postscolaire. À partir de 1938, paraît une revue, *L'éducation ménagère,* avec pour sous-titre « Préparation à la vie familiale, professionnelle et sociale ».

Sous le régime de Vichy et son idéologie de la mère au foyer, l'enseignement ménager devient une « affaire d'État » (p. 97). « L'enseignement ménager agricole postscolaire » devient obligatoire et dépend d'établissements publics et privés. Devient obligatoire aussi « l'enseignement ménager familial » dans tous les établissements publics qui dépendent du ministère de l'Éducation nationale (lycées et collèges, collèges techniques, écoles primaires de filles). Cette généralisation suppose un personnel formé et le développement d'établissements techniques assurant cette formation. La Libération, soucieuse de la reconstruction, nataliste et familialiste, reconduit l'obligation de l'enseignement ménager pour les filles et cet enseignement est pris en charge par les femmes qui en sont responsables (p. 98) et vont contribuer à sa structuration, différente selon les ordres d'enseignement. L'enseignement technique va privilégier la professionnalisation à tous les niveaux, alliant « pédagogie active, contenus scientifiques et gestes professionnels » (p. 104) pour la préparation à de nouveaux emplois pour les femmes. En 1952, paraît une nouvelle revue professionnelle de l'enseignement technique, *Le cours ménager,* et de nombreuses enseignantes seront formées (monitrices d'enseignement ménager pour les CAP, professeures techniques adjointes pour les écoles nationales professionnelles et les collèges techniques). Dans le primaire, en dehors de Paris, l'enseignement ménager concerne surtout la classe de fin d'études, les cours complémentaires et l'enseignement postscolaire. Il se heurte au manque de formation des enseignantes et à l'insuffisance des équipements. Dans l'enseignement postscolaire agricole ménager, pour lutter contre l'exode rural, il s'agit d'accompagner la modernisation du travail domestique (électricité, gaz, appareils ménagers) et du travail agricole qui implique pour les femmes de nouvelles fonctions (comptabilité, gestion de personnels, etc.). Dans l'enseignement secondaire, l'obligation de 1942 d'un enseignement ménager n'a qu'un faible effet. En 1943 avait été instituée une épreuve d'enseignement ménager au baccalauréat, mais elle est restée facultative. Cet enseignement se limite à un enseignement de coupe-couture dans le premier cycle, facultatif dans le second cycle. Et les travaux manuels éducatifs des lycées de garçons tendent à supplanter l'enseignement ménager dans les lycées de filles. Pour pouvoir recruter les professeurs nécessaires, un Centre de formation au Certificat d'aptitude au travail manuel (CATM) va être institué.

La sixième période, dans la décennie 1955-1965, est celle de l'apogée de l'enseignement ménager. Il est défendu par les femmes qui le représentent dans les enseignements primaires et techniques. Dans un contexte international qui le légitime, elles font l'apologie de la « méthode française » et de ses vertus éducatives (p. 142). Mais à partir de la moitié des années 1960, l'enseignement ménager est en sursis. Dans l'enseignement technique, il se transforme en enseignement social et familial ; il disparaît peu à peu de l'enseignement agricole. Dans l'enseignement secondaire général, avec la mixité, il va se résorber au collège dans l'éducation manuelle et technique. La situation des professeures qui assuraient ces enseignements sera délicate et leur reclassement difficile.

Joël Lebeaume nous retrace l'histoire passionnante de la création et de la scolarisation progressive de cet enseignement ménager et de ses enseignantes et, grâce à la richesse de la documentation mobilisée, il nous montre comment elle évolue avec la conjoncture politique et économique. L'entrée par le *curriculum* a l'avantage de nous montrer la richesse de contenus de cet enseignement et l'originalité de ses méthodes pédagogiques. Toutefois, en même temps, cette perspective, en restant interne à l'institution scolaire ne permet pas d'analyser d'un point de vue sociologique les milieux des classes dominantes (hygiénistes, réformistes sociaux) qui en ont été les moteurs à l'origine[1]. Ainsi cette approche insiste peu sur le double enjeu de domination qui a présidé à la structuration de cet enseignement : social (civiliser et moraliser les classes populaires, à travers leurs filles) et sexué (maintenir les femmes de toutes les classes dans l'espace domestique).

Joël Lebeaume retrouve une contradiction qu'Hélène Charron[2] a soulignée clairement. Dans les années 1900, un certain nombre de femmes des classes dominantes ont cru trouver dans l'enseignement ménager un nouveau domaine de réflexion légitime qui leur assurerait une reconnaissance proprement intellectuelle. Mais deux conditions président à la reconnaissance intellectuelle : faire de la théorie et s'exprimer dans l'espace public. Or, l'enseignement ménager reconduit la double division du travail entre les sexes : il renvoie les femmes à l'espace privé et les cantonne à la pratique. C'est pourquoi, les tentatives d'institutionnalisation des « sciences domestiques » au niveau universitaire dans les années 1930 échoueront. On

[1] Jacqueline Fontaine, 2010, *La scolarisation et la formation professionnelle des filles au pays de Schneider, 1844-1942*, Paris, L'Harmattan.

[2] Hélène Charron, 2013, *Les formes de l'illégitimité intellectuelle. Les femmes dans les sciences sociales françaises 1890-1940*, Paris, CNRS Éditions.

comprend, dès lors, que cette insistance sur les sciences qui s'appliquent aux pratiques ménagères renvoie à des enjeux de légitimation et aussi à des enjeux de promotion des classes populaires. On comprend aussi qu'interdites d'université, les « sciences ménagères » renvoient celles qui les promeuvent à leur position subordonnée, soit dans le couple de la famille bourgeoise, soit, dans le rapport de classe, pour les responsables de ces enseignements, dont les *curricula* montrent l'origine souvent populaire. On comprend aussi que cet enseignement n'ait pu être valorisé par des lycéennes des milieux bourgeois qui aspirent de plus en plus au cours du vingtième siècle à une formation universitaire. Ce n'est pas un hasard si les féministes ont toujours regardé cet « enseignement ménager » avec suspicion. Les enjeux de genre et de classe y sont évidents.

Nicole Mosconi
Université Paris Ouest Nanterre La Défense

Jezabel Couppey-Soubeyran et Marianne Rubinstein
L'économie pour toutes. Un livre pour les femmes que les hommes feraient bien de lire
La Découverte, Paris, 2014, 164 pages

Partant d'un présupposé : « l'économie est le monde des hommes », ces deux économistes veulent montrer que l'accès au langage économique manque aux femmes, ce barrage étant le frein principal à leurs engagements en économie. Ce livre aurait d'ailleurs pu s'intituler « L'économie pour les nulles ».

Elles vont donc mettre à « notre » portée des grandes et des petites questions économiques, en mâchant leurs mots : l'accès au logement, le rôle des banques dans la crise, l'avenir de l'Europe, les revenus et les inégalités, la question des inégalités de genre ; l'entreprise, le bonheur… tout y passe.

L'intérêt de ce court opuscule est d'être à la portée de toutes et tous. Dans un style journalistique parfois drôle, elles font passer des messages importants sur les fondements de la crise ou, par exemple, dans le chapitre « Richesse des rentières, misère des caissières », elles présentent en quelques pages l'ouvrage colossal de Thomas Piketty[1], nous épargnant ainsi une lecture de plusieurs dizaines d'heures (il s'agit cependant d'une lecture très lisible, même si c'est l'œuvre d'un homme !).

Mais plus sérieusement, cette lecture plaisante est très agaçante. Ces auteures sont systématiquement à la limite d'un essentialisme : en réfutant le fait de porter un « regard féminin sur l'économie », elles reconnaissent avoir néanmoins un « désir de donner à l'économie sa "part féminine" », tout en ajoutant dans la même phrase que cette « part féminine n'est pas réservée aux femmes ». Comment définir la part féminine d'un livre ? Est-ce de la pédagogie, de l'empathie envers les lectrices ? Faut-il adopter un ton doux et léger ? N'y a-t-il pas une infantilisation des femmes si l'on utilise un tel procédé ?

Cette lecture « féminine » de l'économie évoque les ouvrages du XIXe siècle consacrés aux conseils donnés à la « bonne ménagère » (c'est d'ailleurs par des conseils « économiques » que commence l'ouvrage : Faut-il acheter ou louer son appartement ?).

En réalité, fort heureusement, au fur et à mesure que l'ouvrage se développe, cette « part féminine » disparaît. On en vient d'ailleurs à se demander en quoi ce livre d'économie s'adresserait aux femmes. N'est-ce pas au fond dans l'air du temps de décliner cet ouvrage au féminin, alors que son propos est universel ? N'est-ce pas une simple opération de communication ?

Et c'est d'ailleurs là le problème : on pouvait s'attendre à lire un pamphlet qui offre une vision sexuée de certaines questions comme, par exemple, dans le chapitre sur l'entreprise, la place faite à l'égalité professionnelle : où en est-on de la loi sur les femmes dans les conseils

---

[1] Thomas Piketty, 2013, *Le capital au 21ᵉ siècle*, Paris, Le Seuil.

d'administration ? Ou encore, quel lien peut-on faire entre égalité et responsabilité sociale de l'entreprise (RSE) ? Rien, pas un mot. Le regard porté sur l'entreprise est totalement « asexué ».

Autre exemple encore plus frappant : dans le chapitre sur les retraites où le fonctionnement du système est très clairement énoncé, il n'y a que quelques lignes (à la toute fin du chapitre) sur les inégalités de retraites entre les femmes et les hommes, thème largement traité lors des différentes réformes, au moins dans les critiques des chercheur-e-s, féministes et syndicalistes. Rien n'est dit des risques que ces réformes font peser sur les femmes : effet de l'allongement des durées de cotisation ; effet des interruptions d'activité ; effet des congés parentaux ; ou encore question délicate que l'on aurait aimé voir aborder ici : faut-il ou non maintenir des avantages familiaux pour compenser ces inégalités ?

Le chapitre consacré aux inégalités de genre au travail n'échappe pas à ce défaut : plus que d'inégalités entre les femmes et les hommes, il est question de l'économie de la famille, des modèles traditionnels fondés sur la complémentarité des membres du couple... Or on sait depuis longtemps que ces modèles sont loin de rendre compte de la persistance des inégalités et que les choix individuels sont déterminés pour une part importante par des contraintes sociales et économiques.

On en vient ainsi à la critique majeure que l'on peut adresser à cet ouvrage : la vision uniforme, orthodoxe de l'Économie (avec un grand É), sans une once de regard critique sur ces approches traditionnelles. On y retrouve « un *homo oeconomicus* (ou plutôt "*femina oeconomica*") », capable de choix rationnels et individuels, rarement pris dans un collectif et dont l'objectif prioritaire est la recherche du gain : « Aux yeux des économistes, [quels économistes ?], le mariage ou la vie de couple permet donc à chaque partenaire de réaliser un gain. » Ou encore à propos de la discrimination (chapitre V), les auteures distinguent des « mauvaises » et des « bonnes » discriminations – appelées discriminations statistiques –, car elles se fondent, selon « l'économiste », sur les capacités productives du groupe d'appartenance ou de la salarié-e discriminé-e et non sur une « préférence » non justifiée. Elles expliquent ainsi les difficultés de recrutement d'une jeune femme sans enfant, du fait de « capacités productives » moindres, « dans la perspective d'une maternité ». Mais elles n'interrogent pas ce comportement, même s'il se fonde sur les caractéristiques constatées en moyenne dans un groupe. N'est-ce pas le principe même d'une discrimination que de considérer en l'occurrence que toutes les jeunes femmes seront moins productives, absentes, en raison d'une maternité ? D'ailleurs, d'autres économistes ont démontré l'existence « d'un soupçon de maternité », même pour des femmes après 40 ans ayant pourtant joué le jeu de l'entreprise, sans avoir eu d'interruption de carrière[2]. La référence à un groupe d'appartenance ne justifie en rien un comportement discriminatoire, même si pour « l'économiste », cela semble un choix rationnel.

De même le bonheur, sujet abordé dans un dernier chapitre, n'est perçu que sur un plan individuel, sans référence au groupe social d'appartenance : est-ce cohérent de parler du bonheur (ou du

[2] Dominique Meurs, Ariane Pailhé et Sophie Ponthieux, 2010, « Enfants et interruptions d'activité des femmes et écart de salaire entre les sexes », *La Revue de l'OFCE*, n°114, pp. 113-133.

malheur) français, indépendamment de la situation économique et sociale des personnes interrogées ? Que signifie un conseil du type « ne soyez pas obsédée par l'idée de gagner plus » présenté dans le livre, par exemple pour une femme de ménage à temps partiel ?

Si certaines critiques d'économistes, comme celles de l'économiste américain Paul Krugman, sont reprises dans le chapitre sur l'Europe, le livre donne le sentiment qu'il existe une seule et unique pensée économique et peu d'approches alternatives, si ce n'est « la féminisation de l'économie ». Ce thème est repris en conclusion, en s'appuyant sur des études qui montrent « que les femmes sont plus sensibles aux inégalités que les hommes […], mieux disposées envers l'intervention publique et moins portées sur les solutions de marché ». Autrement dit, et l'on revient à notre première critique, les femmes auraient finalement une vision plus juste de l'économie et leur présence est plus que souhaitable pour sortir de la crise. L'on retrouve ici des références à des travaux ambigus, qui avaient été critiqués lors d'une controverse dans *Travail, genre et sociétés*[3], qui supposaient que les femmes étaient plus performantes et auraient mieux résisté à la crise si elles étaient aux commandes.

Enfin rappelons que l'objectif des études de genre en économie, comme dans toutes les sciences sociales, n'est pas d'assurer une place aux femmes dans la sphère économique, mais d'analyser le lien entre économie et genre. On attendait d'un livre « d'économie pour toutes » qu'il démontre en quoi le genre déconstruit, transforme l'économie et inversement, quelles sont les répercussions de choix économiques sur le genre. Tout (ou presque) reste à faire.

Rachel Silvera
Université Paris Ouest Nanterre La Défense

[3] Controverse : « Spéculations sur les performances économiques des femmes », *Travail, genre et sociétés*, n° 23/2010, pp. 167-211.

Alain Testart
L'amazone et la cuisinière. Anthropologie de la division sexuelle du travail
Gallimard, Paris, 2014, 188 pages

L'amazone et la cuisinière est un ouvrage posthume : Alain Testart, anthropologue, directeur de recherches au CNRS, est décédé en septembre 2013 alors qu'il mettait la dernière main à cette reprise élargie d'un travail publié en 1986 qui portait sur les seuls chasseurs-cueilleurs[1]. Le livre d'aujourd'hui est une entreprise de sociologie comparative, à l'instar d'autres recherches dont Alain Testart s'était fait une spécialité sur l'esclavage ou sur le don par exemple, et comme toute entreprise de sociologie comparative, ce livre en impose par sa formidable érudition, tant historique qu'anthropologique. Ce n'est pas sans plaisir, en effet, qu'on navigue entre les sociétés de chasse et de cueillette ou de l'antiquité, ou encore de la paysannerie française aux artisans japonais... Mais avant d'entrer dans le vif du sujet, mentionnons que cet ouvrage au format livre de poche, est fait pour être lu par des non-spécialistes. Il est écrit dans un style simple et clair, ne comporte aucune note de bas de page et sa bibliographie, reportée en annexe, est classée par chapitres auxquels elle renvoie globalement, tout en offrant quelques commentaires. Indiquons également que l'ouvrage comporte nombre d'illustrations, dont la plupart sont réunies dans un cahier central ; elles servent d'appui à certaines démonstrations et facilitent la compréhension des diverses techniques évoquées.

Le but de cette recherche est d'expliquer la permanence, jusqu'à nos jours et dans toutes les sociétés, d'une division sexuelle du travail qui exclut les femmes de certains travaux et de certains lieux : du travail des matières dures (la pierre, le métal, le bois), de la chasse, de la boucherie, du labourage, de la mer, du saloir, de la vigne, des lieux les plus sacrés..., tout en tenant compte des petites avancées des dernières décennies dans la plupart de ces champs.

Sa démonstration commence par une réfutation de la thèse naturaliste selon laquelle les femmes seraient exclues de ces travaux et lieux en raison de leur absence de force physique et des grossesses et maternités qui les empêcheraient de s'éloigner du foyer. Il montre en effet que les travaux qui leur reviennent, par exemple le portage du bois et de l'eau qu'il faut quérir à plusieurs heures de marche dans certaines sociétés de chasseurs-cueilleurs, exigent d'autant plus de force que les femmes l'accomplissent en portant un enfant sur le dos. Il faut donc chercher ailleurs la raison de ces tabous persistants et, pour lui, ce sont les croyances qui les expliquent. Car en réalité, les femmes ne sont exclues d'aucune tâche, mais elles le sont de certains outils. Ainsi la chasse à l'aide de flèches ou de lances leur est interdite, alors que celle au gourdin, au bâton ou à main nue pour les petits animaux leur

---

[1] Alain Testart, 1986, *Essai sur les fondements de la division sexuelle du travail chez les chasseurs-cueilleurs*, EHESS, Paris, *Les Cahiers de L'Homme*.

[2] Françoise Héritier, 1979, « Symbolique de l'inceste et de sa prohibition », in Michel Izard et Pierre Smith (dir.), *La fonction symbolique. Essais d'anthropologie*, Paris, Gallimard.

[3] Dans le chapitre intitulé « Le sang du Christ, et autour », l'auteur évoque les interdits bibliques concernant les femmes et affirme que « Le monde juif [...] exclut tout aussi radicalement la femme du rabbinat que le monde catholique l'exclut de la prêtrise. » (p. 45). Si cela a été vrai jusque dans les dernières décennies, ce ne l'est plus désormais où de nombreuses communautés libérales de par le monde acceptent des femmes pour rabbins.

[4] Republié dans Paola Tabet, 1998, *La construction sociale de l'inégalité des sexes. Des outils et des corps*, Paris-Montréal, L'Harmattan, coll. « Bibliothèque du féminisme »..

revient. Il en va de même pour la pêche : pas de harpon, mais de petits filets ou la main nue et, en tout cas, pas de pêche en pleine mer. Avec une grande minutie et pour tous les domaines de la production agricole ou artisanale, Testart montre ainsi que les instruments tranchants ou percutants leur sont interdits – à l'exception des ciseaux qui n'entament pas l'intérieur du matériau à couper. Et ils leur sont interdits en raison de l'analogie opérée entre le sang des menstruations et des lochies, et le sang des animaux ; à quoi s'ajoutent le produit de la forge, cette coulée rouge du métal en fusion, et tout autre entité évoquant les caractéristiques du corps de la femme : c'est donc « Parce que la mer et surtout la mer agitée par la tempête sont une métaphore de la femme pendant ses règles » (p. 69) que les femmes ne peuvent monter sur un bateau en haute mer. S'inspirant de Françoise Héritier[2], l'auteur affirme que cet éloignement des femmes vise à « éviter la conjonction du même avec le même » (p. 163). C'est, selon lui, la raison pour laquelle les prêtres catholiques qui boivent le sang du Christ (mystère de la transsubstantiation du vin) au cours de la messe, ne peuvent ni se marier, ni faire la guerre, ni chasser[3]. Toutefois bien des travaux féminins ont à voir avec le sang : fabrication des boudins, dépeçage des animaux et tannage des peaux... Aussi l'auteur affirme-t-il : ce que « les us et coutumes des peuples du monde entier cherchent à éviter, c'est le sang dans son jaillissement » (p. 31).

Testart affine encore sa démonstration en comparant les gestes techniques des hommes à ceux des femmes. Les premiers agissent par percussion lancée alors que les secondes n'ont droit qu'à la percussion posée, par exemple lorsqu'elles pilent les tubercules à l'aide de lourds pilons. En ce qui concerne la poterie ou le tissage qui sont des activités faites tantôt par les femmes, tantôt par les hommes, il montre que les hommes s'emparent de ces travaux chaque fois qu'une amélioration technique permet un meilleur rendement. Mais il ne s'arrête pas à la technique. Il montre aussi que « partout où l'émergence d'un pouvoir économique, même limité, d'une classe d'artisans est envisageable, les outils et le travail ont été accaparés par les hommes ; partout où l'émergence d'un tel pouvoir est impensable, outils et travaux ont été laissés aux mains des femmes. » (p. 130). Il en conclut qu'« on est loin de la thèse du sous-équipement féminin car ce n'est pas de technique qu'il s'agit, mais bien de pouvoir. [...] Et si les hommes ont dépouillé leurs femmes de leur savoir-faire traditionnel, ce n'est pas pour avoir plus de pouvoir contre elles, c'est pour en avoir plus contre d'autres hommes. » (pp. 130-131). Cette affirmation est une pique à l'endroit de l'article de Paola Tabet, « Les mains, les outils, les armes », paru dans *L'Homme* en 1979[4], dans lequel l'anthropologue italienne affirme « L'exclusivité du travail des matières dures par les hommes [... met] en évidence le roc solide sur lequel s'est fondée la domination masculine : l'impossibilité pour les femmes de se fabriquer des armes, leur dépendance des hommes pour la quasi-totalité des instruments de production [...sont confirmés] comme étant la condition nécessaire de leur pouvoir sur les femmes » (p. 74). Ainsi, même si les techniques appropriées par les hommes pour exercer leur pouvoir sur d'autres hommes peut se concevoir dans l'artisanat, cela n'empêche en rien que ce même pouvoir s'exerce également, ô combien, sur les femmes ! Ce que d'ailleurs ne nie pas Testart dans sa conclusion, de ce fait quelque peu contradictoire avec le paragraphe cité ci-dessus, puisqu'il remarque que les croyances qu'il estime être « à l'origine de la division sexuelle du travail depuis les origines jusqu'à nos jours » ont « contribué à maintenir les femmes dans une position subordonnée » (p. 144). Si ces croyances sont à l'origine de la division sexuelle du travail et qu'elles n'ont que « contribué » à la subordination des femmes, qu'est-ce donc qui a conduit à leur subordination si ce n'est cette division elle-même ? On se trouve devant l'éternelle question de la poule et de l'œuf et l'on pourra convenir qu'une croyance peut tout à la fois provoquer et légitimer des pratiques. Et sans doute aurait-on aimé que l'étude méthodique des pratiques offerte par Testart s'accompagne d'une réflexion non moins méthodique sur les effets de pouvoir des hommes sur les femmes qu'elles entraînent. Mais peut-on lui reprocher de n'être pas féministe matérialiste ?

Les féministes matérialistes, et autres chercheurs, pourront s'emparer de son ouvrage et se servir de toutes les données qu'il offre pour répondre au programme que proposait Paola Tabet à la fin de son article « Les mains, les outils, les armes… » : « déterminer et expliquer quand et comment les femmes ont été exclues des techniques sur lesquelles se fondent pour une large part, en préhistoire, les différentes étapes de l'hominisation ; examiner quelles ont été les formes effectives de la participation des femmes au processus technique et à l'élaboration de la connaissance, en repérer les coupures et les blocages et les mettre en rapport avec d'autres facteurs de l'évolution technique et des structures sociales » (p. 75). Les chercheur-e-s pourront ainsi se forger leur propre vision de cette division du travail dont Nicole-Claude Mathieu estimait qu'il s'agissait non pas d'une division sexuelle, terme à ses yeux trop substantialiste, mais sociosexuée, terme qui lui rendait tout son sens de construction sociale[5].

En refermant ce livre si riche et si agréable à lire, on se demande pourquoi les femmes se sont laissé faire tout au long de l'histoire. Pour le comprendre, il faut une fois de plus se référer à Nicole-Claude Mathieu et à son article « Quand céder n'est pas consentir. Des déterminants matériels et psychiques de la conscience dominée des femmes, et de quelques-unes de leurs interprétations en ethnologie », paru en 1985[6], texte qu'on aurait aimé voir cité dans *L'amazone et la cuisinière*.

Marie-Élisabeth Handman
EHESS - **Laboratoire d'anthropologie sociale**

---

[5] *Cf.* Nicole-Claude Mathieu, 2014, *L'anatomie politique 2. Usage, déréliction et résilience des femmes*, Paris, La Dispute, coll. « Le genre du monde » notamment p. 179 *sq.*

[6] *Cf.* Nicole-Claude Mathieu, 1985, in *L'arraisonnement des femmes. Essais en anthropologie des sexes*, Paris, EHESS, épuisé ; 1991, in *L'anatomie politique. Catégorisations et idéologies du sexe*, Paris, Côté-femmes, coll. « Recherches » ; 2014, *op. cit.*.

Geneviève Dermenjian, Irène Jami, Annie Rouquier et Françoise Thébaud (coord.)

La place des femmes dans l'histoire. Une histoire mixte

Éditions Belin/Association Mnémosyne, Paris, 2010, 416 pages

Comme le souligne Michelle Perrot dans la préface, l'histoire des femmes est devenue un domaine scientifique admis par tout le monde ou presque : « depuis trente ans, [cette histoire] n'a cessé de s'affirmer. Elle est devenue un champ de recherches et de publications reconnu. Mais l'enseigner, c'est une autre affaire », spécialement au collège et au lycée, qui sont pourtant des lieux non seulement de transmission du savoir, mais aussi de formation des identités. Il n'existe assurément pas de panacée, mais cet ouvrage peut être d'un grand remède. Cela fait longtemps, certes, que les pouvoirs publics se sont demandés comment faire évoluer une approche de l'histoire qui était trop souvent une histoire des hommes, voire des grands hommes. Des tentatives d'Yvette Roudy pour faire disparaître le sexisme des manuels scolaires au rapport rédigé pour le Conseil économique et social en 2004 par Annette Wieviorka sur la place des femmes dans l'histoire enseignée, en passant par les travaux du Conseil national des programme, les préconisations n'ont pas manqué. Des Instituts universitaires de formation des maîtres (IUFM) et des académies ont organisé des séances de formation des enseignants. Mais si l'histoire enseignée n'évoluait pas autant que la recherche universitaire, c'est peut-être parce qu'il n'était pas facile pour des enseignants du primaire et du secondaire, qui ne peuvent être spécialisés sur tout et sur toutes les périodes de l'histoire, de s'approprier les avancées de la recherche concernant la place des femmes dans l'histoire. Cette synthèse représente le chaînon manquant.

Rédigé à l'initiative de l'association *Mnémosyne*, qui œuvre pour le développement de l'histoire des femmes et du genre, cet ouvrage a toutes les qualités d'un « beau livre » (mise en page soignée, illustrations de qualité), tout en étant un véritable manuel à destination des enseignants et des formateurs (étudiants et parents d'élèves pouvant également en tirer le plus grand profit). Si l'on doit parler de vulgarisation, il faut dire aussitôt qu'il s'agit d'une vulgarisation dans le sens le plus honorable du terme : une vulgarisation qui s'attache, avec un admirable souci de clarté, mais aussi avec un grand sens de la rigueur, à mettre à la portée de tous des acquis de la recherche récente. Bref, un manuel qui allie exigence et pédagogie. Composée essentiellement d'universitaires, mais aussi d'enseignants du secondaire et d'inspecteurs d'académie-inspecteurs pédagogiques régionaux (IA-IPR), l'équipe de rédaction (une trentaine de membres) reflète cette ambition. Cette équipe est plutôt féminine, mais les coordinateurs ont eu le souci de faire appel aussi à des hommes. Cette préoccupation répond bien au propos de l'ouvrage : étudier la place des femmes dans l'histoire, ce n'est pas faire seulement une histoire des femmes, c'est faire une histoire mixte. En fait, c'est faire une histoire de la différence des sexes et de son évolution : la question des identités, de leurs rapports, bref, où la question du genre est centrale. Aussi bien l'histoire est-elle dans cet ouvrage vue à travers le prisme du genre. Cette vision est enrichissante : trop souvent, des thèmes des programmes scolaires, tels la traite négrière, les migrations internationales, le fascisme ou encore le génocide des juifs, sont abordés dans une vision qui se veut universelle, mais qui est en réalité masculine. Il ne s'agit pas, ou pas seulement, d'ajouter de nouveaux chapitres dans les programmes et les manuels scolaires, mais de transformer le regard historien des enseignants. Par exemple, la question de l'enracinement de la République ne doit pas négliger la complexité des situations sociales et politiques qui amènent les femmes à participer, elles aussi, à la culture et aux controverses républicaines.

Aux yeux des coordinatrices de l'ouvrage, produire une « histoire mixte » présente plusieurs avantages : tout d'abord celui de révéler la présence des femmes dans la sphère publique, présence trop souvent occultée (le travail invisible des femmes, les femmes artistes, les militantes d'associations patriotiques ou civiques, etc.) ; ensuite celui de faire surgir de nouveaux objets d'histoire et d'en réévaluer d'autres, considérés jusque-là comme anecdotiques (l'intime, le corps, les émotions, la sexualité, la maternité, etc.), comme si seule la sphère publique était digne d'une histoire savante et comme si la sphère privée était anhistorique. Au reste, cette sphère est aussi masculine et contribue à la construction de la masculinité. À travers les chapitres, on voit bien que les identités de genre sont une construction historique et les enseignants trouveront sur ce point nombre de données portant sur un sujet qui ne peut manquer d'intéresser les élèves, en particulier les adolescents. Un autre intérêt de pratiquer l'« histoire mixte » est de se poser la question de la pertinence de la périodisation traditionnelle : la Renaissance représente-t-elle vraiment une coupure ? La période 1789-1815, moment d'individualisation pour les hommes, a-t-elle initié une rupture comparable pour les femmes ?

Cet ouvrage est construit autour des programmes scolaires. On y retrouve donc les différents thèmes qui doivent être abordés par les enseignants tant à l'école primaire qu'au collège et au lycée, y compris des thèmes récents comme la Chine des Han (avec dans cet ouvrage une mise au point supplémentaire sur les femmes dans le Mali médiéval, au lieu d'une étude sur l'Inde des Gupta). Le chapitre consacré aux mythologies (« déesses et mythes indous », « masculin et féminin dans la mythologie égyptienne », « la construction des [sic] genres chez Homère ») peut à coup sûr s'avérer également utile pour accompagner les programmes de français de sixième (étude des textes mythiques de l'Antiquité). Tous les chapitres se composent d'une synthèse, suivie de plusieurs dossiers qui comprennent un ou plusieurs documents, brièvement mais efficacement présentés. Par exemple, le chapitre sur « La Cité d'Athènes au Ve siècle » comporte un dossier sur « Le mariage et les femmes » et un autre sur « La frise des Panathénées » ; le chapitre consacré aux « Sujets et sujettes de l'Ancien Régime » comprend un premier dossier portant sur « Les reines de France au XVI^{e}siècle et au XVIIe siècle », un deuxième dossier traite de la « Puissance paternelle et [des] contraintes au mariage » et un troisième dossier a pour titre « Donner la vie sous l'Ancien Régime ». Ces exemples montrent que l'ouvrage a su éviter les deux écueils antagonistes qui guettent l'histoire revisitée sous l'angle de la place des femmes : d'une part, ne parler que de la vie privée ; d'autre part, dresser un catalogue de femmes illustres, qui constituerait un parallèle à l'histoire des grands hommes. Par ailleurs, le lecteur du présent compte rendu sera sans doute satisfait de savoir que le chapitre consacré à « La France de 1968 au début du XXIe siècle » comporte un dossier sur les femmes et le marché du travail qui s'appuie sur les travaux du Mage (Marché du travail et genre), réseau qui publie la revue *Travail, genre et sociétés*… Chaque dossier documentaire est suivi de « pistes d'exploitation », sous forme de questions qui visent à l'acquisition des connaissances, mais aussi des compétences. À ce sujet, avoir pensé au premier degré est certes louable, car c'est de bonne heure que la question de la place des femmes doit être abordée ; mais, dans les dossiers, les questions destinées au niveau élémentaire sont parfois un peu difficiles, surtout à partir de documents qui sont plus adaptés au niveau secondaire (l'adjonction d'un auteur issu du premier degré aurait peut-être été opportune). Au total, on prend un réel plaisir à lire ces chapitres et on est admiratif devant la prouesse qui a consisté à produire, sur des questions souvent vastes, des synthèses de six-huit pages (sur deux colonnes il est vrai) dans un style accessible, avec des encadrés pour quelques définitions. Les chapitres sur « La Bible hébraïque », « Le Nouveau Testament et les débuts du christianisme » et « Les débuts de l'Islam » portent sur des sujets polémiques. Il faut saluer l'équilibre de leur propos, qui ne correspond pas d'ailleurs à une histoire aseptisée. Maître de conférences à Paris I, Éric Vallet montre ainsi qu'il ne faut pas surestimer les changements opérées par l'Islam pour les femmes par rapport à la période préislamique, mais aussi qu'il ne faut pas confondre l'univers religieux du Coran avec toutes les normes de genre qui s'établissent dans la civilisation musulmane issue de la conquête. Une bibliographie générale, en fin d'ouvrage, s'ajoute aux titres spécifiques cités à la fin de chaque chapitre (à ce propos, le lecteur non médiéviste ne peut manquer de se demander pourquoi les livres de Georges Duby sur les *Dames du XIIe siècle* ne sont pas cités dans le chapitre consacré à l'Occident féodal).

L'ouvrage est résolument inscrit dans les études de genre, même si, pour ne pas effaroucher, il préfère parler d'« histoire mixte ». Toute-s les auteur-e-s n'ont cependant pas la même définition du genre, puisqu'à côté de l'emploi, désormais classique, du terme genre au singulier, on trouve, sous des plumes différentes, des occurrences au pluriel (par exemple pp. 180 et 231, il est question de « construction des genres »). Peut-être aurait-il fallu de ce fait prendre la peine de définir le terme, surtout dans la mesure où l'ouvrage n'est pas destiné à un public de spécialistes. L'histoire des femmes a longtemps eu la réputation d'avoir une coloration féministe. Le présent ouvrage revêt-il un aspect militant ? Ses coordinatrices assument pleinement la « mission civique » de l'enseignement de l'histoire : les élèves doivent prendre conscience qu'il n'y a pas de pente naturelle vers l'égalité. Pour autant, le ton des différents chapitres, très posé, est éloigné d'un engagement qui pourrait se révéler embarrassant. C'est dans le détail que l'on peut trouver certaines interprétations contestables. Peut-on vraiment dire que la Troisième République a connu un « ensemble de contradictions sociales et politiques qui [ont conduit] à la Révolution nationale » (p. 289) ? Cette affirmation un peu rapide se rapproche d'une thèse qui ne fait pas l'unanimité parmi les historiens. Autre interrogation, à propos du nazisme : il est certes intéressant de « s'interroger sur la connexion entre une adaptation insidieuse au totalitarisme et au racisme, et la prégnance au sein de la population de l'idéologie de la différence des sexes, support de conceptions conservatrices de la famille et des rôles sexués » (p. 296) ; mais on pourrait tout aussi bien distinguer conservatisme et totalitarisme. Dernière interrogation : si la volonté d'« affirmation identitaire » à laquelle on assiste dans certaines banlieues « se cristallise sur les filles et les femmes », ce serait « du fait de l'exclusion » (p. 350) : mais n'est-ce pas négliger un peu le poids des héritages ?

Un esprit pointilleux relèverait de petites erreurs : ainsi la CGTU (Confédération générale du travail unitaire) n'est pas née en 1919, mais en 1921-1922 (p. 300) ; estimer que « les historiens s'accordent aujourd'hui à considérer qu'il n'était pas dans l'intention des manifestants [du 6 février 1934] de s'attaquer au gouvernement » (p. 304) est curieux, puisque si la plupart des manifestants n'avaient pas l'intention de s'en prendre au régime, ils espéraient bien, en revanche, un changement de gouvernement. Mieux vaut toutefois saluer la remarquable qualité de l'ouvrage, tant du point de vue scientifique que du point de vue éditorial. Son projet était stimulant, mais le défi difficile à relever. La réussite est au rendez-vous : comme tous les ouvrages classiques, plus on le relit, plus on le trouve bon. Sur la place des femmes dans l'histoire, enseignants et formateurs disposent maintenant du manuel synthétique qui faisait défaut.

Yves Verneuil
Université de Reims Champagne-Ardenne

Séverine Depoilly
Filles et garçons au lycée pro. Rapport à l'école et rapport de genre
PUR, Rennes, 2014, 221 pages

À partir de l'expérience scolaire de filles et de garçons dans un lycée professionnel, Séverine Depoilly souhaite appréhender « les modes de faire à l'école et en classe » selon l'expression de Jean-Yves Rochex dans la préface de ce livre issu d'une thèse qu'il a dirigée. Elle analyse comment le comportement des élèves relève d'une co-construction mêlant une variété de socialisations et, tout en s'inspirant d'Irène Théry, désire « défendre l'idée que les expériences scolaires des filles et des garçons s'éclairent mutuellement » (p. 202).

Alors que les travaux portant sur le genre à l'école, à l'exception de ceux abordant l'échec scolaire, se sont focalisés prioritairement sur les filles, l'auteure propose de « penser [également] la scolarité des garçons » (p. 31), ces derniers constituant alors une population à part entière de cette recherche.

Ce livre est construit autour de cinq chapitres élaborés à partir d'un découpage thématique. Le premier chapitre consacré à une revue de la littérature portant sur le genre à l'école, retrace l'émergence progressive de cette thématique dans la recherche française sur l'école, s'intéressant plutôt historiquement aux différences sociales. Elle rappelle que ces travaux, impulsés par « certains mouvements de pensée féministe » (p. 28), montrent que l'école française est sexuellement peu égalitaire, les filles ayant des carrières scolaires moins rentables et moins prestigieuses que celles des garçons.

Le deuxième chapitre présente le terrain, un lycée professionnel nommé Le Parc situé dans la banlieue parisienne. Ce type d'établissement est bien connu de Séverine Depoilly puisqu'au moment de sa thèse elle est elle-même enseignante de lettres-histoire-géographie en lycée professionnel. Fréquenté par environ 400 élèves dotés de peu de capitaux culturels, scolaires, sociaux et économiques et inscrits dans des spécialités du tertiaire administratif, ce « petit établissement » (p. 75) scolarise des filles et des garçons présents dans les mêmes classes, situation peu fréquente dans un enseignement professionnel essentiellement non mixte. Privilégiant une démarche de type ethnographique, l'auteure a observé, durant trois années, ce qui se passait dans les classes et hors des classes, dans des lieux qu'elle nomme « les espaces interstitiels », c'est-à-dire les couloirs, la cour de récréation ou le bureau des conseillers principaux d'éducation. Elle a, par ailleurs, analysé 155 rapports d'incident (p. 165) rédigés par « les adultes de l'école » (p. 159), principalement des enseignants et effectué quelques entretiens, pour la plupart collectifs.

Les éléments recueillis sont denses et exploités dans chacun des trois derniers chapitres où sont abordés, respectivement, les « espaces interstitiels », la « classe » et la « transgression ». Dans ces chapitres, en articulant rapport à l'école et rapport de genre, plusieurs résultats ressortent permettant d'éclairer l'expérience scolaire de ces jeunes.

D'abord, il faut souligner la faiblesse des échanges entre garçons et filles. La classe, mais également les espaces interstitiels, sont rarement l'occasion pour ces jeunes de se mélanger. Ils fréquentent les mêmes lieux, mais les garçons restent entre eux et les filles entre elles ; garçons et filles s'assoient à côté d'un élève du même sexe. Ce clivage s'observe dans la quasi-totalité des interactions, qu'elles soient transgressives ou autorisées par l'enseignant et/ou l'institution scolaire. Tout laisse à penser, à l'image des travaux de Claude Zaidman portant sur l'école primaire, que, dans ce lycée professionnel, nous sommes davantage dans une situation de coprésence que face à une réelle mixité.

Ensuite, en se focalisant sur l'espace classe, l'auteure montre, par ses nombreuses observations, une différence majeure dans le comportement des filles et des garçons. Loin d'être plus soumises comme certains travaux tendent à le dire, « les filles sont [avant tout] moins visibles » (p. 116) que les garçons. Ces derniers adoptent des comportements beaucoup plus conflictuels vis-à-vis des enseignants et développent un rapport au savoir tendu, voire violent. D'ailleurs, ces jeunes garçons usent souvent, entre eux, pour s'interpeller, de la violence verbale. L'utilisation des insultes est régulière tout comme les manifestations d'agacement à l'égard des enseignants lorsque ces derniers les rappellent à l'ordre ou leur signifient leurs éventuelles erreurs. Les filles, quant à elles, paraissent beaucoup plus discrètes que les garçons, y compris lorsqu'elles bavardent entre elles ou dévient du comportement attendu (utilisation du téléphone portable, tricherie, etc.). Il n'est donc pas surprenant que les « manières de faire des garçons soient plus fréquemment réprouvées par les adultes de l'école » (p. 100) et notamment par les enseignants dont le travail et la parole sont mis en difficulté (p. 133). Néanmoins, selon l'auteure, malgré ces conduites transgressives, ces jeunes reconnaissent l'importance déterminante de l'école et du diplôme dans l'insertion professionnelle.

Enfin, dans le dernier chapitre, Séverine Depoilly analyse les rapports d'incident et l'attitude des lycéens et lycéennes lors de leurs convocations consécutives aux signalements des problèmes de comportement. Une différence radicale entre les filles et les garçons apparaît alors car si les premières essaient de faire amende honorable, « adoptant une posture de repenties » (p. 192), les seconds assument rarement leurs fautes et nient les actes pour lesquels ils sont mis en cause. Les garçons développent une attitude bien plus défiante vis-à-vis de l'institution, de ses règles et de ses représentants, ce qui entretient leur « survisibilisation […] comme transgresseurs » (p. 175). Mais, le choix d'intituler ce chapitre « Filles, garçons et transgressions de l'ordre scolaire » interroge car il peut laisser à penser que les autres chapitres ne traitent pas de cette question. Pourtant, ces trois derniers chapitres l'abordent sous des angles différents. Ainsi, les filles n'apparaissent pas plus soumises que les garçons mais davantage rusées qu'eux (p. 124), résultat permettant d'aller au-delà de la thèse d'une plus grande docilité et adaptation des filles. L'auteure montre également à quel point ces jeunes ont un rapport ambigu à l'école. Filles et garçons répondent mal aux attentes de l'institution scolaire, semblent peu se mobiliser pour les enseignements, mais développent « une forme d'attachement aux jugements et aux verdicts scolaires » (p. 134).

Plus globalement, cet ouvrage permet de souligner que l'école est un lieu de sociabilité juvénile et que les socialisations différentes en fonction des sexes observées en dehors de l'école influent sur les comportements à l'école. Nuançant l'interprétation de l'attitude des garçons comme étant une manifestation d'une culture anti-école, Séverine Depoilly souligne que l'école ne peut être extérieure aux effets des socialisations se déroulant hors de ses propres murs. Mais, en centrant son regard uniquement dans l'enceinte du lycée professionnel, l'auteure met de côté ces socialisations façonnées par l'environnement familial, amical ou urbain. Néanmoins, par la méthode déployée, nous sommes immergés dans le quotidien de ce lycée et Séverine Depoilly peut, *in fine*, aller à l'encontre d'un certain nombre de présupposés en matière de conduites scolaires sexuellement différenciées.

En privilégiant l'observation, les élèves dont les actions sont décrites ne sont pas situés socialement avec précision. Ces élèves sont présentés comme appartenant aux classes populaires. Or, ces dernières sont hétérogènes et la mobilisation de cette catégorie mériterait d'être explicitée en développant, par exemple, l'insertion professionnelle des parents, la composition des familles ou leur rapport à l'école. Le recours à des entretiens aurait probablement permis d'approfondir l'appréhension des processus sexués de socialisation à l'œuvre. Alors que le rapport de genre est au cœur de la réflexion, nous en savons peu sur la façon dont les lycéens perçoivent les lycéennes et inversement. Il aurait été sans doute stimulant de les interroger à ce sujet à l'image du travail d'Isabelle Clair[1] sur les relations amoureuses de jeunes évoluant dans un environnement proche.

[1] Isabelle Clair, 2008, *Les jeunes et l'amour dans les cités*, Paris, Armand Colin.

En lisant cet ouvrage, on se demande si la spécificité du lycée professionnel n'aurait pas pu être davantage mobilisée dans les analyses. Si ce type d'établissement relève d'un ordre d'enseignement dominé, les comportements observés sont-ils propres aux lycées professionnels et ne se retrouvent-ils pas dans d'autres établissements situés dans des contextes similaires ? En effet, de nombreux travaux ont souligné l'influence du contexte d'enseignement sur le climat scolaire et sur la variété des dynamiques d'apprentissage.

La réflexion entamée ici par l'auteure aurait pu être alimentée en incluant plus systématiquement dans les analyses proposées la particularité des contenus d'enseignement d'une part et des enseignant-e-s d'autre part. Les lycéens de lycée professionnel sont confrontés, plus que leurs collègues de l'enseignement général, à des références au monde du travail et à des stages. Ces particularités interfèrent-elles dans le comportement de ces jeunes ? Sont-ils plus ou moins mobilisés dans les cours dits professionnels ? Quant aux enseignant-e-s présent-e-s dans les observations, nous ne les connaissons pas. Dans un système éducatif hiérarchisé stigmatisant l'enseignement professionnel, il semble important de s'interroger sur l'influence de cette image négative sur la façon dont les enseignant-e-s de lycée professionnel se perçoivent et perçoivent leur métier. L'auteure fait état d'enseignant-e-s parfois déstabilisé-e-s ou malmené-e-s dans leur activité, évoquant le cas d'une enseignante se mettant en arrêt maladie, suite à des perturbations répétées dans son cours (p. 132) faisant émerger un autre prolongement possible relatif à la souffrance enseignante[2]. De plus, nous l'avons dit, Séverine Depoilly a effectué ces observations parallèlement à son activité d'enseignante de lycée professionnel et il aurait été intéressant de connaître les éventuelles répercussions de ce travail de recherche sur sa propre pratique professionnelle.

[2] Françoise Lantheaume et Christophe Hélou, 2008, *La souffrance des enseignants*, Paris, PUF.

Nicolas Divert
Université Paris Est Créteil

Linda Guerry
Le genre de l'immigration et de la naturalisation.
L'exemple de Marseille (1918-1940)
ENS Éditions, Lyon, 2013, 306 pages

[1] Et ceci malgré l'émergence à l'échelle internationale d'un champ de « Migration Studies » (études sur les migrations).

[2] Voir Donna R. Gabaccia, Katherine M. Donato, Jennifer Holdaway, Martin Manalansan IV et Patricia R. Pessar, 2006, « A glass half full? Gender in migration studies », International Migration Review, vol. 40, n° 1, pp. 3-26.

[3] Voir Claire Cossée, Adelina Miranda, Nouria Oualia et Djaouida Séhili (dir.), 2012, Le genre au cœur des migrations, Paris, éditions Petra.

[4] Voir Cathie Lloyd, 2000, « Genre, migration et ethnicité : perspectives féministes en Grande Bretagne », Cahiers du CEDREF, n° 8/9, pp. 17-42.

[5] Conférence à la Cité nationale de l'histoire de l'immigration, le 7 avril 2011 : <http://www.histoire-immigration.fr/2010/7/immigrees-immigres-le-genre-et-les-migrations>.

C'est un fait que l'on peut penser acquis : une perspective de genre est incontournable pour comprendre les migrations. Qu'il s'agisse d'étudier les mécanismes sociaux à l'œuvre à chaque stade du processus migratoire ou les politiques régissant l'entrée et le séjour des migrants sur un territoire, il est largement reconnu que les choses se passent différemment pour les femmes et pour les hommes. Ainsi, dans diverses arènes, l'on entend parler de l'apport des données sexuées à l'étude des migrations ou de la nécessité d'une prise en compte du genre. Cependant, ces élans de reconnaissance sont ponctués par des moments de silence, voire d'oubli.

S'il existe bel et bien un champ d'études sur les migrations ou l'immigration menées « dans une perspective de genre », force est de constater que ce champ reste fragmenté, une fragmentation à la fois cause et conséquence de connaissances elles-mêmes fragmentées[1]. En effet, en dépit de la généralisation d'approches multidisciplinaires[2] ou de la réflexion suscitée par le concept d'intersectionnalité[3], plusieurs obstacles mettent des entraves à un dialogue productif permettant d'avancer du point de vue théorique et méthodologique. Le cloisonnement des disciplines est souvent cité en tant que frein au dialogue. De même, en France comme dans d'autres pays, regarder les migrations à travers le prisme du genre a été souvent vu comme agissant au détriment ou faisant concurrence à la place primordiale de la lecture des inégalités ou des discriminations liées aux rapports de classe ou de « race »[4].

Dans l'introduction de son ouvrage, Linda Guerry évoque la difficile rencontre entre la recherche historique et l'histoire des migrations féminines avant l'an 2000. Après un passage en revue de l'entrée en scène des femmes en tant que sujet dans la sociologie de l'immigration en France (suite aux travaux pionniers de Mirjana Morokvasic, d'Isabelle Taboada et de Florence Lévy dans les années 1970) et du « rendez-vous manqué » entre l'histoire de l'immigration et l'histoire des femmes, elle constate le trop peu de recherches historiques visant à comprendre le rôle des rapports de genre dans les migrations. Ceci peut paraître d'autant plus étonnant que, comme l'atteste ce livre, les sources statistiques et documentaires permettent une analyse genrée de l'histoire de l'immigration et des politiques à l'égard de l'immigration et de l'intégration sont nombreuses et d'une grande richesse. Cependant, c'est une richesse que l'on ne peut déceler qu'après un travail de longue haleine et, comme l'a souligné récemment Nancy Green[5], en poussant l'analyse au-delà du comptage ou de la description de la situation des femmes retrouvées dans les documents d'archives. De même, il est rare que les chercheurs examinent la manière dont les hommes figurent dans ces sources pour se poser la question, comme pour les femmes : est-ce que leur rôle dans les migrations est considéré de façon neutre ou genrée ? C'est ce que Linda Guerry a entrepris aussi au cours de cet admirable travail de recherche.

L'ouvrage est structuré autour de trois grandes parties. La première (chapitre I) traite la question de l'observation de l'immigration, à travers un examen des modes d'énumération et de catégorisation et restitue les représentations genrées dans les débats sur le « problème social et moral » posé par l'immigration. Poursuivant cette analyse de sources écrites, d'ouvrages contemporains, de presse, de sources iconographiques dans la deuxième partie (chapitres II et III), l'auteure décrit le regard porté sur les femmes de l'immigration et les formes sexuées d'intégration et d'exclusion par le travail. La troisième partie est consacrée à la naturalisation, à la manière dont elle a répondu aux préoccupations démographiques et politiques et à la place du genre dans l'évolution des politiques et des mesures législatives. Il est assez rare de trouver réunies dans un même ouvrage une histoire de l'immigration et une histoire de la naturalisation et, si la première peut servir de prélude à la compréhension de la seconde, cette étude de l'arrivée des migrants, des modes de recrutement genrés et des représentations sexuées des femmes et des hommes immigrés dans l'espace public ou sur le lieu du travail est riche d'enseignements nouveaux. Mais avant d'y parvenir, l'auteure a dû d'abord confronter le « silence » des sources historiques et « explor[er] de nombreuses archives concernant l'immigration pour y trouver des femmes » (p. 20).

Au terme d'un dépouillement de milliers de dossiers et de sources diverses, qu'elle replace dans leur histoire particulière, allant des recensements de la population aux archives du bureau marseillais du Service social d'aide aux émigrants, Linda Guerry nous livre une histoire sociale et genrée des politiques de l'immigration et de naturalisation françaises. Grâce à cette diversité de regards sur l'immigration, elle offre une vision d'une « France à l'œuvre » (comme l'exprime Françoise Thébaud dans sa préface au livre) : employeurs, agents municipaux, philanthropes, syndicalistes, journalistes et autres observateurs. À l'œuvre pour inclure, accueillir ou exclure, rejeter ces personnes, hommes et femmes, qui débarquaient au port de Marseille ou qui venaient par la route, directement de l'Italie, de l'Espagne, ou d'autres villes de France. Cette histoire est décrite à tous les niveaux de l'élaboration et de la mise en œuvre des politiques, de l'échelle nationale aux pratiques administratives locales. Parmi les personnages de l'histoire, aux côtés des agents administratifs, employeurs et migrants, figure l'image exotique de la ville de Marseille, ville « étrangère » ou « porte des colonies » (pp. 40-52).

À la lecture de cet ouvrage, l'on découvre la richesse des sources que l'auteure parvient à « faire parler » en les combinant et les croisant. Ainsi on aperçoit une époque où l'on se soucie de la « qualité » des migrants et les arguments souvent racistes employés pour rejeter tel ou tel dossier selon la « catégorie » de migrant. Les illustrations des préoccupations détaillées dans divers documents montrent que l'évaluation de cette « qualité », elle aussi, est genrée. Si nous retrouvons le stéréotype des femmes dont la « sécurité physique et morale » est à protéger (par exemple, à travers la vision des fonctionnaires du Service de la main-d'œuvre étrangère (pp. 96-100), et des situations qui pour les observateurs paraissent incongrues (des femmes qui quittent leur région natale ; des femmes mariées qui font un travail salarié), nous rencontrons aussi des figures féminines considérées comme indésirables dans la ville, vagabondes ou militantes du mouvement ouvrier (p. 59). En même temps, nous découvrons comment la main-d'œuvre féminine est considérée à la fois comme utile et spécifique, par exemple à travers le débat sur la « crise de la domesticité » (pp. 121-124).

Les représentations de la « qualité » des immigrés étrangers combinées avec les stéréotypes sexués ont façonné le traitement administratif des demandes de naturalisation et ceci, qu'il s'agisse de la naturalisation par mariage ou par décret. Linda Guerry montre comment le principe utilitariste de la naturalisation accordée aux hommes, jeunes, s'appuie sur le genre, la place de l'homme dans la France de l'entre-deux-guerres, son devoir de servir sous les drapeaux. Si l'analyse fournit des exemples de la manière dont se déclinent de façon genrée la rhétorique de l'« impôt du sang » et les « contours des devoirs masculin et féminin (qui) sont clairement tracés dans la sélection des nouveaux Français » (p. 235), Linda Guerry rappelle cependant les fluctuations au cours du temps du statut des femmes par rapport à la citoyenneté, des femmes françaises qui perdaient leur nationalité lorsqu'elles se mariaient à un étranger (jusqu'à la loi de 1927) aux femmes étrangères, mères de soldats blessés ou morts pour la France (p. 232) auxquelles l'on accordait la nationalité française. Selon la période, le fait d'être épouse d'un Français ou mère de futurs petits Français pouvait ou ne pouvait pas être considéré comme un argument suffisant pour la naturalisation.

Issu d'une thèse, ce livre conserve toute la finesse de l'analyse des nombreux documents consultés et la fraîcheur du regard neuf portés sur le sujet traité. Le livre repose sur un travail qui croise l'individuel et le collectif, le local et le national, afin d'entrer au cœur des processus d'intégration des populations immigrées, dans la ville, dans la nation française, et de démontrer le rôle prépondérant du genre dans les politiques de recrutement de main-d'œuvre étrangère, d'attributions de permis de séjour ou de naturalisation.

Stéphanie Condon
Institut national d'études démographiques

OUVRAGES REÇUS

ATTANE Isabelle, BRUGEILLE Carole et RAULT Wilfried, 2015, *Atlas mondial des femmes. Les paradoxes de l'émancipation*, Paris, Autrement, 96p

BASTIDE Loïs, 2015, *Habiter le transnational. Espace, travail et migration entre Java, Kuala Lumpur et Singapour*, Lyon, ENS éditions, 300 p.

BERCOT Régine (coord.), 2015, *Le genre du mal-être au travail*, Toulouse, Octarès, 218 p.

BERENI Laura, 2015, *La bataille de la parité. Mobilisation pour la féminisation du pouvoir*, Paris, Economica, 298 p.

BROQUA Christophe et DESCHAMPS Catherine (dir.), 2014, *L'échange économico-sexuel*, Paris, Éditions de l'EHESS, 418 p.

BUGNON Fanny, 2015, *Les « amazones de la terreur ». Sur la violence politique des femmes, de la Fraction armée rouge à Action directe*, Paris, Payot, 234 p.

CLERVAL Anne, FLEURY Antoine, REBOTIER Julien et WEBER Serge (dir.), 2015, *Espace et rapports de domination*, Rennes, PUR, 400 p.

COCKBURN Cynthia, 2015, *Des femmes contre le militarisme et la guerre*, Paris, La Dispute, 168 p.

DETREZ Christine, 2015, *Quel genre ?* Paris, Édidions Thierry Magnier, 112 p.

FROIDEVAUX-METTERIE Camille, 2015, *La révolution du féminin*, Paris, Gallimard, 370 p.

GALLOT Fanny, 2015, *En découdre*, Paris, La Découverte, 280 p.

GARDEY Delphine, 2015, *Le linge du Palais-Bourbon. Corps, matérialité et genre du politique à l'ère démocratique*, Lormont, Éditions Le bord de l'eau, coll. « Objets d'histoire », 256 p.

GIRON-PANEL Caroline, GRANGER Sylvie, LEGRAND Raphaëlle et POROT Bertrand (dir.), 2015, *Musiciennes en quoi. Mères, filles, sœurs ou compagnes d'artistes*, Rennes, PUR, 255 p.

GUERIN Isabelle, 2015, *La microfinance et ses dérives. Émanciper, discipliner ou exploiter ?* Paris, Éditions Demopolis, 298 p.

JACQUEMART Alban, 2015, *Les hommes dans les mouvements féministes. Socio-histoire d'un engagement improbable*, Rennes, PUR, coll. « Archives du féminisme », 326 p.

LALLEMENT Michel, 2015, *L'âge du faire. Hacking, travail, anarchie*, Paris, Le Seuil, coll. « La couleur des idées », 448 p.

LINHART Danièle, 2015, *La comédie humaine du travail. De la déshumanisation taylorienne à la sur-humanisation managériale*, Toulouse, Éditions Erès, 158 p.

LOWER Wendy, 2014, *Les furies d'Hitler. Comment les femmes allemandes ont participé à la Shoah*, Paris, Tallandier, 400 p.

MATHIEU Lilian, 2015, *Sociologie de la prostitution*, Paris, La Découverte, coll. « Repères », 122 p.

MAZEAUD Alice (dir.), 2014, *Pratiques de la représentation politique*, Rennes, PUR, 307 p.

MCCLARY Susan, 2015, *Ouverture féministe. Musique, genre, sexualité*, Paris, Éditions Philharmonie de Paris, 380 p.

MOSSUZ-LAVAU Janine, 2015, *La prostitution*, Paris, Dalloz, coll. « A savoir », 314 p.

PEYRE Evelyne et WIELS Joëlle (dir.), 2015, *Mon corps a-t-il un sexe ? Sur le genre, dialogues entre biologies et sciences sociales*, Paris, La Découverte, coll. « Recherches », 360 p.

PITON Monique, 2015, *C'est possible ! Une femme au cœur de la lutte de Lip (1973-1974)*, Paris, Éditions L'Échappée, 382 p.

REVENIN Régis, 2015, *Une histoire des garçons et des filles. Amour, genre et sexualité dans la France d'après-guerre*, Paris, Éditions Vendemiaire, 352 p.

TREMBLAY Diane-Gabrielle et LAZZARI DODELER Nadia (dir.), 2015, *Les pères et la prise du congé parental ou de paternité*, Québec, Presses de l'Université du Québec, 150 p.

VÖRÖS Florian (dir.), 2015, *Cultures pornographiques. Anthologie des porn studies*, Paris, Éditions Amsterdam, 320 p.

AUTEURS

Anne-Françoise Bender est maîtresse de conférences en science de gestion au Conservatoire national des arts et métiers (Cnam), Paris et chercheuse au Laboratoire interdisciplinaire pour la sociologie économique (Lise-CNRS-Cnam). Ses recherches portent sur la gestion des carrières, les carrières des femmes et la gestion de la diversité. Elle co-anime le Groupe thématique « Diversité et Genre » de l'Association Francophone de Recherche en Gestion des Ressources Humaines. Elle a publié, dernièrement : 2014, avec Rey Dang et Marie-José Scotto, « Women on French Corporate Board of Directors: How do they Differ from their Male Counterparts », *Journal of Applied Business Research*, vol. 30, n° 2 ; 2014, avec Alain Klarsfeld et Jacqueline Laufer, « Equality and Diversity in Years of Crisis in France », *in* KLARSFELD Alain (dir.), *International Handbook on Diversity Management at Work - Country Perspectives on Diversity and Equal Treatment* (2e edition), Edward Elgar Publishing, pp. 87-100; 2015 (4e edition), avec Maurice Thévenet, Cécile Dejoux, Eléonore Marbot, Etienne Normand, Bérangère Condomines et Antoine Pennaforte *Fonctions RH*, Montreuil, Éditions Pearson.
Adresse postale institutionnelle : Département Management-Innovation-Prospective, Cnam, 2 rue Conté, 75003 Paris
Adresse mél : anne-francoise.bender@cnam.fr

Laure Bereni est sociologue, chargée de recherche au CNRS, membre du Centre Maurice Halbwachs (équipe Pro). Elle a d'abord travaillé sur les mouvements féministes en France, et l'ouvrage tiré de sa thèse, *La bataille de la parité. Mobilisations pour la féminisation du pouvoir*, vient de paraître chez Economica (2015). Elle a récemment participé à une enquête collective, coordonnée par Catherine Marry, sur les inégalités de genre dans les carrières des cadres dirigeants de la fonction publique (rapport remis à la Direction générale de l'administration et de la fonction publique, DGAFP, en 2013). Ses recherches actuelles prennent pour objet les politiques de promotion, la diversité en entreprise, et les professionnels qui les portent, dans une perspective comparative (France-États-Unis).
Adresse postale institutionnelle : Centre Maurice Halbwachs, 48 bd Jourdan, 75014 Paris
Adresse mél : laure.bereni@gmail.com

Isabelle Berrebi-Hoffmann est sociologue, chercheure CNRS au Lise-CNRS-Cnam, à Paris. Ses principaux thèmes de recherche sont : la socio-histoire des catégories d'égalité et de genre (elle co-coordonne depuis 2007 deux ANR Franco-allemande sur les métamorphoses de l'égalité et la construction sociale du genre (1890-2012), le rôle de l'expertise et du conseil dans les réformes de l'État, les transformations du travail et de l'entreprise, saisies au prisme du genre et des discriminations d'une part, et des nouvelles formes d'évaluation et d'organisation du travail d'autre part. Elle a notamment publié : 2009, *Politiques de l'intime, des utopies sociales d'hier aux mondes du travail d'aujourd'hui* (dir.), La Découverte, coll. « Recherches » ; 2014, « Marianne Weber, sociologue, féministe et analyste de la vie parlementaire », (avec Michel Dupré, Michel Lallement et Gwenaëlle Perrier), *Revue Française de Sciences Politiques*, vol. 64, n° 3, pp. 459-478 ; 2013, « Penser le changement au-delà des acteurs et des institutions : la *cultural sociology* aux États-Unis (1990-2012) », *Socio, nouvelle revue de sciences sociales*, n°1, pp. 119-140 ; 2011, « Durkheim et les relations hommes-femmes », paru en allemand *in* Theresa WOBBE, Isabelle BERREBI-HOFFMANN et Michel LALLEMENT (dir.), *Die gesellschaftliche Verortung des Geschlechts. Diskurse der Differenz in der deutschen und französischen Soziologie um 1900*, Frankfurt am Main/New York, Campus, pp. 21-46.
Adresse postale institutionnelle : Lise-Cnam, 2 rue Conté, 75003 Paris
Adresse mél : Isabelle.berrebi_hoffmann@cnam.fr

Christine Burgevin est docteure en sciences de l'éducation, professeure des écoles maître formateur à Troyes, chercheuse associée au laboratoire CEREP Centre d'Etudes et de Recherches sur les Emplois et la Professionnalisation, université de Reims. Elle étudie les motivations d'accès des femmes et des hommes enseignant dans le premier degré aux fonctions de direction d'école ; elle analyse les tensions exprimées par les directrices et par les directeurs sur le terrain professionnel et entre les sphères privées et professionnelle. Ses dernières communications : 2013, « Enseignante, c'est bien pour une femme, directeur c'est mieux pour un homme ? », Journées d'études de Poitiers, 10 et 11 avril ; 2013, avec Gilles Combaz, « La direction d'école en France : une "affaire d'hommes" comme dans le second degré ? », Congrès AREF, Montpellier ; 2014, « Directrices, directeurs d'école : un même métier ? Analyses des perceptions : avantages et inconvénients de la fonction », Journées scientifiques régionales sur le genre, Reims, 1er juillet. Dans le domaine de la formation initiale des professeurs des écoles, ses thèmes de travail sont centrés sur la production d'écrit chez les enfants non lecteurs et sur l'éducation à la citoyenneté au travers de trois thématiques : la citoyenneté, la gestion des conflits, les valeurs de la république.
Adresse mél : christine.burgevin@wanadoo.fr

Gilles Combaz est sociologue, professeur en sciences de l'éducation à l'université Lyon 2, membre de l'équipe Éducation, cultures et politiques. Il a étudié le rôle que peut jouer l'école dans la « fabrication » des inégalités scolaires sexuées. Une autre partie de ses recherches est centrée sur les chefs d'établissements scolaires du second degré. Ses travaux actuels sont consacrés à la question de l'accès des hommes et des femmes à des postes de responsabilités au sein de l'Éducation nationale. À cet égard, il s'intéresse plus précisément aux inspecteurs du primaire. Il a publié dernièrement : 2013, avec Marlaine Cacouault, « La pédagogie : une source de conflits entre enseignants et chefs d'établissement ? Le cas du second degré en France », *Revue des sciences de l'éducation*, vol. 34, n° 3, pp. 449-470 ; 2013, « Concurrence entre établissements et choix de l'école : les personnels de direction mis à l'épreuve ? » *Education et sociétés, Revue internationale de sociologie de l'éducation*, n° 31, pp. 157-170 ; 2011, avec Olivier Hoibian, « La pratique des activités physiques et sportives : les inégalités entre les filles et les garçons sont-elles plus réduites dans le cadre scolaire ? » *Carrefours de l'éducation*, n° 32, pp. 161-178. En 2012, il a coordonné avec Marlaine Cacouault un numéro de la revue *Recherche et formation* centré sur le thème « Formation et genre ».

Adresse professionnelle : Institut des sciences et des pratiques d'éducation et de formation, université Lyon 2, Campus des Berges du Rhône, 86, rue Pasteur, 69365 Lyon cedex 07.
Adresse mél : gilles.combaz@univ-lyon2.fr

Delphine Gardey est professeure d'histoire contemporaine à l'université de Genève depuis 2009. Directrice du master, du doctorat et de l'Institut des Études Genre, elle a notamment publié : 2015, *Le linge du Palais-Bourbon. Matérialité, genre et corps du politique à l'ère démocratique* ; 2008, *Écrire, calculer, classer. Comment une révolution de papier a transformé les sociétés contemporaines* ; à titre d'éditrice, en 2011, *Le féminisme change-t-il nos vies ?* et quelques articles, récemment : 2014, « The Reading of an Oeuvre. Donna Haraway: The Poetics and Politics of Life », *Feministische Studien*, vol. 32, n° 1, pp. 86-100 ; 2013, « Donna Haraway : poétique et politique du vivant », *Cahiers du Genre*, n° 55, pp. 171-194 ; 2013, « Comment écrire l'histoire des relations corps, genre, médecine au XXe siècle ? », *Clio, Femmes, Genre, Histoire*, n° 37, pp. 143-162.

Adresse postale institutionnelle : Institut des Études Genre, Faculté des Sciences de la Société, Université de Genève, 40 Bd du Pont d'Arve, 1211 Genève, Suisse.
Adresse mél : delphine.gardey@unige.ch

Cécile Guillaume est sociologue, Marie Curie Fellow, Queen Mary University of London, spécialiste des questions de discrimination au travail, égalité professionnelle, mobilisations syndicales du droit. Elle a publié : 2015, « Understanding the Variations of Union's Litigation Strategies to Promote Equal Pay. Reflection on the British Case », *Cambridge Journal of Economics*, vol. 39, n° 2, pp. 363-379 ; 2013, « La mobilisation des syndicats anglais pour

l'égalité salariale. "Women's at the Table, Women on the Table ?" », *Travail, genre et sociétés*, n° 30, pp. 33-50 ; 2009, avec Sophie Pochic, « Quand les politiques volontaristes de mixité ne suffisent pas : l'exemple du syndicalisme anglais », *Cahiers du genre*, n° 47, pp. 145-168 ; 2007, « Le syndicalisme à l'épreuve de la féminisation : la permanence paradoxale du "plafond de verre" à la CFDT », *Politix*, n° 78, pp. 39-63.
Adresse postale institutionnelle : Queen Mary University of London, School of Business and Management, Bancroft Building, Mile End, E1 4NS London, Grande-Bretagne
Adresse mél : cecileguillaume94@gmail.com

Iulia Hasdeu est docteure en anthropologie. Elle a travaillé dans le cadre de sa thèse sur l'articulation entre le genre et l'ethnicité dans les groupes roms/tsiganes. Chercheuse à l'Institut des Études genre de l'Université de Genève, elle s'intéresse aux études postcoloniales et subalternes. Elle consacre son activité à des problématiques telles l'intersection des identités de genre avec l'ethnicité, la racialisation des populations précaires, les rapports coloniaux et néocoloniaux imbriqués dans les corps et les sexualités. Elle est auteure de plusieurs articles sur ces sujets publiés dans *Études Tsiganes* ; *Recherches féministes* ; *Third Text* ; *Acta Etnologica Hungarica*, dont : 2014, « Les Roms : une communauté de gens mariés. Réflexions sur le genre et l'ethnicité à partir du point de vue des femmes », *Acta Etnologica Hungarica*, vol. 59, n° 1, pp. 69-84 ; 2011, « Un féminisme décolonial est-il possible ? » *in* Delphine Gardey (dir.), *Le féminisme change-t-il nos vies ?* Paris, Textuel. Depuis 2013, elle collabore au projet de recherche Désirs en échec ? Expérience et traitement des défaillances de la sexualité féminine : la construction d'un problème médical et social <http://www.unige.ch/etudes-genre/institut/programmederecherches/sextech/>.
Adresse postale institutionnelle : Université de Genève, Etudes Genre, Uni Mail bureau 5372, Pont d'Arve 40, 1211 Genèv e 4, Suisse
Adresse mél : Iulia.Hasdeu@unige.ch

Raphaëlle Legrand est professeure de musicologie à l'Université de Paris-Sorbonne. Ses recherches portent sur les genres lyriques en France au XVIIIe siècle, sur l'œuvre musicale et théorique de J.-P. Rameau et sur les chanteuses et les questions de genre (*gender*) dans l'opéra. Elle est membre de l'Institut de Recherche en Musicologie (UMR 8223) et co-fondatrice du CReIM (Cercle de Recherche Interdisciplinaire sur les Musiciennes). Elle a notamment publié *Regards sur l'opéra-comique* (CNRS Éditions, 2002, avec Nicole Wild), *Rameau et le pouvoir de l'harmonie* (Cité de la Musique, 2007) et dirigé *Sillages musicologiques* (CNSMDP, 1997, avec Philippe Blay), *Entre théâtre et musique* (*Cahiers d'histoire culturelle*, 1999, avec Laurine Quetin) et *Musiciennes en duo* (PUR, 2015, avec Caroline Giron-Panel, Sylvie Granger et Bertrand Porot).
Adresse postale institutionnelle : Université Paris-Sorbonne, UFR de Musicologie, 2, rue Francis de Croisset, 75018 Paris.
Adresse mél : raphaelle.legrand@wanadoo.fr

Élise Lemercier est maîtresse de conférences en sociologie à l'Université de Rouen et membre du laboratoire DySoLa. Elle est chargée de mission Égalité/Diversité de l'université de Rouen et membre de la Conférence permanente des chargé-e-s de mission Égalité Diversité – CPED. Ses travaux portent sur la production des inégalités multidimensionnelles (race, genre, classe), des discriminations et les ressources des acteurs pour y résister, à partir de terrains d'enquête en France hexagonale et à Mayotte. Elle a publié dernièrement : 2014, « Heurs et malheurs de la lutte contre une pratique sexiste racisée. Regards de médiatrices interculturelles "africaines" mobilisées contre l'excision », *Nouvelles pratiques sociales*, vol. 26, n° 2, pp. 173-188 ; 2014, avec Muni Toke Valelia et Elise Palomares, « Les Outre-mer français. Regards ethnographiques sur une catégorie politique », *Terrains & Travaux*, n° 24, pp. 5-38 ; 2013, avec Myriam Hachimi Alaoui et Elise Palomares, « Reconfigurations ethniques à Mayotte, frontière avancée de l'Europe dans l'Océan Indien. »*Hommes et Migrations*, n° 1304, pp. 59-66 ; 2013, avec Valelia Muni Toke, « Avorter à Mayotte. Regards croisés, sociologique et linguistique, sur les normes procréatives en situation postcoloniale », *in* Zattara-Gros Anne-Françoise (dir.), *Bioéthique et genre*, Paris, LGDJ, pp. 101-114.
Adresse postale institutionnelle : UFR SHS de l'Université de Rouen, rue Lavoisier, 79821 Mt St Aignan cedex
Adresse mél : elise.lemercier@univ-rouen.fr

Catherine Louveau, sociologue, est professeure à l'Université Paris Sud, membre du Cresppa - Genre Travail Mobilité /GTM (CNRS). Les pratiques sportives constituent pour elle un fait social particulièrement pertinent pour analyser les rapports sociaux de sexe, les processus de ségrégation et de hiérarchisation entre les hommes et les femmes, les formes de la domination masculine ainsi que la construction sociale des catégories « féminité-s » et « masculinité-s ». Tout en poursuivant ces travaux (sur le test de féminité ou les conditions d'accès des filles à l'excellence scolaire et sportive par exemple), ses recherches en cours portent sur les formes de la hiérarchisation sexuée dans les institutions sportives, les formations et le monde de la recherche en sciences du sport. Elle a notamment publié : 2014, « Qu'est-ce qu'une *vraie* femme pour le monde du sport ? » *in* Florence Rochefort et Laurie Laufer (dir.) *Qu'est-ce que le genre ?* Paris, Payot ; 2013, Les femmes dans le sport : inégalités et discriminations, *in* B. Andrieu (dir.), *L'éthique du sport*, Lausanne, L'Âge d'homme ; 2006, « Inégalité sur la ligne de départ : femmes, origines sociales et conquête du sport », *CLIO, Histoire des femmes*, n° spécial « Le genre du sport », n° 24, pp. 119-143 ; 2005, avec A. Bohuon, « Le test de féminité, analyseur du procès de virilisation fait aux sportives » *in* Thierry Terret (dir.), *Sport et genre XIXe – XXe siècles*, Paris, L'Harmattan.
Adresse postale institutionnelle : Université Paris Sud, UFR Staps, 91405 Orsay cedex
Adresse mél : catherine.louveau@u-psud.fr

Victor Marneur est doctorant en science politique à l'IEP de Bordeaux. Ses thèmes de recherche sont : sociologie des élus locaux ; sociologie du genre ; sociologie des espaces ruraux.
Adresse postale institutionnelle : IEP de Bordeaux, Centre Emile Durkheim, UMR 5116, F-33000 Bordeaux.
Adresse mél : victor.marneur@gmail.com

Frédéric Neyrat est maître de conférences HDR en sociologie à l'Université de Limoges - Gresco et chercheur associé au Centre Emile Durkheim à Bordeaux. Il travaille plus particulièrement sur les thèmes suivants : sociologie de la formation ; sociologie économique (sociologie de la vente) ; sociologie politique. Il a notamment publié : 2015, *Les compétences à l'épreuve de la VAE*, Toulouse, Presses Universitaires du Mirail ; 2015, avec Marie-Hélène Lechien et Audrey Richard (dir.), *La relation de clientèle*, Limoges, Pulim ; 2013, « Ce que la professionnalisation fait aux humanités et aux SHS », in Marc Conesa, Pierre-Yves Lacour, Frédéric Rousseau, Jean-François Thomas (dir.), *Faut-il brûler les Humanités et les SHS ?* Paris, Michel Houdiard éditeur, pp. 79-91.
Adresse postale institutionnelle : IEP de Bordeaux, Centre Émile Durkheim, UMR 5116, 33000 Bordeaux
Adresse mél : frederic.neyrat@gmail.com

Laura Piccand est doctorante en Études genre aux universités de Genève (Igenr) et Lausanne (IUHMSP). Sa thèse porte sur l'histoire de la puberté comme objet scientifique au XXe siècle en Suisse. Ses thèmes de recherche et d'intérêt se situent principalement à l'interface entre l'histoire des sciences de la vie et de la médecine et les études de genre. Elle a publié en 2013 « Du syndrome prémenstruel au trouble dysphorique prémenstruel. Façonnements locaux de catégories diagnostiques et reconfiguration des représentations sur la vulnérabilité des femmes » in Fabien Knittel et Pascal Raggi (dir.), *Genre et Techniques. XIXe-XXIe siècle*, Rennes, Presses universitaires de Rennes et, en 2015, « "A fairly typical boy", "a fairly typical girl". Les stades de Tanner, une cristallisation photographique de la binarité du sexe biologique », *Emulations – Revue des jeunes chercheurs en sciences sociales*, n° 15, pp. 87-102).
Adresse postale et institutionnelle : Institut des Etudes genre, Faculté des sciences de la Société, Université de Genève, Uni Mail, 40, bd du Pont-d'Arve, CH-1211 Genève 4, Suisse
Adresse mail : Laura.Piccand@unige.ch

Sophie Pochic est sociologue, chargée de recherche CNRS au Centre Maurice Halbwachs. Elle travaille principalement sur les inégalités de carrière, le « plafond de verre » et les politiques d'égalité femmes-hommes dans les entreprises, dans les syndicats et plus récemment dans la fonction publique. Parmi ses publications récentes : 2015, avec Catherine Marry, Laure Bereni, Alban Jacquemart, Fanny Le Mancq et Anne Revillard, « Le genre des administrations, la fabrique des inégalités de carrière dans la haute fonction publique », *Revue française d'administra-*

tion publique, ENA, vol. 153, pp. 45-68 ; 2014, « Femmes responsables syndicales en Angleterre et identification féministe : neutraliser leur genre pour mieux représenter leur classe ? », *Sociologie*, vol. 5, n°4, pp. 369-386 ; 2013, avec Cécile Guillaume, « Syndicalisme et représentation des femmes au travail », *in* Margaret Maruani (dir.), *Travail et genre dans le monde. L'état des savoirs*, La Découverte, pp. 379-387 ; 2013, avec Cécile Guillaume et Rachel Silvera (dir.), « Dossier : Genre, féminisme et syndicalisme », *Travail, genre et sociétés*, n° 30, pp. 29-32.
Adresse postale institutionnelle : Centre Maurice Halbwachs-CNRS, 48 bd Jourdan, 75014 Paris
Adresse mél : sophie.pochic@gmail.com

Reine Prat, agrégée de lettres, travaille depuis de nombreuses années dans le domaine des politiques culturelles. Elle est aujourd'hui inspectrice générale de la création, des enseignements artistiques et de l'action culturelle au ministère de la Culture et de la Communication. Elle a dirigé l'Association Arcanal, puis l'institut français de Marrakech. Au ministère de la Culture, elle a été conseillère pour le théâtre, elle a assuré la coordination des célébrations du bicentenaire de Victor Hugo et George Sand. Chargée d'une mission pour l'égalité des femmes et des hommes dans les arts du spectacle, elle publie deux rapports *Pour l'égalité des femmes et des hommes aux postes de responsabilité, aux lieux de décision, aux moyens de production, aux réseaux de diffusion, à la visibilité médiatique* (mai 2006, mai 2009). Puis elle est partie en Guyane comme conseillère spéciale chargée du livre et du multilinguisme. En mai 2012, elle a été nommée Directrice régionale des affaires culturelles en Martinique.
Adresse mél : reine@no-log.org

Philippe Reigné est professeur de droit au Conservatoire national des arts et métiers (Cnam) et membre du laboratoire Lise-CNRS-Cnam. Ses champs de recherche sont le droit du sexe, du genre et des sexualités, ainsi que le droit animalier. Ses thèmes de recherche sont le statut juridique des couples de même sexe, identités et catégories juridiques, la situation juridique des personnes intersexuées et des personnes transidentitaires et le statut juridique des animaux. Dernières publications : 2015, « La notion juridique de sexe » *in* Peyre Evelyne et Wiels Joëlle (dir.), *Mon corps a-t-il un sexe ?* Paris, La Découverte, p. 302 ; 2014, « Adoption plénière par la conjointe de la mère d'un enfant conçu à l'étranger avec assistance médicale à la procréation : ni fraude à la loi, ni loi fraudée » (note sous TGI Nanterre, 8 juillet 2014) : *Recueil Dalloz*, 7 août, p. 1669 ; 2014, « L'assistance médicale à la procréation, l'adoption et la fraude à la loi » (note sous TGI Versailles, 29 avril) ; 2014, *Droit de la famille*, juillet, commentaire n° 113.
Adresse postale institutionnelle : Cnam-Lise-CNRS, 2 rue Conté, 75003 Paris
Adresse mél : philippe.reigne@laposte.net

Présentation des auteur-e-s

Anne Revillard est professeure associée en sociologie à Sciences-Po, membre de l'Observatoire sociologique du changement (OSC) et du Laboratoire interdisciplinaire d'évaluation des politiques publiques (LIEPP). Ses travaux abordent les inégalités de genre et le handicap dans une perspective de sociologie politique et de sociologie du droit. Après des recherches consacrées aux politiques d'égalité en France et au Québec, puis à la médiation institutionnelle, ses travaux récents ont porté sur les inégalités de genre au sein de l'élite administrative ainsi que sur la mise en œuvre et la réception des politiques du handicap. Elle a récemment publié, 2015, en co-direction avec Pierre-Yves Baudot *L'État des droits. Politique des droits et pratiques des institutions*, Paris, Presses de Sciences Po.
Adresse postale institutionnelle : OSC, Sciences Po, 27 rue Saint-Guillaume, 75007 Paris
Adresse mél : anne.revillard@gmail.com

Rachel Silvera est économiste, maîtresse de conférence à l'Université Paris Ouest Nanterre La Défense, chercheuse associée au Cerlis ; directrice adjointe du réseau de recherche Mage (Marché du travail et genre) et membre du comité de rédaction de la revue *Travail, genre et sociétés* ; spécialiste des questions d'égalité professionnelle en matière de salaires, de temps de travail et d'articulation des temps, d'emploi et de relations professionnelles. Elle a publié notamment : *Un quart en moins. Des femmes se battent pour en finir avec les inégalités de salaires*, Paris, La Découverte, 2014 ; 2013, avec Marie Becker et Séverine Lemière, *Un salaire égal pour un travail de valeur égale, guide pour une évaluation non discriminante des emplois à prédominance féminine*, Paris, Défenseur des droits ; 2012, « Les syndicats, des acteurs de l'égalité eux-mêmes exemplaires ? in Sandrine Dauphin et Réjane Senac, *Femmes–Hommes, penser l'égalité*, Paris, La Documentation française.
Adresse mél : rachel.silvera@wanadoo.fr

Chikako Takeshita est une chercheuse féministe, spécialiste de l'étude des sciences et des technologies ; elle est *associate professor* dans le département des Études sur le genre et la sexualité à l'Université de Californie à Riverside. Ses travaux portent notamment sur les enjeux et technologies de la reproduction, l'étude culturelle du corps et des sciences médicales, et les discours sur un avenir durable. Elle a publié, récemment : 2014, « Eco-diapers: The American Discourse of Sustainable Motherhood » *in* Melinda Vandenbeld Giles (dir.), *Mothering in the Age of Neoliberalism*, Toronto, Demeter Press ; 2012, *The Global Biopolitics of the IUD: How Science Constructs Contraceptive Users and Women's Bodies*, Cambridge, MA, MIT Press ; 2010, « The IUD in Me: On Embodying Feminist Technoscience Studies », *Science as Culture*, vol. 19, n° 1, pp. 37-60 ; 2011, « Nouveaux discours sur le partage des bénéfices et résistances des peuples indigènes » *in* Julie Duchatel et Laurent Gaberell (dir.), *La propriété intellectuelle contre la biodiversité ?*

Géopolitique de la diversité biologique, Genève, Cetim (trad. française de "The New Discourses of Benefit Sharing and Indigenous Peoples' Resistances").
Adresse postale institutionnelle : Gender & Sexuality Studies Department, University of California, Riverside, 900 University Ave., Riverside CA 92521, USA
Adresse mél: chikako.takeshita@ucr.edu

Michela Villani est sociologue, spécialisée dans les domaines des études de genre et des études postcoloniales. Sa thèse sur la réparation clitoridienne explore cet objet à la fois comme l'organisation d'un nouveau savoir technique pluridisciplinaire et comme l'expérience subjective d'un ensemble de femmes excisées formulant une demande de réparation. Membre de l'équipe de recherche Ethopol (ANR) et rattachée au Laboratoire Interdisciplinaire, Solidarités, Sociétés, Territoires (Lisst) à l'Université de Toulouse, en qualité de chercheuse contractuelle au CNRS, elle conduit actuellement une enquête sur les parcours d'échec dans la Procréation Médicalement Assistée (PMA). Elle a publié : 2014, avec Poglia Mileti F., Mellini L., Sulstarova B., Singy P., « Les émotions au travail (scientifique) : enjeux éthiques et stratégies méthodologiques d'une enquête en terrain intime », *Genre, Sexualité & Société* (en ligne), n° 12 ; 2010, avec Andro A., « Réparation du clitoris et reconstruction de la sexualité chez les femmes excisées », *Nouvelles Questions Féministes*, vol. 29, n° 3, pp. 23-43 ; 2009, « De la "maturité" de la femme à la chirurgie : les conditions de la réparation du clitoris », *Sexologies*, vol. 18, n° 4, pp. 259-261.
Adresse postale institutionnelle : LISST-CAS, Université Toulouse Jean Jaurès, Maison de la recherche, B 423, 5, allées Antonio Machado, 31058 Toulouse
Adresse mèl : michela.villani @ univ-tlse2.fr

Marilène Vuille a étudié la sociologie à l'université de Lausanne. Elle termine actuellement une thèse sur l'histoire de l'accouchement sans douleur sous la direction de Delphine Gardey (université de Genève). Elle travaille de longue date sur des thématiques liées aux professions de la santé, à la médecine et au corps, avec un intérêt particulier pour le champ de l'obstétrique et pour la douleur. Elle est actuellement chargée de recherche à l'Institut des Etudes Genre de l'université de Genève et auprès du Département des Urgences du Centre hospitalier universitaire vaudois (CHUV) à Lausanne. Sa dernière publication : 2014, «Le désir sexuel des femmes, du DSM à la nouvelle médecine sexuelle», *Genre, sexualité & société*, n° 12.
Adresse postale institutionnelle : Ecole d'études sociales et pédagogiques (EESP), 14 Chemin des abeilles, CH1010,Lausanne 24, Suisse
Adresse mél : marilene.vuille@unige.ch

RÉSUMÉS

Gilles Combaz et   *La direction d'école en France*
Christine Burgevin

En France, depuis le début des années 2000, un certain nombre de mesures législatives ont été prises pour promouvoir l'accès des femmes à des postes de responsabilités dans la sphère professionnelle. Les données disponibles montrent que, pour l'instant, cet objectif est loin d'être atteint, notamment au sein de la fonction publique pour les postes d'encadrement supérieur. En revanche, les tendances ne semblent pas identiques pour l'accès à des postes moins prestigieux. À cet égard, il importe de vérifier si la direction d'école dans le premier degré représente une réelle opportunité pour les femmes. Pour ce faire, un triple dispositif méthodologique a été élaboré : une enquête exhaustive portant sur 22 départements français a permis de rendre compte de la répartition par sexe des différentes fonctions pouvant être exercées dans le premier degré ; une enquête nationale par questionnaire et une série de 28 entretiens ont été réalisés pour appréhender finement certains déterminants sociaux d'accès à la fonction de direction.

Delphine Gardey et Iulia Hasdeu   *Cet obscur sujet du désir*

Cet article s'intéresse à la conceptualisation de la sexualité féminine dans le monde occidental du milieu du XIXe siècle à nos jours. Il retrace la façon dont les savoirs et les pratiques médicales rendent compte du désir féminin, de la sexualité féminine et de leurs défaillances ou dysfonctions. D'objets du désir, les femmes, un jour, deviennent sujets. Il devient possible de revendiquer le désir et le plaisir au féminin comme un fait, un bien et un droit. Les notions de « dysfonctions » ou de « défaillances » adviennent une fois la normalité du plaisir au féminin admise, c'est-à-dire après les années 1970. En opérant du passé au présent, il s'agit de revenir sur les formes de médicalisation de la sexualité et d'interroger certaines circularités discursives et pratiques. Il est aussi question de mettre en évidence la part attribuée à la biologie et à la culture, à la physiologie ou à la « psyché » dans la définition de la sexualité féminine dans l'espace occidental. Il s'agit également de situer et de caractériser le modèle biologique contemporain de la sexualité ainsi que la façon dont il contribue à définir la sphère tant intime que sociale.

Laura Piccand *Mesurer la puberté, Suisse 1950-1970*

Entre 1954 et la fin des années 1970, une étude longitudinale sur la croissance et le développement de l'enfant dit *normal* a été menée à Zurich. Mesuré-e-s, photographié-e-s, radiographié-e-s, environ 300 garçons et filles de la ville de Zurich ont participé alors, et durant plus de vingt ans, à une des premières enquêtes de ce genre en Europe. Cet article montre comment cette étude est partie prenante de la création de normes genrées contemporaines autour de la puberté. Il évoque tout d'abord le contexte particulier d'émergence d'études qui participent d'une entreprise de description et surtout de mise en chiffre et en statistique du corps humain et de son développement. Puis, principalement à travers l'exemple de deux artefacts permettant l'évaluation de la puberté, les stades de Tanner et l'orchidomètre de Prader, il discute la façon dont ce type de recherches contribue à la production de la puberté comme objet scientifique et médical et à l'établissement des normes de développement, participant à la surveillance des corps reproductifs.

Chikako Takeshita *Biopolitique du stérilet. Stratégies au Sud*

En s'appuyant sur des exemples d'utilisation du stérilet en Chine, au Vietnam, en Indonésie, au Bangladesh, au Tadjikistan, en Ouzbékistan et au Nigeria, cet article s'intéresse aux multiples manières dont les femmes des pays du Sud sont parvenues à conquérir une capacité d'agir en matière reproductive en adoptant ou en refusant ce dispositif contraceptif. Les objectifs et les comportements reproductifs de ces femmes sont influencés par une série de pressions concurrentes émanant de la famille, de la situation économique et des rôles sociaux de sexe, ainsi que par les valeurs patriarcales dominantes et les politiques gouvernementales néo-malthusiennes. Parce qu'il est un dispositif contraceptif durable, contrôlé par le fournisseur, aisément réversible et discret, le stérilet a été défendu par les acteurs féministes comme antiféministes. Cet article met en lumière des cas individuels dans lesquels ce dispositif contraceptif a joué un rôle clé pour permettre à des femmes de maîtriser davantage leur vie reproductive là où leur capacité d'agir était strictement limitée.

Résumés

Michela Villani — *Le sexe des femmes migrantes. Excisées au Sud, réparées au Nord*

Originellement définie comme un problème de santé publique, l'excision du clitoris devient à partir des années 2000, l'objet d'une politique de réparation de la sexualité. La généalogie de ce nouveau crime (les mutilations sexuelles) et la naissance d'un nouveau handicap (une sexualité sans clitoris) sont ici explorées dans une perspective postcoloniale qui fait dialoguer les environnements cognitifs d'« ici » et de « là-bas ». Le passage d'une normalité sociale encadrée dans un rituel (l'excision) acquiert la forme d'une anomalie corporelle (mutilation), voire d'une anormalité sexuelle (handicap). Cet article rend compte des expériences personnelles et sexuelles des femmes migrantes et des filles de migrants d'origine d'Afrique subsaharienne, vivant en France et ayant formulé une demande de reconstruction clitoridienne auprès d'un service hospitalier français. Les trajectoires de ces deux groupes sont étudiées dans un contexte de globalisation qui tient compte des dynamiques migratoires : la médecine s'impose à l'intérieur d'une circulation des savoirs et prend la forme d'une justice procédurale apte à réaliser l'égalité dans les modèles de genre au travers d'une réparation corporelle et sexuelle.

Marilène Vuille — *L'invention de l'accouchement sans douleur en France, 1950-1980*

La méthode psychoprophylactique d'accouchement sans douleur, développée en Union soviétique, a été introduite en France au début des années 1950 par des médecins proches du Parti communiste français. A son objectif médical – supprimer la douleur sans recours à des moyens pharmacologiques, en apprenant aux femmes à accoucher – était couplé l'objectif politique de participer à l'avènement d'une société socialiste. En dépit de ses hautes ambitions, cette méthode ne s'appuyait pas sur des technologies de pointe, mais sur des techniques modestes et sur des dispositifs usuels. Ces techniques ne lui ont permis d'atteindre ni son objectif médical (éradiquer la douleur) ni son objectif politique (changer la société). Elles ont en revanche déployé des effets importants et durables, en renforçant l'autorité professionnelle sur les femmes enceintes et les acculturant aux pratiques médicales. L'étude de l'accouchement sans douleur permet ainsi de repenser l'histoire de la naissance au-delà de l'opposition classique entre, d'un côté, des instruments, des technologies et des produits pharmacologiques jugés responsables de la médicalisation de la naissance et de l'instrumentalisation du corps des femmes, et, de l'autre, des techniques peu instrumentées, plus « naturelles », censées présenter une alternative à la médicalisation et respecter l'autonomie des femmes.

SUMMARIES

**Gilles Combaz
and Christine Burgevin** *School management in France*

In France, since the beginning of the years 2000, a number of legislative measures were taken to promote women's access to executive positions in the professional world. Available date show that for the time being, this objective is far from being reached, especially among the executive positions of civil service. However, evolution is different when it comes to access to less prestigious positions. In that respect, it is important to check whether school management in primary education is a real opportunity for women. In order to do so, a triple methodological system was elaborated : an exhaustive survey of 22 French departments showed the gender distribution of various positions at the primary school level ; a national enquiry by questionnaire and a series of 28 interviews were realized to accurately comprehend social determining factors to reach executive positions.

**Delphine Gardey
and Iulia Hasdeu** *This obscure object of desire*

This article deals with the conceptualization of female sexuality in the Western world from the mid-19th century to nowadays. It recounts how knowledge and medical experience describe female desire and female sexuality, as well as their failings and dysfunctions. From objects of desire, women turn into subjects one day. It becomes possible to claim female desire and pleasure as a fact, a good and a right. The notions of « dysfunctions » and « failings » rise once the normality of female pleasure is admitted, i.e. after the 1970s. Moving from past to present, medicalization of sexuality is scrutinized, questioning certain circularities in speech and in practice. It also highlights the role attributed to biology and culture, to physiology or to « psyche » in the definition of female sexuality in the Western world. The contemporary biological model of sexuality, and the way in which it contributes to define the intimate and the social spheres, is also characterized.

Laura Piccand — *Measuring puberty. Medicalization of adolescence, Switzerland, 1950-1970*

Between 1954 and the end of the 1970s, a longitudinal study of the growth and development of a so-called *normal* child was carried out in Zurich. Measured, photographed, x-rayed, about 300 boys and girls of the city of Zurich then participated, and for more than twenty years, to one the first studies of that nature in Europe. It firstly reminds us of the particular context in which studies were initiated that described, but mostly quantified and statistically evaluated the human body and its development. Then, mostly through the example of two artefacts that allow puberty to be evaluated, the Tanner stages and the Prader orchidometer, it discusses how such research contributes to the production of puberty as a scientific and medical object and the establishment of developmental norms, thus taking part in the surveillance of reproductive bodies.

Chikako Takeshita — *Biopolitics of IUD: Strategies in the Global South*

Drawing on examples from IUD users in China, Vietnam, Indonesia, Bangladesh, Tajikistan, Uzbekistan, and Nigeria, this article examines the variety of ways in which women in the global South have negotiated reproductive agency with the help of or by refusing the contraceptive device. Reproductive objectives and actions of women in the global South are shaped by competing pressures from family, economic reality, and gender roles as well as by pervasive patriarchal values and neo-Malthusian state population policy. As a long-acting, provider-controlled, easily-reversal, and inconspicuous contraceptive method, the IUD has been appropriated by both feminist and anti-feminist actors. This article highlights individual cases in which the contraceptive device played an instrumental role in improving a woman's ability to take control of her reproductive life in a place where female agency is severely constricted.

Michela Villani — *Migrant women's sexes. Excised in the South, repaired in the North*

Originally defined as a public health problem, excision of the clitoris becomes the object of a policy of sexuality reparation in the years 2000. The genealogy of this new crime (sexual mutilations) and the emergence of a new handicap (sexuality without a clitoris) are explored in a postcolonial perspective that makes cognitive environments of « here » and « there » interact. A social norm framed within a ritual (excision) turns into a bodily anomaly (mutilation), or even a sexual anomaly (handicap). This article relates personal and sexual experiences of migrant women and of daughters of migrants from sub-Saharan Africa who live in France and have asked for a clitoral reconstruction in a French hospital. The trajectories of these two groups are studies in a globalization context that takes migratory dynamics into account : medicine dominates circulation of knowledge and materializes into a litigious justice that makes equality in gender models real through bodily and sexual repair.

Marilène Vuille — *The invention of psychoprophylaxis in France, 1950-1980*

The psychoprophylactic method of natural childbirth, developed in the Soviet Union, was introduced in France at the beginning of the 1950s by doctors close to the French Communist party. Its medical goal – to suppress pain without resorting to drugs by teaching women how to give birth – was coupled with the political objective to participate in the realization of a Socialist society. Despite its high ambitions, this method did not rely on the latest technology, but on modest techniques and on common operations. These techniques did not result in the completion of the medical objective (to eradicate pain), neither did they achieve the political one (to change society). However, they had an important and durable impact by reinforcing professional authority on pregnant women and by imposing their acculturation to medical practices. The study of psychoprophylaxis questions the history of birth beyond the classical opposition between, on the one hand, instruments, technologies and pharmacological producs that are thought to be responsible for medicalization of birth and instrumentalization of women's bodies, and on the other hand, techniques that are more « natural » and are supposed to both offer an alternative to medicalization and respect women's autonomy.

Résumés traduits du français par Agnès Carlet-Lemée

CAIRN.INFO
INTERNATIONAL EDITION

Travail, genre et sociétés (Work, Gender and Societies)
is available on Cairn International Edition,
your digital access to the French humanities.

More than 80 French journals are available on a new platform dedicated to the English-speaking world: WWW.CAIRN-INT.INFO

Today, Cairn offers the most comprehensive collection of publications in French in the humanities and social sciences available online.

To make this content more visible and accessible to non-francophone scholars, Cairn.info with the support of the CNL has designed a special interface enabling internet users to browse and easily find content from French journals without speaking a word of French.

Here is the list of the the articles published by *Travail genre et sociétés* and translated into English:
HTTP://WWW.CAIRN-INT.INFO/JOURNAL-TRAVAIL-GENRE-ET-SOCIETES.HTM.

Cairn International Edition designed for non-francophone users:

All current issues are listed and their table of contents can be browsed freely in English. For all issues, users can access abstracts in English, as well as, when available, full-text versions in English and/or in French.

Create now your personal account on Cairn International Edition to save your search history, list of articles, email alerts and purchases by clicking on « My Cairn.info ».

WWW.CAIRN-INT.INFO

Cairn.info, your digital access to the French humanities.

文章摘要

Gilles Combaz　Christine Burgevin　　　　法国学校的导向

2000年初以来，法国已出台了一定数量的法律措施，以促进女性进入职场中的领导者岗位。可获得的数据显示，就目前而言，目标远未达成，尤其是对公共部门的高级管理者岗位而言。然而，在较低声望的职位上，情况则有所不同。因此，有必要检验初等学校的导向是否为女性带来了真正的机会。为此，我们使用三种方法：一项关于法国22个省的详尽调研，有助于了解两性在不同职能的初级岗位上的分布；一项全国性的问卷调研和28个已经完成的系列访谈，这有助于理解进入领导职能的社会决定性因素。

Delphine Gardey　Iulia Hasdeu　　　　这一模糊的欲望主体

本文旨在研究自19世纪以来西方世界中对女性的"性"的概念化。论文追溯了医学知识和实践如何对待女性的性欲、女性的"性"以及女性性欲减退或者功能紊乱的问题。某日，作为欲望对象的女性，成为了主体。于是，将对女性的欲望与乐趣作为一种事实、一种益处和一种权利成为可能。1970以后，"功能紊乱"或者"减退"成为被许可的女性愉悦的正常状态。将过去与现在分开，这也意味着回到对"性"的医疗化规范的思考，并质疑某些话语和实践的迂回。这也在于指出，在西方空间中，对女性的"性"的定义中出于生理和文化、心理或者"灵魂"的部分。这同样也关系到勾勒现代社会"性"的生理模式，以及后者如何致力于定义亲密关系和社会领域的形式。

Laura Piccand　　　　测量青春期，瑞士 1950-1970

在1954至1970年代末之间，在苏黎世展开了一项关于所谓"正常"孩子的成长与发展的长时段研究。接受测试、拍摄、分析，在二十多年间，苏黎世市中已有大约300位男孩和女孩参与了这项在欧洲最早展开的此类研究之一的调研。这篇文章揭示，这项研究如何加入关于青春期的当代性别规范的创造。论文首先展现，此类通过描述，并且尤其是以数据和统计的方式来理解人体的研究出现的具体情景，及其发展。接着，主要通过两个用来衡量青春期的假象，Tanner的分期论和Prader的精密测量法，论文讨论此类研究对将青春期制造成为一个科学和医疗对象，并且对用来监视生殖身体的发展规范的建立所起的作用。

Chikako Takeshita   避孕工具的地缘政治学，南部的策略

基于在中国、越南、印度尼西亚、孟加拉国、塔吉克、乌兹别克和尼日利亚使用避孕工具的案例，本文旨在理清，通过采用或者拒绝这一节育方式，南部国家的妇女如何以多种形式获得一种生育方面的行动能力。这些妇女的生育态度和目标受到来自于家庭、经济情况、以及社会性别角色以及主导父权价值和新马尔萨斯主义等一系列相互竞争的压力的影响。由于避孕环是一种长期的避孕工具，为供应者所掌握，方便摘取且保密性较好，因此受到无论是女权主义行动者，还是反女权主义者的保卫。本文阐明，在妇女的行动能力受到严格控制的环境下，这一避孕工具如何对他们掌控自己的生育起到关键性的作用。

Michela Villani   移民妇女的性. 在南部割除，在北部修补

自2000年以来，最早被定义为公共健康问题的阴蒂割除，成为一个修复"性"的政治目标。

本文以后殖民主义视角切入，以分析这一新罪行（性残缺）、新形式的残疾的诞生，从而将"这里"和"那里"的认知环境进行对话。通过嵌入于一种仪式（割礼）的社会规范，导致一种身体的异常形态（残缺），甚至一种性异常（残疾）。本文对生活在法国，并已向一所法国医院提出修复阴蒂的要求，原籍为撒哈拉沙漠南部地区的移民妇女和女孩的个人以及性经历进行分析。这两个群体的轨迹被置于将移民运动纳入考虑之中的全球化情境中研究：通过一种性器官的修补，医学强制推行了一种内在知识，并以一种以实现性别平等为目标的程序公正形式。

Marilène Vuille   无痛分娩的发明，1950-1980

一种源自于苏联的无痛分娩的心理助产法于1950年代被一些法国亲共产党的医生引入法国。其医学目标——
通过传授妇女学会分娩以消除痛苦，而不是借助于药物学的手段——
与参与迎接一个共产主义社会的政治目标联系在一起。虽然具有这些远大野心，但这一方法并不基于高端技术，而是依赖温和技术和惯常设备。这些技术既不能达到其医疗目标（消除疼痛），也不能达成其政治目标（改变社会）。但它们却在强化对怀孕妇女的职业权威，并使其适应新医疗实践的方面产生了重要的、持久的效应。因此，对无痛分娩的研究有助于超越经典的对立来重新思考生育的历史——也就是——
一方面是以工具、技术和药物使生育医疗化、女性的身体工具化；另一方面是较少工具化的，更为"自然"的，意在提供一种替代医疗化，且尊重女性自主性的选择。

Résumés traduits du français par Tang Xiaojing

ZUSAMMENFASSUNGEN

Gille Combaz und Christine Burgevin — *Die Schulleiter(Innen) in Frankreich*

Seit dem Beginn des XXI Jahrhunderts wurden in Frankreich diverse gesetzliche Maßnahmen zur Förderung von Frauen in beruflichen Führungspositionen durchgesetzt. Die aktuell verfügbaren Untersuchungen zeigen jedoch dass dieses Ziel noch weit entfernt ist, insbesondere im Bereich des öffentlichen Dienstes und insbesonders des höheren Dienstes. Für den mittleren Dienst, in unteren Führungspositionen, sehen die Tendenzen jedoch anders aus. In diesem Zusammenhang muss untersucht werden, ob die Schulleitung im Grundschulbereich tatsächlich eine Opportunität für die Berufskarriere der Frauen darstellt. Unsere Untersuchungsmethode baut auf drei Ansätzen auf: eine umfassende Untersuchung von 22 französischen Departments hinsichtlich der Geschlechterverteilung zwischen den verschiedenen Funktionen im Grundschulbereich, einen Fragebogen auf nationalem Niveau und 28 Interviews um die sozialen Determinanten für den Zugang zu Führungspositionen zu bestimmen.

Delphine Gardey und Iulia Hasdeu — *Dieses merkwürdige Subjekt des Begehrens*

Dieser Artikel handelt von den sozialen Konzeptionen der weiblichen Sexualität im Okzident von der Mitte des XIX Jahrhunderts bis in die heutige Zeit. Diese wandelnden Auffassungen werden durch die Analyse der Art und Weise mit der die weibliche Begierde, Sexualität und deren Fehlfunktionen oder Probleme in der medizinischen Praxis und im medizinischen Wissen behandelt werden, deutlich. Ursprünglich Lustobjekte, sind die Frauen eines Tages Subjekte oder Akteure des Begehrens geworden. Es wird somit möglich die weibliche Lust, das Verlangen und das Vergnügen der Frauen, als eine Tatsache, ein

Gut und ein Recht zu fordern. Die Begriffe der „Fehlfunktion" oder des „Scheiterns" werden erst möglich nachdem die sexuelle Befriedigung der Frauen zur Normalität geworden ist, das heißt nach 1970. Es handelt sich darum, anhand eines Vergleiches zwischen der Vergangenheit und der Gegenwart, die Formen der Medikalisierung der Sexualität und bestimmte Passagen zwischen dem Diskurs und der Praxis zu hinterfragen. Im Weiteren handelt es sich auch darum herauszufinden in welchem Maße diese Definitionen der weiblichen Sexualität im Okzidentalen Raum auf die Biologie, die Kultur, die Physiologie und die „Psyche" zurückgreifen. Es handelt sich ebenfalls darum das zeitgenössische biologische Modell der Sexualität näher zu untersuchen und die Art und Weise mit der es unsere Intimsphäre als auch das soziale Leben beeinflusst.

Laura Piccand *Die Pubertät messen.*
Die Medikalisierung der Adoleszenz, Schweiz, 1950-1970

In Zürich wurde zwischen 1954 und 1970 eine Laufbahnstudie über das angeblich *normale* Wachstum und die Entwicklung von Kindern realisiert. Ungefähr 300 Jungen und Mädchen, die aus der Stadt Zürich stammen, wurden gemessen, photographiert und geröngt und haben somit über mehr als 20 Jahre an einer der ersten Studien dieses Typs in Europa teilgenommen. Der Artikel zeigt, inwiefern diese Untersuchung zur Herausbildung der heute gültigen geschlechtsspezifischen Wachstumsnormen in der Pubertätsphase beigetragen hat. Der Artikel beginnt mit einer Darlegung des gesellschaftlichen Kontextes, der die Realisierung einer solchen weitläufigen Studie zur Beschreibung, und insbesondere zur Erstellung von Messdaten zur statistischen Erfassung des menschlichen Körpers und seiner Entwicklung möglich gemacht hat. Anschließend wird insbesondere anhand der Untersuchung von zwei Artefakten, die zur Beurteilung des Wachstums während der Pubertät dienen – die Tanner Stufen und das "Prader Orchidometer" – diskutiert, wie diese Art von Forschung zur Entstehung der Pubertät als einem wissenschaftlichen und medizinischem Objekt und zur Entstehung von Wachstums- und Entwicklungsnormen beiträgt, eine Dimension des Monitorings der menschlichen Fortpflanzung.

Chikako Takeshita *Die Biopolitik des Diaphragmas.*
Strategien in südlichen Ländern

Anhand von diversen Beispielen der Nutzung des Diaphragmas in China, Vietnam, Indonesien, Bangladesch, Tadschikistan, Usbekistan und in Nigeria handelt dieser Artikel von den diversen Formen mit denen die Frauen in südlichen Ländern einen Handlungsspielraum in Hinblick auf ihre Reproduktionsstrategien erlangt haben, indem sie dieses Verhütungsmittel annehmen oder ablehnen. Die Fortpflanzungsstrategien und das Reproduktionsverhalten dieser Frauen hängen von diversen, miteinander in Konkurrenz stehenden Einschränkungen und Grenzen ab, welche sowohl von der Familie, deren wirtschaftlicher Lage und dem Stand der sexuellen Arbeitsteilung abhängen, sowie von den herrschenden Patriarchalen Wertvorstellungen und den neomalthusianistischen Regierungspolitiken. Da es sich um ein dauerhaftes Verhütungsmittel handelt, welches vom Hersteller kontrolliert wird, problemlos entfernbar und diskret ist, wurde dieses Verhütungsmittel von Feministinnen als antifeministisch verpönt. Dieser Artikel zieht die Aufmerksamkeit auf Fälle, in denen die Nutzung dieses Verhütungsmittel den Frauen erlaubt hat eine stärke Eigenkontrolle über ihre Reproduktionsstrategien auszuüben, trotz stark begrenztem Handlungsspielraum.

Michela Villani *Das Geschlecht von Migrantenfrauen. Im Süden beschnitten, im Norden repariert*

Ursprünglich als ein Problem der öffentlichen Gesundheitsvorsorge betrachtet, wird die Beschneidung der weiblichen Klitoris seit dem Anfang des XXI Jahrhunderts als eine Reparationspolitik der Sexualität eingestuft. Die Genealogie dieses neuen Verbrechens (die sexuelle Mutilation) und die Entstehung einer neuen Behinderung (eine Sexualität ohne Klitoris) werden hier in einer postkolonialen Perspektive untersucht, welche das kognitive Umfeld von „hier" und „dort" in einer dialogischen Perspektive untersucht. Die Passage der Einstufung als einer sozialen Normalität, welche durch das verbundene Ritual zum Ausdruck kommt (die Beschneidung), nimmt somit die Form einer körperlichen Anomalität (Mutilation), oder gar einer sexuellen Anomalität (Behinderung) an. Der Artikel versucht die persönlichen und sexuellen Erfahrungen von Migrantenfrauen, und den Töchtern von nach Frankreich immigrierten Frauen, welche aus Afrika südlich der Sahara kommen, und die einen Antrag auf den Wiederaufbau der Klitoris in einem französischen Krankenhaus gestellt haben, nachzuzeichnen. Die Laufbahnen der Frauen aus beiden Gruppen werden unter Einbezug der Migrationsdynamiken und der Zirkulation von Wissen im Rahmen eines globalen Kontexts untersucht, in dem die Medizin die Rolle eines Organs prozeduraler Gerechtigkeit übernimmt, welche in der Lage ist, eine Form von Gleichberechtigung innerhalb der

Geschlechtsmodelle durch eine Korporale und sexuelle Reparation herzustellen.

Marilène Vuille *Die Einführung der schmerzfreien Geburt in Frankreich, 1950-1980*

Die psychoprophylaktische Methode der schmerzfreien Geburt, die in der Sowjetunion entwickelt wurde, wurde in Frankreich in den 50iger Jahren von der kommunistischen Partei nahestehenden Medizinern eingeführt. Ihr medizinisches Ziel – den Schmerz ohne den Rückgriff auf Medikamente zu unterdrücken, indem den Frauen das Gebären beigebracht wurde – summierte sich zum politischen Objektiv der Bildung einer sozialistischen Gesellschaft beizutragen. Im Gegensatz zu diesen weitfassenden Zielen stützte sich diese Methode nicht auf Spitzentechnologien sondern einfache Techniken und gebräuchliche Gerätschaften. Diese Techniken haben jedoch weder zur Erlangung des medizinischen Ziels (Schmerzunterdrückung) noch zur Konkretisierung ihrer politischen Ambition (Gesellschaftsveränderung) geführt. Sie haben jedoch tiefgreifende und bleibende Effekte erzeugt, indem sie die professionelle Autorität der Ärzte über schwangere Frauen verstärkt haben und sie einem Akkulturationsprozess der medizinischen Praxis unterworfen haben. Die Untersuchung der schmerzfreien Geburt erlaubt es jedoch die Geschichte des Gebärens zu erweitern, und über die klassische Opposition zwischen den Instrumenten, Techniken und der Instrumentalisierung des Körpers der Frauen, und den „natürlicheren", weniger instrumentierten Techniken, die angeblich eine Alternative zur Medikalisierung darstellen, und die Autonomie der Frauen respektieren, hinauszugehen.

Résumés traduits du français par Isabel Georges

RESUMENES

**Gilles Combaz
y Christine Burgevin** *Ser director/a de escuela en Francia*

En Francia, desde el principio de los años 2000, se tomaron una serie de medidas legislativas para promover el acceso de las mujeres a puestos de responsabilidad en el ámbito profesional. Los datos disponibles muestran que, por ahora, este objetivo no está, ni muchísimo menos alcanzado, especialmente en el ámbito de la función pública, en cambio, las tendencias no son idénticas para el acceso a puestos de menor prestigio. A este respecto, es importante comprobar si la dirección de una escuela de enseñanza básica representa una verdadera oportunidad para las mujeres. Para ello, se elaboró un triple dispositivo metodológico : una encuesta exhaustiva en 22 departamentos franceses permitió destacar la repartición por sexo de las diferentes funciones que se pueden ejercer en la escuela de enseñanza básica ; se realizó una encuesta nacional con cuestionario y 28 entrevistas para analizar finamente algunos determinantes sociales para el acceso a la función de director.

Delphine Gardey y Iulia Hasdeu *Este oscuro objeto del deseo*

Este artículo se interesa en la conceptualización de la sexualidad femenina en el mundo occidental desde mediados del siglo XIX hasta ahora. Recoge la manera en que los conocimientos y las prácticas médicas enfocan el deseo femenino, la sexualidad femenina, sus fallos o disfuncionamientos. De objetos de deseo, un día, las mujeres se convierten en sujetos. Entonces resulta posible reivindicar el deseo y el placer femeninos como un hecho, un bien y un derecho. Las nociones de « disfuncionamiento » o de « fallo » aparecen una vez admitida la normalidad del placer femenino, o sea después de los años 1970. Al operar desde el pasado hasta el presente, se trata de volver a las formas de medicalización de la sexualidad y de cuestionar algunas circularidades discursivas y prácticas. También se trata de subrayar la parte atribuida a la biología y a la cultura, a la fisiología o al psiquismo en la definición de la sexualidad femenina en el espacio occidental. También se trata de situar y de caracterizar el modelo biológico contemporáneo de la sexualidad así como la manera en que contribuye a definir la esfera íntima y social.

Laura Piccand *Medir la pubertad.*
La medicalización de la adolescencia Suiza 1950-1970

Entre 1954 y fines de los 1970, se llevo a cabo en Zurich un estudio longitudinal sobre el crecimiento y el desarrollo del niño « normal ». Medido/as, fotografiado/as, radiografiado/as, unos 300 niños y niñas de la ciudad de Zurich participaron durante más de veinte años a uno de los primeros estudios de este tipo en Europa. Este artículo muestra como dicho estudio forma parte de la creación de normas de género contemporáneas en torno a la pubertad. Primero contempla el contexto peculiar de surgimiento de estudios que participan a la descripción y sobre todo a la puesta en cifras y estadísticas del cuerpo humano y de su desarrollo. Y, luego a través del ejemplo de dos artefactos que permiten la evaluación de la pubertad, los estados de Tanner y el orquidómetro de Prader, discute la manera en que este tipo de estudios contribuyen en la producción de la pubertad como objeto científico y médico y en el establecimiento de las normas de de desarrollo que participan en la vigilancia de los cuerpos reproductivos.

Chikako Takeshita *Biopolítica del del DIU.*
Estrategias en el sur

Apoyándose en ejemplos de uso del DIU en China, Vietnam, Indonesia, Bangladesh, Tadjikistan, Uzbekistan y Nigeria, este articulo se interesa en las muchas maneras en que las mujeres de los países del sur han conseguido conquistar una capacidad para actuar en el ámbito reproductivo adoptando o rechazando este dispositivo anticonceptivo. Los objetivos y los comportamientos reproductivos de dichas mujeres están influenciados por una serie de presiones contrarias llegadas de la familia, la acción económica, los roles sociales de sexo, y también los valores patriarcales dominantes y las políticas gubernamentales neomaltusianas. Dado que se trata de un dispositivo anticonceptivo duradero, controlado por el proveedor, fácilmente retirable y discreto, el DIU ha sido defendido tanto por actores feministas como antifeministas. Este artículo recalca unos casos individuales en los que este dispositivo anticonceptivo ha desempeñado un papel clave para permitir que las mujeres controlen mejor su vida reproductiva que hasta entonces su capacidad de actuar estaba estrictamente limitada.

Resumenes

Michela Villani *El sexo de las mujeres migrantes. Mutiladas en el sur arregladas en el norte*

Originalmente definida como un problema de sanidad pública, la escisión del clítoris a partir de los anos 2000 se convierte en un objeto de política de reparación de la sexualidad. La genealogía de este nuevo crimen (las mutilaciones sexuales) y el nacimiento de una nueva discapacidad (una sexualidad sin clítoris) se exploran con una perspectiva post colonial que hace dialogar los entornos cognitivos de « aquí » y de « allá ». El paso de una normalidad social enmarcada dentro de un ritual (la escisión) adquiere la forma de una anormalidad corporal (mutilación) o incluso de una anormalidad sexual (discapacidad). Este artículo recoge experiencias personales y sexuales de mujeres migrantes o hijas de migrantes de origen africano subsahariano que viven en Francia y que han hecho la demanda de una reconstrucción clitoridiana en un hospital francés. Las trayectorias de estos dos grupos se estudian en un contexto de glóbalizacion que tiene en cuenta las dinámicas migratorias. : la medicina se impone dentro de una circulación de los saberes y toma la forma de una justicia capaz de realizar la igualdad en los modelos de género a través de una reparación corporal y sexual.

Marilène Vuille *El invento del parto sin dolor en Francia, 1950-1980*

El método psicoprofilático del parto sin dolor desarrollado en la Unión Soviética fue introducido en Francia a principios de los años 1950 por médicos simpatizantes del Partido Comunista Francés. Además de su objetivo médico: suprimir el dolor sin recurrir a fármacos, enseñando a las mujeres a parir, se añadía el objetivo político de participar a la llegada de una sociedad socialista. A pesar de sus altas ambiciones, este método no se apoyaba en tecnologías de punta sino en técnicas modestas y dispositivos usuales. Dichas técnicas no permitieron alcanzar su objetivo médico (erradicar el dolor) y tampoco su objetivo político (cambiar la sociedad). En cambio, tuvieron efectos importantes y duraderos, reforzando la autoridad profesional sobre las mujeres embarazadas, aculturándo a las prácticas médicas. El estudio del parto sin dolor permite entonces replantear la historia del alumbramiento y de la instrumentalización del cuerpo de las mujeres, y, por otra parte, desarrollaron técnicas poco instrumentadas, más « naturales » pudiendo presentar una alternativa a la medicalizacion y respetar la autonomía de las mujeres.

Résumés traduits du français par Claire Alcaraz

CAIRN.INFO
INTERNATIONAL EDITION

Retrouvez *Travail, genre et sociétés*
en ligne sur Cairn International Edition,
nouvelle interface à destination
des publics non-francophones.

Près de 80 revues de sciences humaines et sociales françaises sur une nouvelle interface : WWW.CAIRN-INT.INFO

Les sommaires depuis 2001 sont entièrement en anglais pour faciliter la navigation. Plus de 20.000 *abstracts* ont été améliorés et permettent à l'utilisateur d'être redirigé vers la version française ou la version anglaise de l'article.

Le Centre national du livre (CNL) a sélectionné *Travail, genre et sociétés* pour traduire 40 articles particulièrement susceptibles d'interpeller un public étranger.

Rendez-vous sur la page de notre revue sur Cairn International Edition pour lire les articles disponibles en anglais :
HTTP://WWW.CAIRN-INT.INFO/JOURNAL-TRAVAIL-GENRE-ET-SOCIETES.HTM.

Cairn.info et cairn-int.info accessibles dans le monde non-francophone :

Plus de 200 universités non-francophones ont acquis une licence d'accès à Cairn.info en Europe et dans le reste du monde.

Créez dès maintenant votre compte personnel sur Cairn International Edition pour bénéficier des alertes emails, sauvegarder des bibliographies ou des historiques de recherche en cliquant sur « MY CAIRN.INFO ».

WWW.CAIRN-INT.INFO

CAIRN.INFO, PORTAIL DE RÉFÉRENCE POUR LES PUBLICATIONS DE SCIENCES HUMAINES ET SOCIALES

RESUMOS

Gilles Combaz e   *A direção das escolas públicas na França*
Christine Burgevin

Na França, desde o começo dos anos 2000, algumas medidas legislativas foram tomadas para promover o acesso das mulheres aos cargos dirigentes na esfera profissional. Os dados disponíveis mostram que, por enquanto, este objetivo está longe de ser atingido, principalmente no que concerne os cargos de gestão na esfera pública. Por outro lado, o acesso a cargos menos prestigiosos não se submete a essa tendência. É importante verificar em que medida a direção das escolas representa uma real oportunidade para as mulheres. Para essa análise, um dispositivo metodológico triplo foi elaborado: uma enquete exaustiva em 22 departamentos franceses constatou a repartição de sexos nas diferentes funções exercidas no ensino básico; uma pesquisa nacional realizada com questionários e uma série de 28 entrevistas foram realizadas para identificar os determinantes sociais para o acesso à função de direção.

Delphine Gardey e   *Este obscuro sujeito do desejo*
Iulia Hasdeu

Este artigo se interessa à conceptualização da sexualidade feminina no mundo ocidental a partir da segunda metade do século XIX. Ele retraça a maneira pela qual os saberes e as práticas medicais percebem o desejo feminino, suas falhas e disfunções. De objetos do desejo, as mulheres, um dia, são sujeitos. É então possível reivindicar o desejo e o prazer femininos como uma realidade, um bem e um direito. As noções de "disfunção" ou de "falha" são concebidas nos anos 70 uma vez que a normalidade do prazer feminino foi admitida. Avaliando do passado ao presente, trata-se de voltar às formas de medicalização da sexualidade e interrogar certos círculos discursivos e práticos. Trata-se também de evidenciar a parte atribuída à biologia e à cultura, à fisiologia ou à "psique" na definição de sexualidade feminina no espaço ocidental. Trata-se igualmente de situar e caracterizar o modelo biológico contemporâneo de sexualidade e como ele contribui a definir as esferas tanto íntimas como sociais.

Laura Piccand — *Medir a puberdade. A medicalização da adolescência, Suíça 1950-1970*

Entre 1954 e o final dos anos 70, um estudo longitudinal sobre o crescimento e o desenvolvimento da criança dita *normal* foi feito em Zurique. Medidos, fotografados, radiografados, aproximadamente 300 meninos e meninas da cidade de Zurique participaram então, durante mais de 20 anos, desta primeira enquete do gênero na Europa. Este artigo mostra como este estudo participa da criação de normas de gênero contemporâneas em torno da puberdade. Ele evoca primeiramente o contexto particular do aparecimento de estudos que participam de uma iniciativa descritiva e sobretudo de uma delimitação estatística do corpo humano e de seu desenvolvimento. Em seguida, a partir do exemplo de dois artefatos que permitem a avaliação da puberdade (os estados de Tanner e o orquiômetro de Prader) são discutidas as maneiras pelas quais esse tipo de pesquisa contribui na produção da puberdade como objeto científico e medical e no estabelecimento de normas de desenvolvimento, participando assim do controle dos corpos reprodutivos.

Chikako Takeshita — *Biopolítica do DIU (dispositivo intrauterino)*

Baseado em exemplos de uso do DIU na China, no Vietnã, na Indonésia, em Bangladesch, no Tajiquistão, no Uzbequistão e na Nigéria este artigo se interessa às diversas maneiras que as mulheres dos países do Sul, conseguiram conquistar a capacidade de agir no âmbito reprodutivo, adotando ou rejeitando este dispositivo. Os objetivos e comportamentos reprodutivos dessas mulheres são influenciados por uma serie de pressões concorrentes vindas da família, da situação econômica e dos papéis sociais de sexo, assim como dos valores patriarcais dominantes e das políticas governamentais neomalthusianas. Dado que se trata de um dispositivo contraceptivo duradouro, controlado pelo fabricante, facilmente reversível e discreto, o DIU foi defendido tanto por atores feministas como por antifeministas. Este artigo destaca casos individuais nos quais este dispositivo contraceptivo teve um papel central permitindo às mulheres um melhor controle das suas vidas reprodutivas justamente onde a capacidade de agir era limitada.

Resumos

Michela Villani *O sexo das mulheres migrantes. Excisões no Sul, clitoroplatias no Norte*

Originalmente definida como problema de saúde pública, a excisão do clitóris tornou-se desde os anos 2000 objeto de uma política de reparação da sexualidade. A genealogia desse novo crime (as mutilações sexuais) e o advento de uma nova deficiência (sexualidade sem clitóris) são estudados aqui numa perspectiva pós-colonial que faz dialogar os contextos cognitivos "daqui" e "de lá". O percurso de uma normalidade social estabelecida por um ritual (excisão do clitóris) carrega a forma de uma anomalia corporal (mutilação) ou mesmo de uma anormalidade sexual (deficiência). Este artigo percorre experiências pessoais e sexuais das mulheres migrantes e das meninas migrantes da África subsaariana que moram na França e que formularam um pedido de reconstrução do clitóris no serviço hospitalar francês. As trajetórias desses dois grupos são estudadas num contexto de globalização que leva em conta as dinâmicas migratórias: a medicina se impõe na circulação de saberes e toma forma de justiça de procedimentos apta a promover a igualdade nos modelos de gênero recorrendo a reparações corporais e sexuais.

Marilène Vuille *A invenção do parto sem dor na França, 1950-1980*

O método psicoprofilático de parto sem dor, desenvolvido na União Soviética, foi introduzido na França no começo dos anos 50 por médicos próximos do Partido Comunista francês. Além do objetivo medical –suprimir a dor sem recorrer a meios farmacológicos, ensinando as mulheres a parir- trazia o objetivo político de participar ao advento de uma sociedade socialista. Apesar das altas ambições, este método não se apoiava sobre tecnologias de ponta, mas sobre técnicas modestas e sobre dispositivos usuais. Estas técnicas não atingiram nem o objetivo medical (erradicar a dor) nem o objetivo politico (mudar a sociedade). No entanto essas técnicas tiveram efeitos importantes e duradouros, reforçando a autoridade profissional sobre as mulheres gravidas e habituando-as às praticas medicais. O estudo do parto sem dor permite assim repensar a historia do nascimento além da oposição clássica entre, de um lado, instrumentos, tecnologias e produtos farmacológicos julgados responsáveis da medicalização do nascimento e da instrumentalização do corpo das mulheres, e, de outro, das técnicas pouco instrumentadas, mais "naturais", estimadas capazes de apresentar uma alternativa à medicalização e respeitar a autonomia das mulheres.

Résumés traduits du français par Mariana Ferreira Gomes Stelko

Bulletin d'abonnement
La Découverte
www.editionsladecouverte.fr

NOM .... Prénom ....
Institution ....
Adresse (préciser si perso. ou prof.) ....
....
Code postal .... Ville ....
tél. .... fax ....
e-mail ....

- **Abonnement** (2 numéros) 1 an :   Retourner et libeller les chèques à :

Particuliers :   France et UE :   50 €   ☐   Elsevier Masson SAS
                                                  Service Abonnements
                     autres pays :   60 €   ☐   62 rue Camille Desmoulins
                                                  92442 Issy-les-Moulineaux Cedex
                                                  France

Institutions :   France et UE :   68 €   ☐   infos : http://www.em-consulte.com/infos
                                                  fax : +33 (0)1 71 16 55 77
                     autres pays :   78 €   ☐   tél. : +33 (0)1 71 16 55 99

Mode de paiement   ☐   Chèque à l'ordre de: Elsevier Masson SAS

                       ☐   Carte de paiement (CB, Visa, Eurocard Mastercard)
                           ☐☐☐☐ ☐☐☐☐ ☐☐☐☐ ☐☐☐☐

                           N° de cryptogramme CB : ☐☐☐
                           (3 derniers chiffres figurant au dos de votre carte)

                           date d'expiration
                           (MM/AA) :   signature :

                       ☐   À réception de la facture

- **Abonnement de soutien**   ☐ 60 €   Retourner et libeller les chèques
  à l'Association   (uniquement dans ce cas) à :
  « les Ami-e-s du Mage »
                                            Les Ami-e-s du Mage
couplée à un abonnement d'un an   chez R. Silvera - 50 bis rue Maurice
(+ les Documents de travail du Mage)   Arnoux - 92120 Montrouge

Pour acquérir un ancien numéro de *Travail, genre et sociétés* parus de 1999 à 2008, s'adresser à la rédaction par mèl: tgs.cnrs@shs.parisdescartes.fr ou tel. +33 (0)1 76 53 36 00